The Document Foundation

LibreOffice 3.5
Guida a Impress

Presentazioni con LibreOffice

Collaboratori

Peter Schofield	Michele Zarri	Jean Hollis Weber
T. Elliot Turner	Chad D. Lines	Muhammad Sufyan Zainalabidin
Low Song Chuan	Jaimon Jacob	Hazel Russman

Localizzazione

Luciano Barbato	Luca Daghino	Antonio Faccioli
Osvaldo Gervasi	Emanuele Giusti	Marina Latini
Elisabetta Manuele	Stefano Mariani	Michele Marrali
Andrea Paramithiotti	Paolo Pelloni	

Commenti e suggerimenti

Per commenti o suggerimenti su questo documento rivolgersi a:
documentation@global.libreoffice.org

Riconoscimenti

Questo libro è un adattamento e aggiornamento della *Guida a OpenOffice.org Impress 3.3*. I collaboratori di quella Guida sono:

Michele Zarri	Jean Hollis Weber	Dan Lewis
Agnes Belzunce	Peter Hillier-Brook	Gary Schnabl
Claire Wood	Rachel Kartch	Hazel Russman
Jared Kobos	Martin J Fox	Paul Miller
Nicole Cairns	Rachel Kartch	

Data di pubblicazione e versione del software

Pubblicato il 21 Maggio 2012. Basato su LibreOffice 3.5.

ISBN 978-0-244-13664-2

Indice

Prefazione

Destinatari della guida

Chiunque desideri imparare rapidamente a utilizzare LibreOffice Impress troverà questa guida preziosa. Sia che siate principianti, sia che abbiate familiarità con altri programmi di presentazioni come Microsoft PowerPoint.

Contenuto della guida

Questa guida tratta le principali caratteristiche di Impress, il componente di LibreOffice dedicato alle presentazioni (slide show). Con Impress è possibile creare diapositive contenenti testo, elenchi puntati e numerati, tabelle, grafici, clip art e altri oggetti.

Impress comprende stili di testo, sfondi per le diapositive e Sistema di aiuto. Può aprire e salvare nei formati di Microsoft PowerPoint ed esportare in PDF, HTML, Adobe Flash e in numerosi formati grafici.

Dove ottenere ulteriore aiuto

Questa guida, le altre guide utente di LibreOffice, il sistema di aiuto integrato, e i sistemi di assistenza agli utilizzatori presuppongono un minimo di familiarità con il computer e con funzioni basilari quali l'avvio di un programma, l'apertura e il salvataggio di file.

Sistema di aiuto

LibreOffice offre un sistema di aiuto vasto e articolato. È il vostro primo supporto per l'utilizzo di LibreOffice.

Per visualizzare la Guida in linea completa, premete il tasto *F1* oppure selezionate **Guida di LibreOffice** dal menu di Aiuto. Inoltre, è possibile scegliere di attivare i Suggerimenti, la Guida attiva e l'Help Agent (da **Strumenti > Opzioni > LibreOffice > Generale**).

Quando i Suggerimenti sono attivati, posizionando il cursore del mouse sull'icona di un qualsiasi strumento verrà visualizzata una breve descrizione della sua funzione. Per una spiegazione più dettagliata, selezionate **Aiuto > Cos'è questo?** e tenete il puntatore sopra l'icona.

Assistenza gratuita online

La comunità di LibreOffice non sviluppa solo il software, ma fornisce un supporto gratuito su base volontaria. Vedere la Tabella 1 e questa pagina web: http://www.libreoffice.org/get-help/

Gli utenti possono ottenere un supporto completo in rete, da parte dei membri della comunità, tramite le mailing list. Sono inoltre presenti in rete altri siti web gestiti da utenti, che offrono gratuitamente consigli e tutorial. Questo forum fornisce supporto da parte della comunità per LibreOffice e altri programmi: http://user.services.openoffice.org/en/forum/

Supporto e formazione a pagamento

In alternativa, è possibile usufruire di servizi di supporto a pagamento. Contratti di assistenza possono essere acquistati presso un rivenditore o da una ditta di consulenza specializzata in LibreOffice.

Tabella 1: supporto gratuito per gli utenti di LibreOffice

Assistenza gratuita per LibreOffice	
Domande frequenti	Risposte alle domande frequenti http://www.libreoffice.org/get-help/faq/ http://wiki.documentfoundation.org/Faq
Documentazione	tente, how-to e altra documentazione. http://it.libreoffice.org/supporto/documentazione/ http://www.libreoffice.org/get-help/documentation/ https://wiki.documentfoundation.org/Documentation/Publications
Mailing list	Il supporto gratuito della comunità è offerto da una rete di utenti esperti http://www.libreoffice.org/get-help/mailing-lists/
Supporto internazionale	Il sito web di LibreOffice nella vostra lingua. http://www.libreoffice.org/international-sites/ Mailing list internazionali http://wiki.documentfoundation.org/Local_Mailing_Lists
Accesso facilitato	Informazioni relative all'accesso facilitato. http://it.libreoffice.org/supporto/accessibilita/ http://www.libreoffice.org/get-help/accessibility/

Differenze nelle immagini presenti nel libro

LibreOffice funziona su sistemi operativi Windows, Linux, e Mac OS X, ciascuno dei quali ha diverse versioni e può essere personalizzato dagli utenti (tipo di carattere, colori, temi, gestori di finestre).

Le immagini in questo libro sono tratte da computer e sistemi operativi diversi. Alcune immagini, pertanto, non corrisponderanno esattamente a ciò che vedete sul vostro computer.

Utilizzo di LibreOffice su Mac

Alcuni tasti e voci di menu su Mac sono diversi da quelli utilizzati in ambiente Windows e Linux. La tabella che segue fornisce alcune sostituzioni comuni per le istruzioni di questo capitolo. Per un elenco più dettagliato consultate la Guida in linea dell'applicazione.

Windows o Linux	Equivalente su Mac	Effetto
Strumenti > Opzioni selezione da menu	**LibreOffice > Preferenze**	Accesso alle opzioni di configurazione
Pulsante destro del mouse	*Ctrl+clic*	Apre un menu contestuale
Ctrl (Control)	⌘ *(Comando)*	Usato con altri tasti
F5	*Maiusc+⌘+F5*	Apre il Navigatore
F11	⌘*+T*	Apre la finestra Stili e formattazione

Termini utilizzati

I termini utilizzati in LibreOffice per la maggior parte dell'*interfaccia utente* (le parti del programma che vedete e utilizzate, a differenza del codice non visibile che ne permette il funzionamento) sono gli stessi presenti in altri programmi.

Una *finestra di dialogo* è un tipo speciale di finestra. Il suo scopo è quello di informarvi di qualcosa, o richiedervi un input, o entrambe le cose. Fornisce dei controlli da utilizzare per indicare come eseguire un'azione. I nomi tecnici per i controlli più comuni sono mostrati in Figura 1; non viene invece mostrata la casella di riepilogo (dalla quale selezionate un elemento). Nella maggior parte dei casi in questo libro non vengono usati termini tecnici, ma può essere utile conoscerli perché si possono ritrovare frequentemente nella Guida in linea e in altre guide e manuali.

Generalmente, potete interagire solo con la finestra di dialogo (e non con il documento stesso) finché la finestra rimane aperta. Quando chiudete la finestra di dialogo dopo l'uso (normalmente, facendo clic su **OK** oppure su un altro pulsante, le vostre modifiche vengono salvate e la finestra di dialogo viene chiusa), potete di nuovo lavorare con il vostro documento.

Alcune finestre di dialogo possono rimanere aperte mentre lavorate, quindi potete spostarvi avanti e indietro tra la finestra di dialogo e il vostro documento. Un esempio di questo tipo è la finestra di dialogo Cerca e Sostituisci.

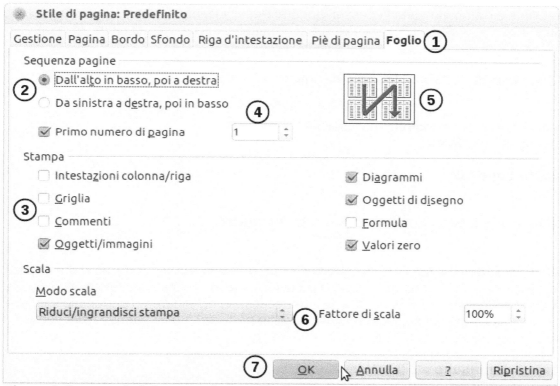

Figura 1: finestra di dialogo con i controlli più comuni:
1 = Pagina a schede (non un controllo in senso stretto)
2 = Pulsanti Radio (permettono una singola scelta esclusiva)
3 = Casella di controllo (permette scelte multiple)
4 = Casella di selezione (fate clic sulle frecce su e giù per modificare il numero
mostrato nella casella di testo adiacente, oppure digitate nella casella di testo)
5 = Miniatura o anteprima
6 = Menu a tendina dal quale selezionare una voce
7 = Pulsanti

Autori

Questo libro è stato scritto dai volontari della comunità di LibreOffice. I guadagni derivanti dalla vendita dell'edizione stampata saranno utilizzati a favore della comunità.

Riconoscimenti

Questo libro è un adattamento e aggiornamento della *Guida a OpenOffice.org Impress 3.3*. I collaboratori di quella Guida sono:

Michele Zarri	Jean Hollis Weber	Dan Lewis
Agnes Belzunce	Peter Hillier-Brook	Gary Schnabl
Claire Wood	Rachel Kartch	Hazel Russman
Jared Kobos	Martin J Fox	Paul Miller
Nicole Cairns	Rachel Kartch	

FAQ

Licenza di LibreOffice

LibreOffice è distribuito sotto la Lesser General Public License (LGPL), approvata dall'Open Source Initiative (OSI). La licenza LGPL è consultabile sul sito web di LibreOffice all'indirizzo: http://www.libreoffice.org/download/license/

È possibile distribuire LibreOffice a chiunque?

Sì.

Su quanti computer è possibile installarlo?

Su tutti quelli che volete.

È possibile venderlo?

Sì.

È possibile usare LibreOffice in un ambiente di lavoro?

Sì.

È possibile distribuire il file PDF di questa Guida, o stamparla e venderne delle copie?

Sì, a condizione che vengano rispettati i requisiti di una delle licenze citate nella dichiarazione di copyright all'inizio di questa Guida. Non è necessario richiedere un permesso speciale. Inoltre, vi chiediamo di condividere con il progetto parte dei profitti ottenuti dalla vendita delle Guide, in considerazione di tutto il lavoro svolto per produrle.

Come si può contribuire a LibreOffice?

È possibile contribuire allo sviluppo e al supporto degli utenti di LibreOffice in molti modi, senza necessariamente essere un programmatore. Ad esempio, potete contribuire alla produzione e al mantenimento della documentazione per gli utenti, alla produzione di tutorial video e ad altri tipi di supporto all'utente. Per iniziare, date uno sguardo alla pagina web: http://www.documentfoundation.org/contribution/

Capitolo 1
Introduzione a Impress

Cos'è Impress?

Impress è il programma di presentazioni (presentazioni di diapositive) incluso in LibreOffice. Con Impress potete creare diapositive contenenti molti elementi diversi, come testo, elenchi puntati e numerati, tabelle, grafici, e un'ampia varietà di oggetti grafici come clip art, disegni e fotografie. Inoltre Impress include il controllo ortografico, i sinonimi, gli stili di testo e gli stili di sfondo.

Questo capitolo introduce l'interfaccia utente di Impress e illustra come creare una semplice presentazione usando la Procedura guidata Presentazione (Presentazione guidata). Gli altri capitoli in questa guida spiegano tutte le funzionalità disponibili in Impress, che possono essere utilizzate per creare presentazioni più sofisticate.

L'uso di Impress per presentazioni non estremamente semplici richiede la conoscenza degli elementi contenuti all'interno della diapositiva. Le diapositive contenenti testo utilizzano gli stili per determinare l'aspetto del testo. La creazione di disegni in Impress avviene in modo simile alla creazione di disegni nel programma Draw, incluso in LibreOffice. Potete inoltre consultare la *Guida a Draw* per maggiori dettagli su come utilizzare gli strumenti di disegno.

Avviare Impress

Potete avviare Impress in diversi modi:

- Dal Centro di Avvio di LibreOffice, se nessun altro componente è già aperto, fate clic sul pulsante Presentazione.

- Dal menu di sistema, il menu standard dal quale viene avviata la maggior parte delle applicazioni. In Windows si chiama menu di Avvio (o di Start). In Linux con l'ambiente desktop di GNOME è denominato menu delle Applicazioni; con l'ambiente desktop di KDE è identificato dal logo KDE. In Mac OS X è il menu delle Applicazioni. I dettagli variano in base al sistema operativo; vedere il Capitolo 1 della *Guida introduttiva a LibreOffice*.

- Dal QuickStart di LibreOffice, se disponibile nel vostro sistema operativo.

- Da qualunque componente aperto di LibreOffice: fate clic sul triangolo a destra dell'icona **Nuovo** sulla barra degli strumenti principale e selezionate *Presentazione* dal menu a comparsa o scegliete **File > Nuovo > Presentazione** dalla barra dei menu.

Nota	Dopo l'installazione di LibreOffice, nella maggior parte dei casi viene aggiunta al menu di sistema una voce per ogni componente. Il nome e la posizione di queste voci del menu dipendono dal sistema operativo e dall'interfaccia grafica.

Quando avviate Impress per la prima volta, viene mostrata la Procedura guidata Presentazione. Qui potete scegliere tra le seguenti opzioni:

- **Presentazione vuota**, che creerà un documento vuoto

- **Da modello**, che è una presentazione disegnata con un modello di vostra scelta

- **Apri una presentazione esistente**

- Fate clic su **Crea** per aprire la finestra principale di Impress.

Per istruzioni dettagliate riguardo all'utilizzo della Procedura guidata Presentazione, vedete la sezione "Creazione di una nuova presentazione" a pagina 24.

Se preferite non utilizzare la Procedura guidata Presentazione in futuro, potete selezionare l'opzione **Non mostrare più la Procedura guidata** prima di fare clic su **Crea**. Potete abilitare nuovamente la Procedura guidata in seguito sotto **Strumenti > Opzioni > LibreOffice Impress > Generale > Nuovo documento**, selezionando l'opzione **Inizia con procedura guidata**.

La finestra principale di Impress

La finestra principale di Impress (Figura 2) si compone di tre parti: il *riquadro Diapositive*, l'*Area di lavoro*, e il *pannello delle Attività*. Inoltre, diverse barre degli strumenti possono essere visualizzate o nascoste durante la creazione della presentazione.

Figura 2: finestra principale di Impress; gli ovali indicano i contrassegni Nascondi/Mostra

Suggerimento	Potete chiudere il *riquadro Diapositive* o il *pannello delle Attività* facendo clic sulla *X* nell'angolo destro superiore del pannello o scegliendo **Visualizza > Riquadro diapositiva** o **Visualizza > Pannello delle attività** per deselezionare il pannello. Per riaprire un pannello, scegliete nuovamente **Visualizza > Riquadro diapositiva** o **Visualizza > Pannello delle attività**.
	Potete anche massimizzare l'Area di lavoro facendo clic sui contrassegni Nascondi/Mostra che si trovano a metà delle linee di separazione verticali (indicate dagli ovali in Figura 2). Usando i contrassegni Nascondi/Mostra i pannelli Diapositive e Attività vengono nascosti, senza essere chiusi. Per ripristinare il pannello, fate nuovamente clic sul contrassegno Nascondi/Mostra.

Riquadro Diapositive

Il riquadro Diapositive contiene le immagini in miniatura delle diapositive della vostra presentazione, nell'ordine in cui verranno mostrate, a meno che non modifichiate l'ordine della presentazione, come descritto nel *Capitolo 9 (Presentazioni)*. Facendo clic su una diapositiva in questo pannello la si seleziona e la si colloca nell'Area di lavoro. Quando una diapositiva si trova nell'Area di lavoro, potete modificarla a piacimento.

Potete eseguire un certo numero di operazioni supplementari su una o più diapositive simultaneamente nel riquadro Diapositive:

- Aggiungere nuove diapositive alla presentazione.
- Contrassegnare una diapositiva come nascosta, così che non venga mostrata come elemento della presentazione.
- Eliminare dalla presentazione una diapositiva non più necessaria.
- Rinominare una diapositiva.
- Duplicare una diapositiva (copia e incolla) o spostarla in una posizione differente nella presentazione (taglia e incolla).

È anche possibile eseguire le seguenti operazioni, sebbene vi siano metodi più efficaci dell'utilizzo del riquadro Diapositive, come vedrete più avanti in questo capitolo:

- Modificare la transizione della diapositiva che segue quella selezionata o tutte quelle facenti parte di un gruppo di diapositive.
- Modificare la sequenza delle diapositive nella presentazione.
- Cambiare il modello di diapositiva.
- Modificare il layout della diapositiva per un gruppo di diapositive simultaneamente.

Pannello delle Attività

Il Pannello delle Attività presenta cinque sezioni. Per espandere la sezione che desiderate utilizzare, fate clic sulla barra del titolo di ciascuna sezione. È possibile espandere una sola sezione alla volta.

Pagine Master

Qui si definisce lo Stile pagina (diapositiva) che verrà usato nella presentazione. Impress contiene diversi modelli di pagine master (master di diapositiva). Uno dei modelli - quello Predefinito - è vuoto, mentre gli altri hanno uno sfondo e del testo con uno stile applicato.

Suggerimento	Premete *F11* per aprire la finestra Stili e formattazione, dove potete modificare gli stili usati in qualsiasi pagina master per adattarli alle vostre esigenze. Ciò può essere fatto in qualsiasi momento. Per dettagli vedere il *Capitolo 2 (Utilizzo di master di diapositiva, stili e modelli)*.

Layout

I layout inclusi in Impress vengono mostrati qui. Potete scegliere quello che desiderate e usarlo così com'è, oppure modificarlo a seconda delle vostre esigenze. Non è comunque possibile salvare layout personalizzati.

Struttura tabella

In questa sezione vengono forniti gli stili di tabella predefiniti. È possibile modificare ulteriormente l'aspetto di una tabella con le opzioni per mostrare o nascondere specifiche righe e colonne, o per applicare un aspetto di fasce colorate a righe e colonne. Per maggiori informazioni su come lavorare con le tabelle, vedere il *Capitolo 3 (Aggiunta e formattazione del testo)*.

Animazione personalizzata

Per rimarcare o migliorare elementi differenti di ciascuna diapositiva sono disponibili diverse animazioni. La sezione Animazione personalizzata offre un modo semplice per aggiungere, cambiare, o rimuovere animazioni. Per una panoramica su come aggiungere e personalizzare le animazioni vedere il *Capitolo 9 (Presentazioni)*.

Cambio diapositiva

La sezione Cambio diapositiva offre accesso alle opzioni relative alla transizione delle diapositive. L'impostazione predefinita è *Nessuna transizione*, con la quale la diapositiva successiva semplicemente rimpiazza quella esistente. Sono comunque disponibili diverse altre transizioni. Potete anche specificare la velocità della transizione (lento, medio, veloce), scegliere tra una transizione automatica o manuale, e decidere il tempo di esposizione della diapositiva selezionata (solo per la transizione automatica).

Area di lavoro

L'Area di lavoro (che normalmente si trova al centro) presenta cinque schede: **Normale**, **Struttura**, **Note**, **Stampati**, e **Ordine diapositive** (Figura 3). Queste schede sono chiamate Pulsanti di visualizzazione. L'Area di lavoro al di sotto dei Pulsanti di visualizzazione cambia a seconda della vista scelta.. Le visualizzazioni dell'Area di lavoro sono descritte in dettaglio a pagina 19.

Normale | Struttura | Note | Stampati | Ordine diapositive

Figura 3: schede dell'Area di lavoro

Barre degli strumenti

Molte barre degli strumenti possono tornare utili durante la creazione delle diapositive; potete visualizzarle o nasconderle facendo clic su **Visualizza > Barre degli strumenti** ed effettuando una selezione dal menu che appare.

Potete inoltre selezionare le icone da mostrare in ogni barra degli strumenti. Per maggiori delucidazioni, fate riferimento al *Capitolo 11 (Configurazione e personalizzazione di Impress)*.

Diverse barre degli strumenti di Impress sono simili a quelle di Draw. Fate riferimento alla *Guida a Draw* per dettagli sulle funzioni disponibili e su come usarle.

Barra di stato

La Barra di stato, situata nella parte inferiore della finestra di Impress, contiene informazioni utili mentre si lavora ad una presentazione. Potete nascondere la Barra di stato selezionando **Visualizza > Barra di stato** dal menu principale.

Nota	Le dimensioni sono espresse nell'unità di misura corrente (da non confondere con le unità di misura dei righelli). Questa unità è definita in **Strumenti > Opzioni > LibreOffice Impress > Generale**.

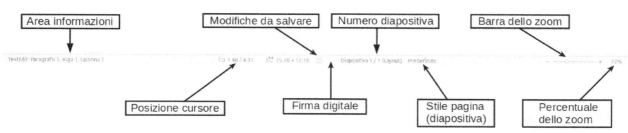

Figura 4: Barra di stato

Da sinistra a destra, trovate:

- Area informazioni, che cambia in base alla selezione. Ad esempio:

Selezione d'esempio	Esempi delle informazioni mostrate

Area di testo	Text Edit: Paragrafo x, Riga y, Colonna z
Grafici, fogli elettronici	Oggetto incorporato (OLE) "NomeOggetto" selezionato
Immagini	Bitmap con trasparenza selezionata

- Posizione del cursore: la posizione del cursore o dell'angolo superiore sinistro della selezione misurata dall'angolo superiore sinistro della diapositiva, seguita dalla larghezza e dall'altezza della selezione o della casella di testo dove il cursore è posizionato.
- Modifiche non salvate: indica la necessità di salvare il file. Facendo doppio clic su questa icona si apre la finestra di dialogo Salva o Salva con nome.
- Firma digitale: indica se il documento è firmato digitalmente. Dopo il salvataggio del file, facendo doppio clic su questa icona si apre la finestra di dialogo Firme digitali.
- Numero diapositiva: il numero della diapositiva correntemente visualizzata nell'Area di lavoro e il numero totale di diapositive nella presentazione.
- Stile di pagina (diapositiva): lo stile associato alla diapositiva, stampato, o pagina note correntemente nell'Area di lavoro. Facendo doppio clic sul nome dello stile si apre la finestra di dialogo Modello diapositiva.
- Cursore dello zoom: regola la percentuale dello zoom dell'Area di lavoro visualizzata.
- Percentuale dello zoom: indica la percentuale dello zoom dell'Area di lavoro visualizzata. Facendo doppio clic sulla percentuale dello zoom si apre la finestra di dialogo Zoom e layout visualizzazione.

Navigatore

Il Navigatore mostra tutti gli oggetti contenuti in un documento. Permette di spostarsi all'interno di un documento e di individuare gli oggetti in esso contenuti. Per visualizzare il Navigatore, fate clic sulla sua icona sulla barra degli strumenti Standard, oppure scegliete **Visualizza > Navigatore** sulla barra dei menu, oppure premete *Ctrl+Maiusc+F5*.

Il Navigatore è molto utile se attribuite alle diapositive e agli oggetti (fotografie, fogli elettronici, etc) dei nomi significativi, invece dei nomi predefiniti, come "Diapositiva 1" e "Forma 1".

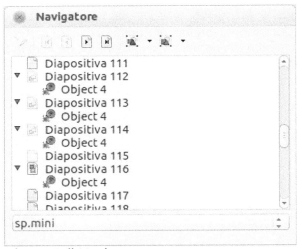

Figura 5: il Navigatore

Viste dell'Area di lavoro

Ciascuna delle viste dell'Area di lavoro è progettata per facilitare determinati compiti; è quindi utile familiarizzare con esse al fine di eseguire tali compiti velocemente.

Nota	Quando selezionata, ciascuna vista dell'Area di lavoro mostra un insieme differente di barre degli strumenti. Questi insiemi di barre possono essere personalizzati accedendo al menu **Visualizza > Barre degli strumenti**, quindi mettendo o togliendo la spunta dalla barra degli strumenti che desiderate aggiungere o rimuovere.

Vista Normale

La *vista Normale* è la visualizzazione principale per lavorare con la singola diapositiva. Usate questa visualizzazione per formattare e strutturare le diapositive, e per aggiungere testo, immagini ed effetti di animazione.

Per collocare una diapositiva nell'area di disegno vista Normale (Figura 3), fate clic sulla miniatura nel riquadro Diapositive oppure fate doppio clic sulla miniatura all'interno del Navigatore (pagina 18).

Vista Struttura

La vista Struttura contiene tutte le diapositive della presentazione numerate in sequenza. Mostra i titoli e gli elenchi puntati e numerati per ciascuna diapositiva nel formato struttura. Viene mostrato solo il testo contenuto nelle caselle di testo predefinite di ogni diapositiva. Se la vostra diapositiva contiene altre caselle di testo oppure oggetti di disegno, questi non vengono visualizzati. I nomi delle diapositive non sono inclusi.

Normale Struttura Note Stampati Ordine diapositive

Sale fino al 65%

83

84 Elenchi puntati

Gli elenchi puntati sono ottimi per tre cose:

- Lista della spesa
- Addormentare il pubblico
- ....?

Figura 6: vista Struttura

Potete utilizzare la vista Struttura per le seguenti operazioni:

1) Effettuare modifiche nel testo di una diapositiva:

- Aggiungere o cancellare testo in una diapositiva, esattamente come nella vista Normale.

- Spostare i paragrafi di testo nella diapositiva selezionata verso l'alto o verso il basso usando i pulsanti freccia verso l'alto o verso il basso (Verso l'alto o Verso il basso) sulla barra degli strumenti Formattazione del testo.

- Modificare il livello di struttura per ognuno dei paragrafi di una diapositiva usando i pulsanti freccia sinistra e destra (Un livello più alto o Un livello più basso) sulla barra degli strumenti Formattazione del testo (Figura 6).

- Simultaneamente spostare un paragrafo e modificarne il livello di struttura, usando una combinazione delle quattro frecce.

2) Confrontare le diapositive con la vostra struttura (se ne avete preparata una). Se vi rendete conto, attraverso la struttura, che vi occorre un'altra diapositiva, potete crearla direttamente all'interno della vista Struttura, oppure ritornando in visualizzazione Normale.

Figura 7: barra degli strumenti Formattazione del testo

Vista Note

Utilizzate la vista Note (Figura 8) per aggiungere note a una diapositiva. Le note non sono visualizzate nel corso della presentazione.

1) Fate clic sulla scheda **Note** nell'Area di lavoro.
2) Selezionate la diapositiva alla quale desiderate aggiungere le note.
   - Fate clic sulla diapositiva nel riquadro delle Diapositive, oppure
   - fate doppio clic sul nome della diapositiva nel Navigatore.
3) Nella casella di testo sotto la diapositiva, fate clic sulle parole *Fate clic per aggiungere note* e iniziate a digitare.

Potete ridimensionare il riquadro di testo delle Note usando le maniglie verdi di ridimensionamento che compaiono quando fate clic sul bordo del riquadro, e spostarlo posizionando il puntatore sul bordo, quindi facendo clic e trascinando. Per eseguire delle modifiche nello stile del testo, premete il tasto *F11* per aprire la finestra Stili e formattazione.

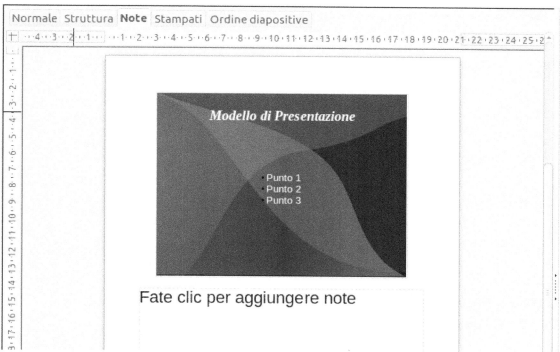

Figura 8: aggiungere note nella vista Note

Vista Stampati

La vista Stampati serve a impostare il layout della diapositiva per poterla stampare. Fate clic sulla scheda *Stampati* nell'Area di lavoro, quindi scegliete **Layout** nel pannello Attività. Potete scegliere di stampare una, due, tre, quattro, sei o nove diapositive per pagina.

Figura 9: layout stampati

Potete usare questa vista anche per personalizzare le informazioni da inserire nello stampato. Per maggiori informazioni vedere il *Capitolo 8 (Aggiunta e formattazione di diapositive, note e stampati)*.

Selezionate dal menu principale la voce **Inserisci > Numero di pagina** oppure **Inserisci > Data e Ora** per aprire la finestra di dialogo **Intestazione e piè di pagina**. Fate clic sulla scheda Note e stampati (Figura 10) e utilizzate questa finestra di dialogo per selezionare gli elementi (e i loro contenuti) che desiderate far comparire su ciascuna pagina dello stampato.

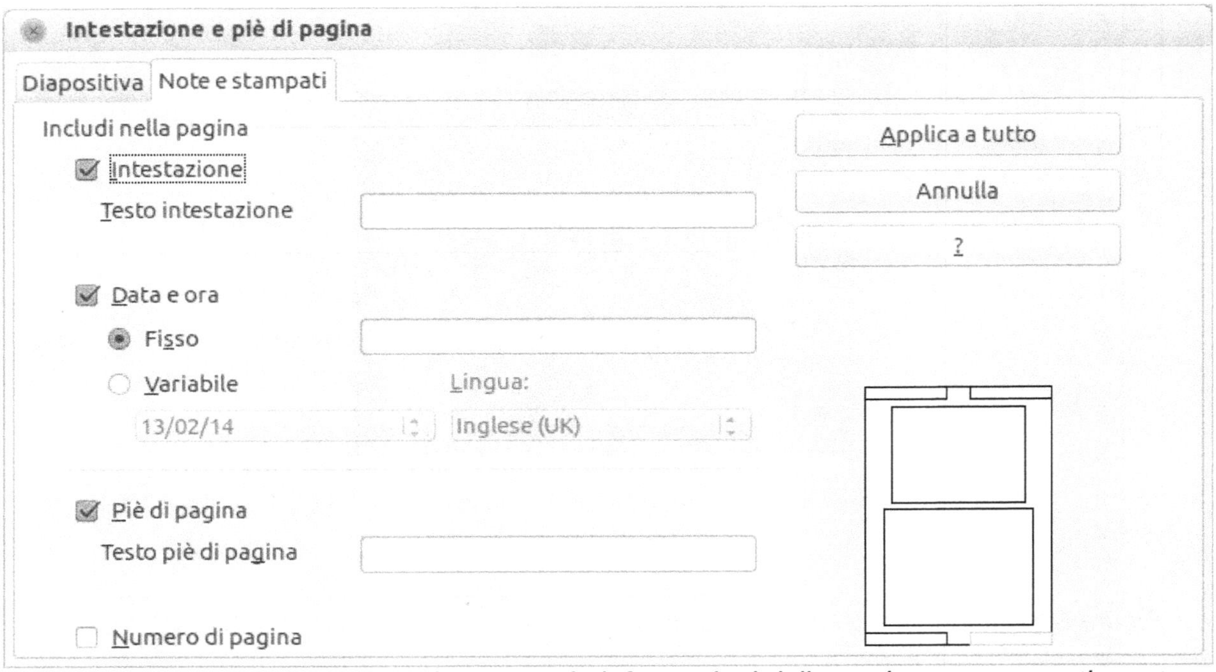

Figura 10: finestra di dialogo per impostare le informazioni della pagina per stampati e note

Vista Ordine diapositive

La vista Ordine diapositive (Figura 11) riporta tutte le miniature delle diapositive. Usate questa visualizzazione per lavorare con un gruppo di diapositive o con una singola diapositiva.

Figura 11: vista Ordine diapositive

Personalizzare la vista Ordine diapositive

Per modificare il numero di diapositive per riga:

1) Spuntate le voci **Visualizza > Barre degli strumenti > Ordine diapositive** e **Vista diapositiva** per mostrare o nascondere le barre degli strumenti Ordine diapositive e Vista diapositiva (Figura 12).
2) Definite il numero di diapositive (fino ad un massimo di 15).

Figura 12: barre degli strumenti Ordine diapositive e Vista diapositiva

Spostare una diapositiva tramite Ordine diapositive

Per spostare una diapositiva nella presentazione usando Ordine diapositive:

1) Fate clic sulla diapositiva per evidenziarla (Figura 11).
2) Trascinatela e rilasciatela nella posizione desiderata.

Selezionare e spostare gruppi di diapositive

Per selezionare un gruppo di diapositive, utilizzate uno di questi metodi:

- Usate il tasto *Control* (*Ctrl*) : fate clic sulla prima diapositiva e, mentre mantenete premuto il tasto *Ctrl*, selezionate le altre diapositive desiderate.

- Usate il tasto *Maiusc*: fate clic sulla prima diapositiva e, mantenendo premuto il tasto *Maiusc*, selezionate l'ultima diapositiva del gruppo. In tal modo verranno selezionate tutte le diapositive comprese tra la prima e l'ultima.

- Usate il mouse: fate clic leggermente a lato (sinistro o destro) della prima diapositiva da selezionare. Tenete premuto il pulsante sinistro del mouse e trascinate il puntatore del mouse fino a evidenziare tutte le diapositive che volete selezionare.

Per spostare un gruppo di diapositive:

1) Selezionate un gruppo di diapositive.
2) Trascinate e rilasciate il gruppo fino alla nuova posizione.

Lavorare in vista Ordine diapositive

Potete lavorare con le diapositive in visualizzazione Ordine diapositive esattamente come nel riquadro Diapositive.

Per apportare delle modifiche, fate clic con il pulsante destro del mouse su una diapositiva e scegliete una delle seguenti voci dal menu contestuale:

- Nuova diapositiva: aggiunge una nuova diapositiva dopo la diapositiva selezionata.
- Elimina diapositiva: elimina la diapositiva selezionata.
- Rinomina diapositiva: permette di rinominare la diapositiva selezionata.
- Layout diapositiva: permette di modificare il layout della diapositiva selezionata.
- Effetti di transizione: permette di modificare la transizione della diapositiva selezionata.
  - Per una diapositiva, fateci clic sopra per selezionarla e poi aggiungete la transizione desiderata.
  - Per più di una diapositiva, selezionate il gruppo di diapositive e aggiungete la transizione desiderata.
- Nascondi diapositiva: le diapositive nascoste non vengono visualizzate nella presentazione.
- Taglia: rimuove la diapositiva selezionata e la salva negli appunti.
- Copia: copia la diapositiva selezionata negli appunti senza rimuoverla.
- Incolla: inserisce una diapositiva dagli appunti. Potete anche specificare se incollare la diapositiva copiata prima o dopo quella selezionata.

Creazione di una nuova presentazione

Questa sezione descrive come impostare una nuova presentazione usando la Presentazione guidata.

Suggerimento	Come prima cosa occorre decidere lo scopo della presentazione e pianificarla. Sebbene sia possibile modificare la presentazione mentre la preparate, avere un'idea del pubblico di riferimento, della struttura, del contenuto, di come verrà tenuta la presentazione, vi risparmierà molto tempo fin dall'inizio.

All'avvio di Impress vi apparirà la Procedura guidata Presentazione (Presentazione guidata).

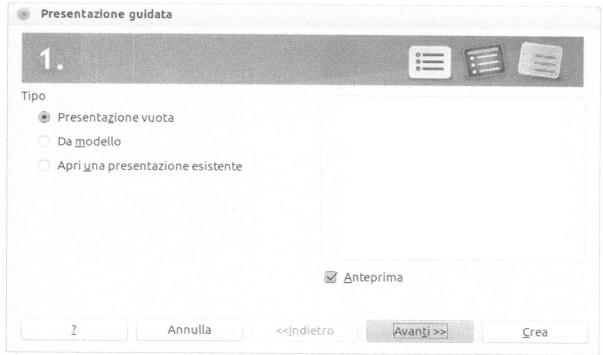

Figura 13: scegliere il tipo di presentazione

1) Nell'area **Tipo**, scegliete una delle opzioni:

  - *Presentazione vuota* crea una presentazione vuota.

  - *Da modello* utilizza un modello di pagina già creato come base per una nuova presentazione. La procedura guidata si modifica per mostrare un elenco di modelli disponibili. Scegliete il modello che desiderate. Per dettagli vedere il *Capitolo 2 (Utilizzo di master di diapositiva, stili e modelli)*.

  - *Apri una presentazione esistente* permette di continuare il lavoro su una presentazione creata in precedenza. La procedura guidata si modifica per mostrare un elenco di presentazioni esistenti. Scegliete quella desiderata.

2) Fate clic su **Avanti**. La Figura 14 mostra il secondo passaggio della Presentazione guidata, come appare selezionando *Presentazione vuota* nel primo passaggio. Selezionando *Da modello*, nel riquadro dell'anteprima viene mostrato un esempio di diapositiva. Scegliete un modello dal menu a tendina **Scegliete un modello di diapositiva**. La sezione dei modelli di diapositiva offre due scelte principali: *Sfondi di presentazione* e *Presentazioni*. Ciascuna ha un elenco di opzioni di modelli di diapositiva. Se, invece di <Originale>, desiderate usare uno di questi modelli, fate clic per selezionarlo.

  - I diversi tipi di *Sfondi di presentazione* sono mostrati in Figura 14. Fate clic su un'opzione per vedere l'anteprima di quel modello di diapositiva nella finestra dell'Anteprima. Impress contiene tre opzioni sotto *Presentazioni*: *<Originale>*, *Presentazione di una novità*, e *Consiglio di strategia*.

  - *<Originale>* è per un modello di diapositiva di presentazione vuoto.

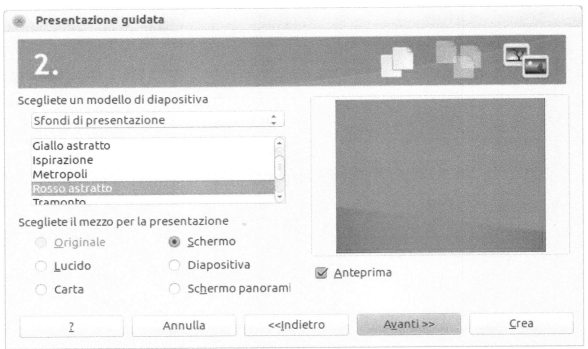

Figura 14: selezionare un modello diapositiva

- Entrambe le opzioni *Presentazione di una novità* e *Consiglio di strategia* dispongono di propri modelli di pagina predefiniti. Quando si fa clic sul nome, ciascun modello appare nella finestra dell'Anteprima.

Nota	*Presentazione di una novità* e *Consiglio di strategia* sono modelli di presentazione predefiniti. Essi possono essere usati per creare una presentazione scegliendo l'opzione **Da modello** nel primo passaggio (Figura 13).

3) Indicate come verrà usata la presentazione nell'area **Scegliete il mezzo per la presentazione**. Nella maggior parte dei casi, le presentazioni sono create per essere visualizzate sullo schermo del computer; in tal caso selezionate **Schermo**. Potete modificare il formato di pagina in qualsiasi momento.

Nota	La pagina predefinita Schermo è ottimizzata per uno schermo a 4:3 (28cm x 21cm); non è quindi adatta per i moderni schermi widescreen. Potete cambiare le dimensioni della diapositiva in qualsiasi momento passando alla vista Normale e selezionando il menu **Formato > Pagina**.

4) Fate clic su **Avanti**. Apparirà il terzo passaggio della Presentazione guidata (Figura 14).
   - Scegliete il tipo di transizione desiderata dal menu a comparsa *Effetto*.
   - Selezionate la velocità desiderata per la transizione fra le diverse diapositive nella presentazione dal menu a comparsa **Velocità**. *Medio* è per il momento una buona scelta.

5) Fate clic su **Crea.** Verrà creata una nuova presentazione.

Suggerimento	Potete accettare i valori predefiniti sia per *Effetto* che per *Velocità*, a meno che non siate esperti nella creazione di presentazioni. Entrambi i valori possono essere cambiati in seguito, lavorando con **Cambio diapositive** e **Animazioni**. Queste due funzioni sono illustrate più dettagliatamente nel *Capitolo 9 (Presentazioni)*.

Nota	Se avete selezionato l'opzione *Da modello* nel passaggio 1 della Procedura guidata, il pulsante **Avanti** sarà attivo nel passaggio 3 e saranno disponibili altre pagine non descritte in questa sede.

Figura 15: selezionare un effetto di transizione tra le diapositive

Attenzione ⚠	Ricordate di salvare frequentemente mentre lavorate con la presentazione, per impedire qualsiasi perdita di informazioni che potrebbe accadere per un qualsiasi evento inatteso. Eventualmente attivate la funzione Ripristino automatico (**Strumenti > Opzioni > Carica/Salva > Generale**). Assicuratevi che sia selezionata la voce **Salva informazioni di ripristino automatico ogni** e che abbiate inserito il numero dei minuti per la frequenza di salvataggio.

Formattazione di una presentazione

Una presentazione nuova contiene solamente una diapositiva vuota. In questa sezione inizieremo ad aggiungere nuove diapositive e a prepararle per i contenuti che desiderate inserire.

Inserimento di diapositive

È possibile farlo in molti modi; sceglietene uno.

- Menu **Inserisci > Diapositiva**.

- Fate clic con il pulsante destro del mouse sulla diapositiva corrente, e selezionate la voce **Diapositiva > Nuova diapositiva** dal menu contestuale.

- Fate clic sull'icona **Diapositiva** 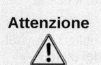 nella barra degli strumenti *Presentazione*.

A volte, invece di iniziare da una nuova diapositiva, potreste voler duplicare una diapositiva già inserita. Per duplicare una diapositiva, selezionate la diapositiva desiderata dal riquadro Diapositive e poi scegliete la voce **Inserisci > Duplica diapositiva**.

Selezionare un layout

Nel pannello delle Attività, aprite la sezione Layout per mostrare i layout disponibili (Figura 16). I Layout differiscono per il numero di elementi contenuti nella diapositiva, da una diapositiva vuota a una con sei riquadri per i contenuti e un titolo.

Figura 16: layout diapositiva disponibili

La prima diapositiva in una presentazione è normalmente una diapositiva introduttiva con un titolo. La *Diapositiva titolo* (che ha anche una sezione per il sottotitolo) o la diapositiva *Solo titolo* sono layout adatti per la prima diapositiva, mentre per il resto delle diapositive è più adatto il layout *Titolo, contenuto*.

Per creare il titolo, scegliete *Fate clic per aggiungere un titolo* (poniamo che non si utilizzi il layout *Diapositiva vuota*) e quindi scrivete il testo del titolo. Per adattare la formattazione del titolo, modificate lo stile di presentazione *Titolo* ; vedere il *Capitolo 2 (Utilizzo di master di diapositiva, stili e modelli)* per istruzioni.

Se state usando il layout *Diapositiva titolo* , scegliete *Fate clic per aggiungere testo* per aggiungere un sottotitolo. Se avete necessità di fare correzioni sul formato procedete come spiegato sopra, modificando lo stile di presentazione *Sottotitolo*.

Nota	Il testo e gli elementi grafici possono essere riadattati in qualsiasi momento durante la preparazione della presentazione, ma la modifica del layout di una diapositiva che ha già dei contenuti può avere effetti imprevedibili. Si consiglia quindi di porre particolare attenzione alla selezione del layout. Se avete effettivamente necessità di modificare il layout dopo aver inserito dei contenuti, essi non andranno persi, ma potrebbe essere necessario riformattarli.

Suggerimento	Per vedere i nomi dei layout inclusi, utilizzate la funzione Suggerimento: posizionate il cursore su un'icona nella sezione Layout (o su una icona qualsiasi delle barre degli strumenti) e il suo nome verrà visualizzato in un piccolo rettangolo.
	Se i suggerimenti non sono abilitati, scegliete la voce **Strumenti > Opzioni > LibreOffice > Generale > Guida** e selezionate l'opzione **Suggerimenti**. Se è selezionata anche l'opzione **Guida attiva** otterrete suggerimenti più dettagliati, ma i nomi dei suggerimenti stessi non verranno mostrati.

Per selezionare o cambiare il layout, posizionate la diapositiva nell'Area di lavoro e selezionate il layout desiderato dalla sezione dei layout nel pannello Attività.

Diversi layout contengono uno o più riquadri per i contenuti. Ciascuno di questi riquadri può essere configurato per contenere uno dei seguenti elementi: Testo, Filmati, Immagini, Grafici o Tabelle.

Potete scegliere il tipo di contenuti facendo clic sull'icona corrispondente che è mostrata al centro del riquadro, come mostrato in Figura 17. Se invece intendete usare il riquadro per inserire del testo, fate clic nell'area "Fate clic per aggiungere testo" per visualizzare il cursore.

Fate clic per aggiungere un titolo

- Fate clic per aggiungere testo

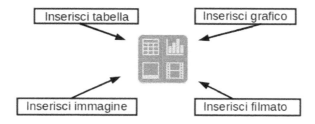

Figura 17: selezione del tipo di contenuti

Per selezionare o cambiare il layout, posizionate la diapositiva nell'Area di lavoro e selezionate il layout desiderato dalla sezione dei layout nel pannello Attività.

Se avete selezionato un layout con uno o più riquadri per contenuti, questo è il momento di decidere il tipo di contenuti che desiderate inserire.

Modificare gli elementi di una diapositiva

In questa fase, la diapositiva contiene elementi presenti nel master di diapositiva, così come elementi inclusi nel layout della diapositiva selezionata. Potreste voler rimuovere elementi non necessari o inserire oggetti come testo e immagini.

Sebbene in Impress non sia presente una funzione per creare nuovi layout, è possibile ridimensionarne e spostarne gli elementi. È anche possibile aggiungere elementi senza essere limitati dalla dimensione e posizione dei riquadri dei layout.

Per ridimensionare un riquadro per i contenuti, fate clic sulla cornice esterna, in modo da visualizzare le otto maniglie di ridimensionamento. Per spostarlo posizionate il cursore del mouse sulla cornice, in modo che il cursore cambi forma. Potete ora fare clic con il pulsante sinistro del mouse e trascinare il riquadro nella sua nuova posizione all'interno della diapositiva.

Per rimuovere elementi indesiderati procedete in questo modo:

1) Fate clic sull'elemento per evidenziarlo. Le maniglie di ridimensionamento indicano che è evidenziato.

2) Premete il tasto *Canc* per eliminarlo.

Attenzione	Le modifiche ai layout inclusi in Impress si possono effettuare solo usando il menu **Visualizza > Normale**, che corrisponde all'impostazione predefinita. Tentare di effettuare delle modifiche di un master di diapositiva, sebbene possibile, potrebbe avere risultati imprevedibili e richiede particolare attenzione; potrebbe peraltro comportare un certo numero di prove ed eventuali errori.

Aggiungere testo a una diapositiva

Per aggiungere del testo a una diapositiva che contiene una cornice di testo, scegliete *Fate clic per aggiungere testo* nella cornice di testo e poi digitate il vostro testo. Gli stili di Struttura vengono automaticamente applicati al testo mentre lo inserite. Potete modificare il livello di struttura di ogni paragrafo, così come la sua posizione all'interno del testo, usando i pulsanti freccia sulla barra degli strumenti *Formattazione del testo* (vedere "Vista Struttura" a pagina 19). Per maggiori informazioni sul testo, vedere il *Capitolo 3 (Aggiunta e formattazione del testo)*.

Aggiungere immagini oppure oggetti a una diapositiva

Per aggiungere immagini oppure oggetti a una diapositiva, ad esempio una foto, una clip art, un disegno, una fotografia, oppure un foglio elettronico, fate clic su **Inserisci** quindi selezionate dal menu a discesa il tipo di inserimento desiderato. Per maggiori informazioni, consultare i seguenti capitoli:

- Per le immagini, vedere il *Capitolo 4 (Aggiunta e formattazione di immagini)*.
- Per gli oggetti grafici, vedere il *Capitolo 5 (Gestione degli oggetti grafici)* e il *Capitolo 6 (Formattazione degli oggetti grafici)*.
- Per oggetti OLE e di altro tipo, vedere il *Capitolo 7 (Inserimento di fogli elettronici, grafici e altri oggetti)*.

Modificare l'aspetto delle diapositive

Per modificare lo sfondo ed altre caratteristiche di tutte le diapositive della presentazione occorre modificare la pagina master o scegliere una pagina master differente.

Un *master di diapositiva* è una diapositiva con uno specifico insieme di caratteristiche che funziona come un modello e viene utilizzato come punto d'inizio per creare altre diapositive. Queste caratteristiche comprendono lo sfondo, gli oggetti di sfondo, la formattazione del testo che sarà utilizzato, ed ogni immagine inclusa nello sfondo.

Nota	LibreOffice usa tre termini intercambiabili per questo concetto. *Diapositiva master*, *master di diapositiva*, e *pagina master*. Tutti questi termini si riferiscono a una diapositiva che viene usata come modello per crearne altre. Questo manuale, comunque, utilizza solamente il termine *master di diapositiva*, tranne quando si descrive l'interfaccia utente.

Impress include diversi master di diapositiva, che si trovano nella sezione Pagine Master del pannello delle Attività. Potete anche creare e salvare nuovi master di diapositiva o aggiungerne da altre fonti. Vedere il *Capitolo 2 (Utilizzo di master di diapositiva, stili e modelli)* per informazioni sulla creazione e modifica dei master di diapositiva.

Se tutto ciò che dovete fare è modificare lo sfondo, potete utilizzare questa scorciatoia:

1) Selezionate **Formato > Pagina** e andate alla scheda *Sfondo*.
2) Selezionate lo sfondo desiderato tra colore, sfumatura, tratteggio e bitmap. Fate clic su **OK** per applicarlo.

Apparirà una finestra di dialogo dove indicare se si desidera impostare lo sfondo per tutte le diapositive. Se fate clic su **Sì**, Impress modificherà automaticamente la pagina master.

Modificare la presentazione

Per impostazione predefinita la presentazione mostrerà tutte le diapositive nello stesso ordine in cui appaiono nella visualizzazione Ordine diapositive, usando le transizioni tra le diapositive specificate nella Presentazione guidata, e dovrete interagire con la tastiera o il mouse per spostarvi da una diapositiva all'altra.

Questo è un ottimo momento per rivedere l'intera presentazione e rispondere ad alcune domande. Avviate la presentazione almeno una volta (vedere "Avviare la presentazione" a pagina 32) prima di rispondere ad esse. Potreste voler aggiungere a questo elenco altre domande.

1) Le diapositive sono nell'ordine corretto? In caso negativo alcune dovranno essere spostate.
2) Le informazioni sono ben spaziate e leggibili dal pubblico anche in fondo ad una ampia sala? Parte del pubblico potrebbe non essere in grado di vedere le informazioni nella parte bassa della diapositiva, quindi potreste dover progettare la presentazione per stare nei tre-quarti superiori dello schermo.
3) Una diapositiva aggiuntiva potrebbe essere di aiuto per chiarire un punto? Nel caso, sarebbe opportuno creare un'altra diapositiva.
4) Alcune delle diapositive sembrano inutili? Nascondetele o eliminatele.
5) L'aggiunta di animazioni personalizzate potrebbe arricchire alcune diapositive? (Tecniche avanzate).
6) Alcune transizioni tra le diapositive dovrebbero essere differenti dalle altre? Le transizioni di queste diapositive andrebbero modificate.

Attenzione	Se una o più diapositive vi appaiono inutili, nascondetele, e rivedete la presentazione per essere sicuri che non siano necessarie. Per nascondere una diapositiva fate clic con il pulsante destro del mouse sulla diapositiva nel riquadro Diapositive e selezionate la voce **Nascondi diapositiva** dal menu a comparsa. Prima di cancellare una diapositiva provate a nasconderla; altrimenti potreste doverla creare di nuovo.

Una volta risposto a queste (ed alle vostre) domande, eseguite le modifiche necessarie. Per farlo potete sfruttare la vista Ordine diapositive (vedere pagina 23). Utilizzate il menu della Presentazione per cambiare l'ordine delle diapositive, scegliere quali mostrare, automatizzare lo spostamento da una diapositiva all'altra, e altre impostazioni. Per modificare la transizione delle diapositive, inserire animazioni ed eseguire altre migliorie, usate le varie opzioni nel pannello delle Attività.

Animazioni personalizzate

Se volete aggiungere un'animazione personalizzata ad una diapositiva, fatelo in questa fase. Le animazioni personalizzate si trovano nella sezione Animazione personalizzata del pannello delle Attività. Questa è una tecnica avanzata illustrata nel *Capitolo 9 (Presentazioni)*.

Transizioni delle diapositive

La vostra prima presentazione probabilmente avrà la stessa transizione per tutte le diapositive. L'impostazione predefinita per il *Cambio pagina* è **Al clic del mouse**. Se desiderate che ogni diapositiva venga mostrata per un tempo fisso, fate clic su **Automaticamente dopo** ed inserite il numero di secondi. Fate clic su **Applica a tutte le diapositive**.

I diversi tipi di transizione si trovano nella sezione Cambio diapositiva del pannello delle Attività. Per maggiori informazioni sulle transizioni fra diapositive, vedere il *Capitolo 9 (Presentazioni)*.

Suggerimento	La sezione della transizione delle diapositive ha un'opzione molto utile: *Anteprima automatica*. Spuntandone la casella di controllo, quando si eseguono delle modifiche in una transizione, la nuova diapositiva viene mostrata in anteprima nell'area di disegno della diapositiva (vista Normale), compreso l'effetto di transizione.

Avviare la presentazione

Per avviare una presentazione, effettuate una delle seguenti scelte:

* Fate clic su **Presentazione > Presentazione** sulla barra dei menu principale.
* Fate clic sull'icona **Presentazione** sulla barra degli strumenti Presentazione o sulla barra degli strumenti Ordine diapositive.
* Premete *F5* oppure *F9*. (*F9* non funziona su un Mac).

Se il cambio pagina è impostato su *Automaticamente dopo tot secondi*, la presentazione si svolgerà autonomamente.

Se il cambio pagina è impostato su *Al clic del mouse*, eseguite un'azione a scelta tra le seguenti per passare da una diapositiva alla successiva.

* Fate clic con il pulsante del mouse per muovervi alla diapositiva successiva.
* Usate i tasti freccia della tastiera per passare alla diapositiva successiva o tornare indietro alla precedente.
* Premete la *barra spaziatrice* sulla tastiera per avanzare alla diapositiva successiva.

Fate clic con il pulsante destro del mouse in qualsiasi punto dello schermo per aprire un menu dal quale potete navigare tra le diapositive e configurare altre opzioni.

Quando avanzate oltre l'ultima diapositiva, appare il messaggio *Fai clic per terminare la presentazione....* Fate clic con il mouse o premete un qualunque tasto per terminare la presentazione.

Per uscire dalla presentazione in qualsiasi momento, anche al termine, premete il tasto *Esc*.

Controllare una presentazione tramite Presenter Console

Nella maggior parte delle installazioni di LibreOffice Impress è integrata l'estensione Presenter Console. Qualora non fosse inclusa, potete ottenere e installare l'estensione come descritto nel *Capitolo 11 (Configurazione e personalizzazione di Impress)*.

La Presenter Console funziona esclusivamente su sistemi operativi che supportano due schermi, e solo quando due schermi sono collegati (uno potrebbe essere quello del portatile).

Presenter Console offre ulteriori controlli sulle presentazioni tramite viste differenti sullo schermo del computer del presentatore e sulla proiezione che vede il pubblico. La vista del presentatore include la diapositiva corrente, quella successiva, le note delle diapositive, e un timer della presentazione. Vedere il *Capitolo 9 (Presentazioni)* per maggiori dettagli.

Capitolo 2
Utilizzo di master di diapositiva, stili e modelli

Progettazione di una presentazione

Oltre a pianificare attentamente i contenuti [come discusso nel *Capitolo 1 (Introduzione a Impress)*], è importante progettare anche l'aspetto visivo della presentazione. È opportuno farlo dopo aver sviluppato la struttura, poiché questa influisce sulla presentazione grafica dei contenuti. Ad esempio:

- Quali combinazioni di colori (sfondo e testo) sono leggibili per il pubblico ed hanno un aspetto gradevole?
- L'inserimento di una immagine potrebbe aiutare il pubblico a comprendere meglio i contenuti?
- Alcune immagini o testo dovrebbero comparire su ogni diapositiva? (ad esempio il nome di una azienda ed il logo).
- Numerare le diapositive potrebbe aiutare il pubblico a referenziarle se necessario?
- Come sfondo vorreste utilizzare una sfumatura o un'immagine? Nel caso, è importante scegliere elementi grafici che mantengano un buon contrasto e si accostino in maniera corretta ai contenuti, come ad esempio i colori utilizzati nei grafici.
- È necessario un solo master di diapositiva o più di uno? Un solo modello di diapositiva sarà adeguato a tutti i contenuti?

Potete modificare l'aspetto delle diapositive nel corso della preparazione della presentazione, ma una corretta pianificazione a priori vi farà risparmiare tempo.

Cos'è un master di diapositiva?

Un *master di diapositiva* è una diapositiva utilizzata all'inizio per la creazione delle successive diapositive. È simile a uno stile di pagina in Writer: controlla la formattazione di base di tutte le diapositive basate su tale master. Una presentazione può utilizzare più di un master di diapositiva.

Nota	LibreOffice usa tre termini per questo concetto: *master di diapositiva*, *diapositiva master*, e *pagina master*. Tutti questi termini si riferiscono a una diapositiva che viene usata come modello per crearne altre. Questo manuale utilizza il termine *master di diapositiva* ad eccezione di quando viene descritta l'interfaccia utente.

Un master di diapositiva contiene un insieme di caratteristiche definite, come il colore, l'immagine o la sfumatura di sfondo; oggetti inseriti nello sfondo (come loghi, linee di decorazione e altri oggetti grafici); intestazioni e piè di pagina; posizionamento e dimensione delle caselle di testo; e la formattazione del testo.

Tutte le caratteristiche dei master di diapositiva vengono controllate dagli *stili*. Gli stili di ogni nuova diapositiva che andate a creare dipendono dal master di diapositiva che scegliete per la sua creazione. In altre parole, gli stili del master di diapositiva sono disponibili e vengono applicati a tutte le diapositive create da quel master. Modificare uno stile in un master di diapositiva ha come risultato il cambiamento di tutte le diapositive basate su quello stesso master. È comunque possibile modificare ogni singola diapositiva senza cambiare il master.

Nota	Sebbene sia altamente raccomandato l'utilizzo dei master di diapositiva ogni volta ciò sia possibile, si presentano occasioni in cui sono necessarie modifiche manuali per una particolare diapositiva, ad esempio per allargare l'area di un grafico quando viene utilizzato un layout contenente del testo e un grafico.

I master di diapositiva sono associati a due tipi di stili: gli *stili di presentazione* e gli *stili grafici*. Entrambi questi tipi di stili possono essere modificati. È possibile creare nuovi stili grafici ma non nuovi stili di presentazione.

Gli stili di presentazione sono discussi in dettaglio nel *Capitolo 3 (Aggiunta e formattazione del testo)*. L'uso degli stili grafici è trattato nel *Capitolo 6 (Formattazione degli oggetti grafici)*. Vedere anche la sezione "Lavorare con gli stili in Impress" a pagina 49.

Lavorare con i master di diapositiva

Impress viene fornito con una collezione di master di diapositiva. Questi master vengono mostrati nella sezione Pagine Master del pannello delle Attività (Figura 18). Questa sezione è divisa in tre sottosezioni: *Usato in questa presentazione*, *Usato recentemente*, e *Disponibile per l'uso*. Fate clic sul contrassegno di espansione (tipicamente un triangolo rivolto verso il basso o il segno +) accanto al nome di una sottosezione per espanderla e mostrare le miniature delle diapositive, oppure fate clic sul contrassegno di riduzione (tipicamente un triangolo rivolto verso l'alto o il segno -) per ridurre la sottosezione e nascondere le miniature delle diapositive.

Figura 18: pagine master (master di diapositiva) disponibili

Ogni master di diapositiva mostrato nell'elenco *Disponibile per l'uso* deriva da un modello con lo stesso nome. Se avete creato dei modelli personali, o aggiunto modelli da altre sorgenti, anche i master di diapositiva tratti da questi modelli appariranno in tale elenco. Vedere la sezione "Lavorare con i modelli" a pagina 49 per maggiori informazioni sui modelli.

Creazione di un master di diapositiva

La creazione di un nuovo master di diapositiva avviene in modo simile alla modifica del master di diapositiva predefinito.

Per iniziare, abilitate la modifica dei master di diapositiva selezionando il menu **Visualizza > Sfondo > Maschera**; in tal modo si aprirà la barra degli strumenti **Vista sfondo**. Potete anche fare clic con il pulsante destro del mouse sul master di diapositiva nella sezione Pagine Master del pannello delle Attività e selezionare **Modifica master** per aprire la barra degli strumenti Vista sfondo. Sulla barra degli strumenti Vista sfondo, fate clic sull'icona **Nuovo documento master** (evidenziata in Figura 19).

Figura 19: barra degli strumenti Vista sfondo

Un secondo master di diapositiva apparirà nel riquadro Diapositive. Modificate questo master in base alle vostre necessità. È consigliabile rinominare questo nuovo master di diapositiva. Per farlo, fate clic con il pulsante destro del mouse sulla diapositiva nel riquadro Diapositive e scegliete la voce **Rinomina documento master** dal menu contestuale. Al termine, chiudete la barra degli strumenti Vista sfondo per tornare alla normale modalità di modifica delle diapositive.

Applicare un master di diapositiva

Nel pannello delle Attività, assicuratevi che sia visualizzata la sezione Pagine Master (Figura 18).

Per applicare uno dei master di diapositiva presenti nell'elenco a *tutte le diapositive* nella vostra presentazione, fateci clic sopra.

Per applicare un differente master di diapositiva a una o più *diapositive selezionate*:

1) Nel riquadro Diapositive, selezionate le diapositive che desiderate modificare.
2) Nella sezione Pagine Master del pannello delle Attività, fate clic con il pulsante destro del mouse sul master di diapositiva che desiderate applicare alle diapositive selezionate, quindi fate clic sulla voce **Applica alle diapositive selezionate** dal menu contestuale.

Caricamento di master di diapositiva aggiuntivi

A volte, nella stessa serie di diapositive, potrebbe essere necessario mettere insieme master di diapositiva che possono appartenere a modelli differenti (l'uso dei modelli è spiegato più avanti, nella sezione "Lavorare con i modelli" a pagina 49). Per esempio, potreste aver bisogno di un layout completamente differente per la prima diapositiva della presentazione, o potreste aver bisogno di aggiungere alla vostra presentazione (basata su un modello disponibile sul vostro disco fisso) una diapositiva proveniente da un'altra presentazione.

La finestra di dialogo Modello di diapositiva (Figura 20) rende ciò possibile. Potete accedere a questa finestra di dialogo dalla barra dei menu (**Formato > Struttura diapositiva**) oppure dal menu contestuale che appare facendo clic con il pulsante destro del mouse su una diapositiva nel riquadro delle Diapositive.

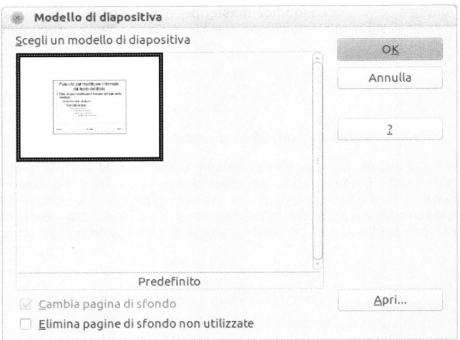

Figura 20: Modello di diapositiva

L'area principale della finestra di dialogo mostra i master di diapositiva già disponibili per l'uso. Per aggiungerne altri:

1) Fate clic sul pulsante **Apri**.

2) Nella finestra di dialogo Carica modello di diapositiva selezionate il modello da cui caricare il master di diapositiva (Figura 21) e fate clic su **OK**.

3) Fate nuovamente clic su **OK** per chiudere la finestra di dialogo Modello di diapositiva.

I master di diapositiva nel modello che avete scelto vengono ora mostrati nella sottosezione *Disponibile per l'uso*, all'interno della sezione Pagine Master del pannello delle Attività.

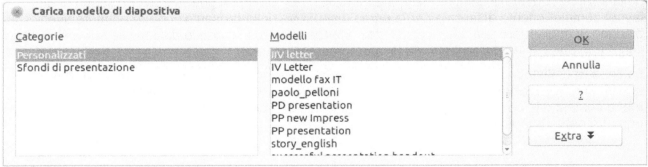

Figura 21: la finestra di dialogo Carica modello di diapositiva per la selezione dei modelli

Nota	I master di diapositiva che avete caricato saranno disponibili anche alla successiva riapertura della vostra presentazione. Se volete cancellare i master che non utilizzate, fate clic sulla corrispondente casella di controllo nella finestra di dialogo Modello di diapositiva.

Suggerimento	Per limitare le dimensioni del file della presentazione, dovreste limitare il numero dei master di diapositiva utilizzati.

In un master di diapositiva potete modificare i seguenti elementi:

- Sfondo (colore, sfumatura, tratteggio, o bitmap)
- Oggetti di sfondo (per es. aggiunta di un logo, o di immagini decorative)
- Attributi del testo per l'area di testo principale e per le note
- Dimensioni, posizionamento e contenuti degli elementi di intestazione e piè di pagina che appaiono in ogni diapositiva
- Dimensioni e posizionamento delle cornici predefinite per i titoli e il contenuto delle diapositive

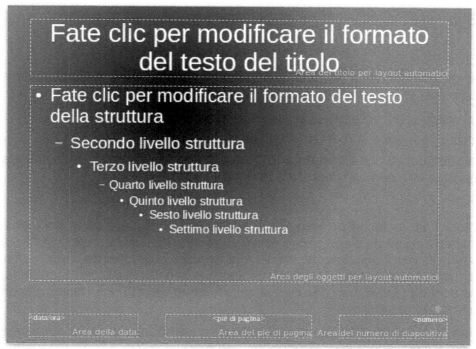

Figura 22: esempio di diapositiva con diverse modifiche

Per selezionare il master di diapositiva per la modifica:

1) Selezionate la voce **Visualizza > Sfondo > Maschera** dalla barra dei menu. Questa operazione sblocca le proprietà del master di diapositiva, che diviene così modificabile.
2) Fate clic su *Pagine Master* nel pannello delle Attività. Ciò vi consentirà di accedere ai master di diapositiva.
3) Fate clic sul master di diapositiva che volete modificare (Figura 18).
4) Effettuate le modifiche come descritto in questo capitolo, poi fate clic sull'icona **Chiudi vista sfondo** nella barra degli strumenti Vista sfondo. Salvate il file prima di proseguire.

Attenzione 	Qualsiasi modifica apportata a una diapositiva mentre siete in modalità Vista sfondo apparirà in *tutte* le diapositive della presentazione che usano questo master di diapositiva. Assicuratevi sempre di chiudere la Vista sfondo e di tornare alla visualizzazione Normale prima di lavorare su qualsiasi diapositiva della presentazione. Selezionate la voce **Visualizza > Normale** dalla barra dei menu, oppure fate clic su **Chiudi vista sfondo** nella barra degli strumenti Vista sfondo per ritornare alla visualizzazione normale della diapositiva.

Le modifiche apportate a una delle diapositive nella visualizzazione Normale (per esempio modifiche allo stile dei punti elenco, al colore dell'area del titolo, e così via) non verranno scavalcate da successive modifiche del master di diapositiva. Ci sono casi, tuttavia, in cui risulta opportuno ripristinare una modifica manuale di un elemento della diapositiva allo stile definito nel master di diapositiva: a questo scopo, selezionate l'elemento e scegliete la voce **Formato > Formattazione predefinita** dalla barra dei menu.

È anche possibile modificare il layout standard del master di diapositiva, per esempio spostando il titolo a lato; in ogni caso, le modifiche al layout "Titolo, Testo" (cioè, il layout contenente un riquadro per il titolo ed un riquadro per il testo) sono limitate.

A volte potreste voler applicare un layout diverso, a seconda del contenuto della diapositiva. Il titolo e i riquadri di testo erediteranno le proprietà dal master di diapositiva, ma se avete cambiato la posizione di questi riquadri nel master di diapositiva, il layout potrebbe risultare danneggiato e potrebbe essere necessario riposizionare a mano alcuni degli elementi.

Scegliere ed applicare lo sfondo

Lo sfondo è applicabile a diversi elementi in Impress: la pagina, l'area di testo predefinita, un oggetto grafico e così via. La procedura per applicare uno sfondo è sempre la medesima.

La seguente procedura è utilizzata per applicare uno sfondo alla pagina.

1) Per iniziare, eseguite uno dei seguenti passaggi:

 • Selezionate la voce **Formato > Pagina** dalla barra dei menu. Nella finestra di dialogo Impostazione pagina scegliete la scheda *Sfondo* (Figura 24).

 Oppure

 • Selezionate la voce **Formato > Stili e formattazione** dalla barra dei menu (o premete *F11*) ed assicuratevi che l'icona Stili di presentazione sia selezionata (Figura 23), fate quindi clic con il pulsante destro del mouse sulla voce **Sfondo** e selezionate **Modifica** dal menu a comparsa. In tal modo si aprirà la finestra di dialogo Sfondo, la quale ha una scheda (*Area*), che è la stessa della scheda *Sfondo* nella finestra di dialogo Impostazione pagina.

2) Selezionate lo sfondo desiderato fra le cinque possibilità nel menu a comparsa (Figura 24): Nessuno, Colore, Sfumatura, Tratteggio, o Bitmap.

3) Apparirà una serie di scelte per il tipo di riempimento selezionato. La Figura 25 mostra un esempio di colori di sfondo.

4) Selezionate uno degli elementi nell'elenco Riempi e fate clic su **OK**. Il riempimento scelto viene aggiunto al master di diapositiva, rimpiazzando quello esistente.

Figura 23: Stili di presentazione

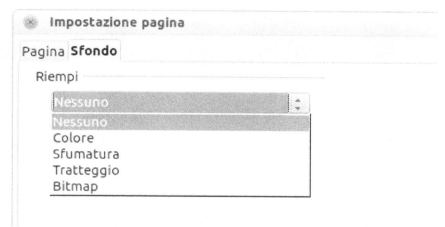

*Figura 24: sfondi selezionabili nella finestra di dialogo
Impostazione pagina*

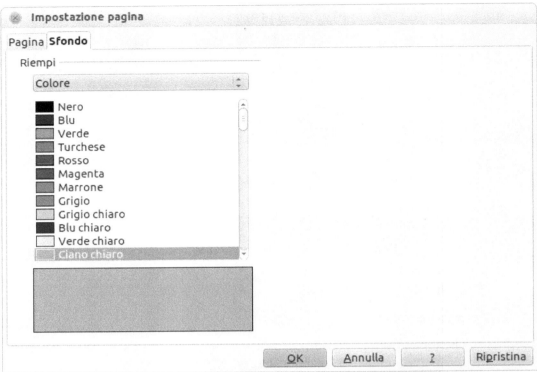

Figura 25: selezione di un colore di sfondo nella finestra di dialogo Impostazione pagina

Suggerimento	È possibile apportare aggiunte personalizzate ad ogni tipo di sfondo, con l'ovvia eccezione di *Nessuno*. Dopo averli creati, i nuovi riempimenti saranno elencati nella finestra di dialogo Sfondo, insieme ai riempimenti forniti con LibreOffice (vedere il Capitolo 6 per maggiori informazioni).

Aggiungere oggetti di sfondo

Questa sezione illustra il procedimento per aggiungere oggetti di sfondo ed elementi grafici (quali un logo, linee decorative, e così via). In LibreOffice sono supportati numerosi formati grafici.

Se desiderate che la medesima immagine appaia su ogni diapositiva della vostra presentazione, la soluzione più semplice e veloce è quella di utilizzare il master di diapositiva. Vi farà risparmiare tempo durante la creazione della presentazione e quando desiderate modificare o posizionare nuovamente l'immagine sulla diapositiva. Se l'immagine fosse aggiunta ad ogni singola diapositiva manualmente, queste operazioni andrebbero svolte per ciascuna delle diapositive nella presentazione.

Una delle azioni più comuni nella preparazione di una presentazione è quella di aggiungere un'immagine al master di diapositiva. Per inserire un'immagine già disponibile sul computer fate quanto segue:

1) Selezionate la voce **Visualizza > Sfondo > Maschera** dalla barra dei menu.
2) Dalla barra dei menu selezionate **Inserisci > Immagine > Da file**.
3) Spostatevi nella cartella che contiene l'immagine e selezionatela. Se volete vedere un'anteprima, selezionate la casella di controllo corrispondente nella finestra di dialogo di esplorazione file.

Attenzione	LibreOffice consente di inserire un'immagine come un collegamento al file invece che incorporata nel documento. Questo potrebbe essere utile quando la presentazione **non** è pensata per essere distribuita su altri computer, ma rimarrà sullo stesso computer con la medesima struttura delle cartelle. Ad esempio, potrebbe essere creata su un computer portatile, che verrà utilizzato per offrire una presentazione a un gruppo di clienti. Comunque, se il file della presentazione deve essere distribuito su altri computer, l'immagine deve essere incorporata per evitare l'errore dell'"immagine mancante" quando la presentazione viene visualizzata su un computer diverso.

Una volta inserita l'immagine, dovrete spostarla sullo sfondo. Per farlo, mentre l'immagine è ancora selezionata, fate clic con il pulsante destro del mouse sull'immagine e selezionate la voce **Disponi > Porta in fondo** dal menu contestuale. Potrebbe essere necessario spostarla nuovamente o variarne le dimensioni. Per fare ciò fate riferimento al *Capitolo 4 (Aggiunta e formattazione di immagini)*.

Suggerimento	Se volete che l'immagine si combini adeguatamente con lo sfondo, potete impostare il colore di sfondo dell'immagine come trasparente. Selezionate l'immagine, quindi scegliete la voce **Strumenti > Sostituzione colore** dalla barra dei menu. Selezionate la prima casella di controllo, muovete il puntatore del mouse sull'immagine, e fate poi clic sul colore da rendere trasparente. Questo colore appare vicino alla casella di controllo. Assicuratevi che *Sostituisci con...* sia impostato su **Trasparente** e fate clic su **Sostituisci**.

Suggerimento	Un modo semplice per rendere l'immagine più chiara, affinché il testo contrasti meglio rispetto allo sfondo, è aumentare la trasparenza dell'immagine o variare il valore di gamma. Entrambe queste regolazioni possono essere effettuate velocemente dalla barra degli strumenti Immagine.

Oltre alle immagini potete aggiungere diversi altri oggetti di sfondo, ad esempio linee decorative, testo e forme. La Figura 22 è un esempio di un master di diapositiva con una sfumatura di sfondo personalizzata, un'immagine di sfondo, un'altra immagine nell'angolo in alto a destra, alcune linee decorative e alcuni stili di presentazione personalizzati.

Stili di master di diapositiva

All'interno del master di diapositiva potete definire un insieme completo di stili per l'aspetto predefinito del testo e degli oggetti grafici inseriti nelle diapositive, basato su quello sfondo. Se ad esempio il vostro master di diapositiva ha uno sfondo scuro, è consigliabile impostare un colore chiaro per i caratteri del titolo e dell'area di testo. Piuttosto che cambiare manualmente il colore dei caratteri ogni volta che create una nuova diapositiva, un'operazione laboriosa e soggetta ad errori ed omissioni, semplicemente modificate lo stile nel master di diapositiva. I cambiamenti apportati agli stili del master di diapositiva si applicano solo alle diapositive che usano quello specifico master di diapositiva.

Gli stili in Impress sono divisi in due categorie principali: *Stili di presentazione* e *Stili grafici*.

Stili di presentazione

Gli stili di presentazione (Figura 23) incidono su tre elementi dei master di diapositiva: lo sfondo, gli oggetti dello sfondo (come icone, linee decorative e caselle di testo) e il testo presente nella diapositiva. Gli stili di testo sono ulteriormente suddivisi in *Note*, *Struttura 1* fino a *Struttura 9*, *Sottotitolo*, e *Titolo*. Gli stili di struttura sono usati per i differenti livelli della struttura alla quale appartengono. Per esempio, la Struttura 2 viene usata per i sotto-punti della Struttura 1, e la Struttura 3 per i sotto-punti della Struttura 2.

Gli stili di presentazione possono essere modificati, ma non è possibile crearne di nuovi.

Stili grafici

Gli stili grafici (Figura 26) si applicano a linee, forme e caselle di testo create usando gli strumenti di disegno di Impress, e definiscono la formattazione di tali oggetti. Potete creare stili aggiuntivi o modificare quelli inclusi.

Per lavorare sugli stili del master di diapositiva, iniziate aprendo la finestra Stili e formattazione mostrata in Figura 23 per gli stili di presentazione e Figura 26 per gli stili grafici. Potete premere *F11* o selezionare la voce **Formato > Stili e formattazione** dal menu principale.

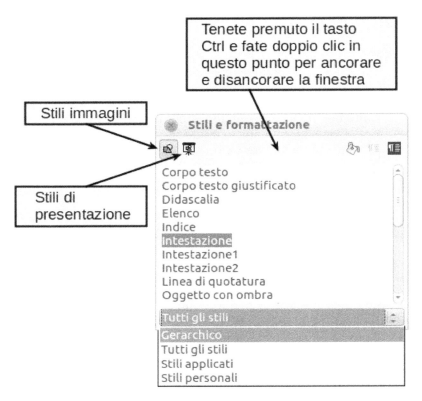

Figura 26: Stili grafici e formattazione

Nota	La presenza di stili di testo e di titolo sia negli stili grafici che di presentazione potrebbe creare confusione. Questa apparente duplicazione avviene poiché Impress usa speciali caselle di testo quando si aggiunge testo strutturato a diapositive soggette a stili di presentazione (riquadri di auto-layout). Il titolo e altri stili di testo presenti negli stili grafici rimangono applicabili per altre caselle di testo che potreste voler aggiungere, o per il testo associato a forme o linee.

Suggerimento	Nella parte inferiore della finestra Stili e formattazione è presente un elenco a comparsa. È possibile scegliere di visualizzare tutti gli stili oppure soltanto alcuni gruppi, ad esempio gli stili applicati oppure (solo per gli stili grafici) gli stili personalizzati.

Potete agganciare o sganciare la finestra di dialogo Stili e formattazione tenendo premuto il tasto *Ctrl* mentre fate doppio clic sulla barra degli strumenti delle icone. Premete *F11* per chiudere la finestra Stili e formattazione quando non vi serve. LibreOffice ricorderà la sua posizione la prossima volta che la riaprirete.

Modificare le aree di testo predefinite

Un master di diapositiva, quando è aperto per la modifica, contiene cinque aree, come mostrato in Figura 27.

- Area del titolo per layout automatici
- Area degli oggetti per layout automatici
- Area della data
- Area del piè di pagina
- Area del numero di diapositiva

Figura 27: il master di diapositiva con le cinque aree modificabili

Fate clic con il pulsante sinistro del mouse su una qualunque di queste aree per visualizzare otto maniglie di selezione colorate intorno al rettangolo. Usate queste maniglie per modificare le dimensioni e la posizione dell'area.

1) Per cambiare la posizione, muovete il mouse verso una delle estremità, lontano dalle maniglie, fino a quando il cursore non cambia aspetto[1], quindi fate clic con il pulsante sinistro del mouse e trascinate l'area nella posizione desiderata.

2) Per cambiare la forma e le dimensioni di una delle aree rettangolari, utilizzate una delle otto maniglie. Le maniglie d'angolo cambiano altezza e larghezza del rettangolo

---

1   La forma del cursore utilizzato per spostare e ridimensionare gli oggetti dipende dal sistema operativo in uso.

contemporaneamente, mentre quelle laterali modificano una sola dimensione per volta. La forma del cursore del mouse normalmente cambia forma quando ci si posiziona sopra una maniglia, fornendo una chiara indicazione visuale di come si modificherà la forma dell'area rettangolare.

Suggerimento	Per mantenere costante la forma dell'area rettangolare, posizionate il mouse su una delle quattro maniglie d'angolo e tenete premuto il tasto *Maiusc* mentre trascinate la maniglia con il mouse.

Per definire in modo più preciso forma, posizione e dimensioni dell'area di testo predefinita usate la finestra di dialogo Posizione e dimensione invece del mouse. Innanzitutto selezionate l'area rettangolare facendo clic in qualunque punto al suo interno, quindi premete *F4* o scegliete la voce **Formato > Posizione e dimensione**. Apparirà la finestra di dialogo mostrata in Figura 28.

La funzione di questa finestra di dialogo è spiegata nella *Guida a Draw*, quindi, in questo capitolo, viene fornita solo una breve descrizione dei campi più importanti.

Usate la sezione *Posizione* per specificare le coordinate X (orizzontale) e Y (verticale) dell'area rettangolare. I valori rappresentano la distanza del punto base selezionato e la posizione di riferimento predefinita è l'angolo in alto a sinistra della diapositiva.

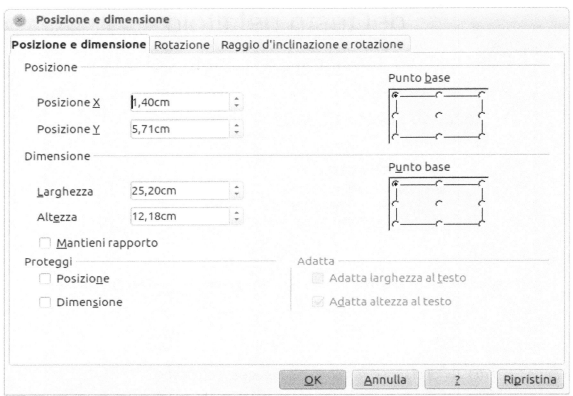

Figura 28: finestra di dialogo Posizione e dimensione

Usate la sezione *Dimensione* per specificare la larghezza e l'altezza dell'area rettangolare. Nella sezione Punto base, selezionate quale parte dell'area rettangolare non volete che si modifichi durante il ridimensionamento. L'impostazione predefinita (angolo in alto a sinistra) indica che, dopo aver ridimensionato l'area, la posizione dell'angolo superiore sinistro dell'area non cambierà.

Potete anche usare la scheda *Rotazione* della finestra di dialogo per ruotare l'area di testo predefinita. Ad esempio, potreste posizionare l'area del piè di pagina di lato ruotando ogni area di testo di 90 gradi, ottenendo così un layout dall'aspetto più moderno. In generale è consigliabile utilizzare solo angoli retti per semplicità di modifica, per quanto il programma non ponga limitazioni sui valori che possono essere impostati.

Ulteriori modifiche delle aree di testo predefinite

Oltre a forma, posizione e dimensioni, è anche possibile variare altri aspetti delle aree modificabili sul master di diapositiva, come lo sfondo, il bordo, l'allineamento rispetto alla diapositiva, e la posizione rispetto agli altri oggetti.

Mentre gli stili di sfondo e di linea di un'area possono essere modificati dal menu Formato, per accedere ai menu Allineamento e Disponi dovete aprire la barra degli strumenti Disegno oppure usare il menu contestuale. Per visualizzare la barra degli strumenti Disegno (Figura 29), selezionate il menu **Visualizza > Barre degli strumenti > Disegno**. Per aprire il menu contestuale fate clic con il pulsante destro del mouse sul bordo dell'area rettangolare selezionata. Nella barra degli strumenti Disegno fate clic sulla freccia a fianco delle icone Allineamento o Disponi (evidenziate in Figura 29) per visualizzare le possibili opzioni. Vedere la *Guida a Draw* per dettagli.

Figura 29: icone Allineamento e Disponi sulla barra degli strumenti Disegno

Le aree della data e del numero di diapositiva non compaiono automaticamente su tutte le diapositive, anche se le avete definite. Per visualizzarle dovete chiudere la Vista sfondo e selezionare il campo desiderato dal menu principale: **Inserisci > Numero di pagina** oppure **Inserisci > Data e ora**. Questa procedura è spiegata in dettaglio nel *Capitolo 8 (Aggiunta e formattazione di diapositive, note e stampati)*.

Aggiungere testo a tutte le diapositive

Alcuni dei master di diapositiva forniti hanno oggetti di testo nel piè di pagina. È possibile aggiungere altri oggetti di testo nella pagina master, di modo che si comportino come una intestazione o un piè di pagina.

1) Scegliete **Visualizza > Sfondo > Maschera** dal menu principale.
2) Sulla barra degli strumenti **Disegno** (Figura 29), selezionate l'icona **Testo** T oppure premete *F2*.
3) Fate clic una sola volta e trascinate nella pagina master per disegnare un oggetto di testo, quindi digitate o incollate il vostro testo nell'oggetto creato o aggiungete dei comandi di campo come descritto di seguito.
4) Scegliete la voce **Visualizza > Normale** quando avete finito.

Per aggiungere un comando di campo, come la data o il numero di pagina (numero di diapositiva), a un oggetto di testo nell'intestazione o nel piè di pagina selezionate **Inserisci > Comando di campo**, e selezionate il comando di campo desiderato dal sottomenu. Se volete modificare un comando di campo in una diapositiva, vedete il *Capitolo 3 (Aggiunta e formattazione del testo)* per maggiori informazioni.

I comandi di campo che potete utilizzare in Impress sono:

- Data (fissa)
- Data (variabile): si aggiorna automaticamente quando ricaricate il file
- Orario (fisso)
- Orario (variabile): si aggiorna automaticamente quando ricaricate il file
- Autore: nome e cognome inseriti nella finestra dati utente di LibreOffice
- Numero di pagina (numero di diapositiva)

- Nome file

Lavorare con gli stili in Impress

Se avete familiarità con gli stili in Writer noterete sia similitudini che differenze in Impress. Gli stili di presentazione sono comparabili agli stili di paragrafo in Writer e vengono usati in maniera simile. Non è possibile creare nuovi stili di presentazione ma è invece possibile configurare quelli esistenti. Come negli stili di Intestazione in Writer, gli stili di Struttura sono collegati gerarchicamente, quindi una modifica nella Struttura 1 si ripercuoterà su tutti gli altri livelli di Struttura.

In Impress troverete inoltre molto utili gli stili grafici. Essi definiscono le caratteristiche di un oggetto grafico (inclusi gli oggetti di testo). Se, per esempio, volete creare un organigramma aziendale su una delle diapositive, probabilmente vorrete anche mantenere una coerenza grafica fra tutti gli oggetti grafici, ovvero lo stesso stile di linea, lo stesso tipo di carattere, la stessa ombreggiatura e così via. Il metodo più semplice per conseguire questo risultato con il minimo sforzo è creare uno stile grafico per gli oggetti e quindi applicarlo ad ognuno di essi. Il beneficio maggiore è che, qualora vogliate cambiare ad esempio il colore di sfondo degli oggetti, tutto quello che dovete fare è modificare lo stile invece di intervenire su ogni singolo oggetto.

Gli stili di presentazione sono discussi in dettaglio nel *Capitolo 3 (Aggiunta e formattazione del testo)*. L'uso degli stili grafici è trattato nel *Capitolo 6 (Formattazione degli oggetti grafici)*.

Lavorare con i modelli

Tutti i documenti in LibreOffice sono basati su modelli. Tuttavia Impress differisce un poco dagli altri componenti di LibreOffice, poiché si avvia con la Procedura guidata Presentazione, a meno che non abbiate espressamente disabilitato questa funzionalità.

Quando scegliete la voce **File > Nuovo > Presentazione** dalla barra dei menu, Impress si avvia offrendo (se la procedura guidata è attiva) diverse scelte per una nuova presentazione, una delle quali è *Da modello*.

Se avete disabilitato la Procedura guidata Presentazione, quando iniziate una nuova presentazione scegliendo **File > Nuovo > Presentazione** dalla barra dei menu, LibreOffice usa il modello di presentazione predefinito. Se non avete specificato un modello predefinito, LibreOffice usa il modello vuoto fornito con Impress.

Utilizzo dei modelli forniti con LibreOffice

Impress viene fornito con una collezione di modelli predefiniti. Due si trovano nella cartella *Presentazioni* e gli altri si trovano nella cartella *Sfondi di presentazione*. I modelli di *Presentazione* includono una serie di diapositive con titoli ed argomenti di esempio, mentre gli *Sfondi di presentazione* hanno solo sfondi e oggetti di sfondo. Entrambe le tipologie offrono stili grafici e di presentazione predefiniti.

Potete creare una nuova presentazione partendo da un modello già salvato, selezionando **File > Nuovo > Modelli e documenti** dalla barra dei menu. In tal modo si aprirà la finestra di dialogo

Modelli e documenti - Modelli. Per aprire una nuova presentazione basata su un modello, fate doppio clic sul nome del modello presente nella lista.

Usare modelli da altre sorgenti

Potete scaricare modelli per LibreOffice da diverse fonti, incluso l'archivio ufficiale dei modelli, all'indirizzo http://templates.libreoffice.org/, e installarli sul vostro computer. Su altri siti web potete trovare collezioni di modelli, pacchettizzate in file con estensione .OXT. Questi vengono installati in modo leggermente diverso (usando il Gestore estensioni), come descritto sotto.

Alcuni modelli sono gratuiti; altri sono soggetti al pagamento di un compenso. Consultate le descrizioni per verificare quali licenze e compensi si applicano a quelle che vi interessano.

Se avete creato dei modelli personalizzati (vedere pagina 51) o aggiunto modelli da altre fonti, questi saranno probabilmente memorizzati nella cartella Personalizzati. I modelli installati tramite il Gestore estensioni potrebbero trovarsi in cartelle proprie. Fate clic sul menu **File > Nuovo > Modelli e documenti** per aprire la finestra di dialogo dove si trovano queste cartelle.

Installare singoli modelli

Per installare singoli modelli:

1) Scaricate il modello e salvatelo sul vostro computer.
2) Importate il modello in una cartella dei modelli seguendo le istruzioni in "Importare un modello" a pagina 54.

Suggerimento	(Per utenti avanzati) Se conoscete la posizione delle cartelle dei modelli di LibreOffice, potete copiarvi manualmente i nuovi modelli. La posizione varia a seconda del sistema operativo presente sul computer. Per sapere dove sono posizionate le cartelle dei modelli sul vostro computer, andate su **Strumenti > Opzioni > LibreOffice > Percorsi**.

Installare collezioni di modelli

Il Gestore estensioni offre un modo semplice per installare collezioni di modelli pacchettizzate come estensioni (file .OXT). Seguite questi passaggi:

1) Scaricate l'estensione e salvatela sul vostro computer.
2) In LibreOffice, selezionate la voce **Strumenti > Gestione estensioni** dalla barra dei menu. Nella finestra di dialogo Gestione estensioni, fate clic su **Aggiungi** per aprire una finestra di esplorazione file.
3) Trovate e selezionate il pacchetto di modelli che volete installare e fate clic su **Apri**. Si avvierà l'installazione del pacchetto. È possibile che vi venga richiesto di accettare un contratto di licenza.
4) Quando l'installazione del pacchetto è completata, i modelli saranno utilizzabili attraverso il menu **File > Nuovo > Modelli e Documenti** e l'estensione sarà elencata nel Gestore Estensioni.

Questi master creati dai nuovi modelli installati appariranno nell'elenco delle Pagine Master disponibili per l'uso, nel pannello delle Attività (Figura 18).

Suggerimento	Per ottenere le estensioni elencate nell'archivio, potete aprire il Gestore estensioni e fare clic sul collegamento **Ulteriori estensioni in linea**. Non è necessario scaricarle separatamente come nel passaggio 1 indicato sopra. Si consiglia di usare il Gestore estensioni per controllare nuovi aggiornamenti di Impress.

Creazione di modelli personalizzati

Per creare un modello da una presentazione:

1) Aprite la presentazione che volete usare per il modello.

2) Dal menu principale scegliete **File > Modelli > Salva.** Si aprirà la finestra di dialogo Modelli (Figura 30).

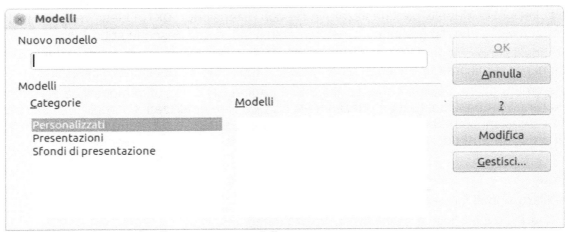

Figura 30: salvataggio di un nuovo modello

3) Nel campo **Nuovo modello** digitate un nome per il nuovo modello.

4) Nell'elenco **Categorie** fate clic sulla cartella nella quale volete memorizzare il modello. Normalmente la scelta ricade sulla cartella Personalizzati, a meno che non abbiate creato altre cartelle. Per ulteriori informazioni sulle cartelle dei modelli, vedere la sezione "Gestire i modelli" a pagina 53.

5) Fate clic su **OK**. LibreOffice salva il nuovo modello e la finestra di dialogo Modelli si chiude.

Nota	Tutti i master di diapositiva usati nel modello saranno disponibili per altre presentazioni.

Impostare un modello predefinito

Se aprite un documento scegliendo la voce **File > Nuovo > Presentazione** dal menu principale, LibreOffice creerà il documento partendo dal modello predefinito di Impress. Potete, in ogni caso, impostare qualsiasi modello di presentazione come predefinito, anche un modello personalizzato da voi creato, purché si trovi in una delle cartelle presenti nella finestra di dialogo Gestione dei modelli. In seguito potrete sempre ripristinare il modello predefinito di Impress.

Figura 31: finestra di dialogo Gestione dei modelli

Impostare un modello personalizzato come predefinito

Per impostare un modello personalizzato come predefinito al posto di quello predefinito di Impress:

1) Dal menu principale scegliete la voce **File > Modelli > Gestisci**. Si aprirà la finestra di dialogo Gestione dei modelli (Figura 31).

2) Nel riquadro di sinistra fate doppio clic sulla cartella che contiene il modello che desiderate impostare come predefinito, quindi selezionate il modello.

3) Fate clic sul pulsante **Comandi**.

4) Dal menu a comparsa scegliete la voce **Imposta come modello predefinito.** La prossima volta che aprirete una nuova presentazione dal menu **File > Nuovo**, essa verrà creata a partire da questo modello.

Ripristinare il modello predefinito di Impress

Per ripristinare il modello predefinito di Impress per una nuova presentazione:

1) Nella finestra di dialogo Gestione dei modelli, fate clic su una cartella qualsiasi nel riquadro di sinistra.

2) Fate clic sul pulsante **Comandi** e scegliete la voce **Ripristina il modello predefinito** dal menu a comparsa. Questo comando non compare se non è stato precedentemente impostato come predefinito un modello personalizzato, come descritto più sopra.

La prossima volta che aprirete una nuova presentazione dal menu **File > Nuovo**, essa verrà creata a partire dal modello predefinito di Impress.

Modificare un modello

Potete modificare il contenuto e gli stili di un modello, e poi, se volete, riapplicare gli stili del modello ai documenti creati a partire da quel modello.

Nota	Notate che è possibile applicare nuovamente solo gli stili - non i contenuti.

Per modificare un modello:

1) Dal menu principale, scegliete la voce **File > Modelli > Modifica**. Si aprirà una finestra di esplorazione file.

2) Trovate e selezionate il modello che volete modificare e poi fate clic su **Apri**. Il modello selezionato si aprirà in Impress.

3) Modificate il modello nello stesso modo in cui modifichereste una qualsiasi altra presentazione. Per salvare le modifiche, scegliete **File > Salva** dal menu principale.

Aggiornare un documento a partire da un modello modificato

La prossima volta che aprirete una presentazione creata dal modello modificato, apparirà il seguente messaggio (Figura 32).

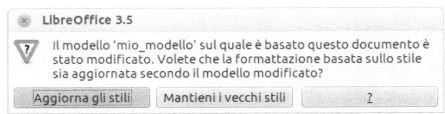

Figura 32: messaggio di aggiornamento stili

Fate clic su **Aggiorna gli stili** per applicare al documento gli stili del modello modificato. Fate clic su **Mantieni i vecchi stili** se non volete applicare al documento nessuno degli stili del modello modificato. Qualunque opzione scegliate, il riquadro del messaggio si chiuderà e si aprirà la presentazione in Impress.

Gestire i modelli

LibreOffice può usare solo i modelli che si trovano nelle cartelle dei modelli di LibreOffice. Potete creare nuove cartelle di modelli e usarle per gestire i vostri modelli. Per esempio, potreste creare cartelle di modelli separate per scopi o progetti differenti. Potete inoltre importare ed esportare i modelli.

Per cominciare, scegliete **File > Modelli > Gestisci** dal menu principale. Si aprirà la finestra di dialogo Gestione dei modelli (Figura 31).

Nota	Tutte le azioni disponibili tramite il pulsante **Comandi** nella finestra di dialogo Gestione dei modelli possono essere eseguite facendo clic con il pulsante destro del mouse sui modelli o sulle cartelle.

Suggerimento	La posizione delle cartelle dei modelli di LibreOffice varia a seconda del sistema operativo presente sul computer. Per sapere dove sono posizionate le cartelle dei modelli sul vostro computer, andate su **Strumenti > Opzioni > LibreOffice > Percorsi**.

Creare una cartella di modelli

Per creare una cartella di modelli:

1) Nella finestra di dialogo Gestione dei modelli (Figura 31), fate clic su una cartella qualsiasi.

2) Premete il pulsante **Comandi** e scegliete **Nuovo** dal menu a comparsa. Apparirà una nuova cartella denominata *Senza nome*.

3) Digitate un nome per la nuova cartella, e poi premete *Invio*. LibreOffice salverà la cartella con il nome che le avete assegnato.

Eliminare una cartella di modelli

Non è possibile eliminare le cartelle dei modelli fornite con LibreOffice o installate usando il Gestore estensioni. Potete cancellare solo le cartelle create da voi.

Per eliminare una cartella di modelli da voi creata:

1) Nella finestra di dialogo Gestione dei modelli (Figura 31), selezionate la cartella che volete eliminare.

2) Fate clic sul pulsante **Comandi** e scegliete **Elimina** dal menu a comparsa. Apparirà un messaggio in cui si chiede conferma per l'eliminazione. Fate clic su **Sì**.

Spostare un modello

Per spostare un modello da una cartella di modelli in un'altra:

1) Nella finestra di dialogo Gestione dei modelli (Figura 31), fate doppio clic sulla cartella che contiene il modello che volete spostare. Sotto il nome della cartella apparirà un elenco dei modelli contenuti in quella cartella.

2) Fate clic sul modello da spostare e trascinatelo nella cartella desiderata. Se non avete i permessi per eliminare modelli dalla cartella di origine, questa operazione *copierà* il modello invece di spostarlo.

Eliminare un modello

Non è possibile eliminare i modelli forniti con LibreOffice o installati usando il Gestore estensioni. Potete solo cancellare quelli da voi creati o importati.

Per eliminare un modello:

1) Nella finestra di dialogo Gestione dei modelli (Figura 31), aprite con un doppio clic la cartella che contiene il modello che volete eliminare. Fate clic sul modello che volete eliminare.

2) Fate clic sul pulsante **Comandi** e scegliete **Elimina** dal menu a comparsa. Apparirà una finestra di dialogo in cui si chiede conferma dell'eliminazione. Fate clic su **Sì**.

Importare un modello

Prima che possiate usare un modello, dovete importarlo in una cartella dei modelli di LibreOffice. Per importare un modello in una cartella di modelli da un'altra posizione sul vostro computer seguite questi passaggi:

1) Nella finestra di dialogo Gestione dei modelli (Figura 31), fate clic sulla cartella in cui volete importare il modello.

2) Fate clic sul pulsante **Comandi** e scegliete la voce **Importa modello** dal menu a comparsa. Si aprirà una finestra di esplorazione file.

3) Trovate e selezionate il modello che volete importare e fate clic su **Apri.** La finestra di esplorazione file si chiuderà e il modello apparirà nella cartella dei modelli selezionata.

4) Se volete, digitate un nuovo nome per il modello e poi premete *Invio*.

Esportare un modello

Per esportare un modello da una cartella di modelli in un'altra posizione:

1) Nella finestra di dialogo Gestione dei modelli (Figura 31), fate doppio clic sulla cartella che contiene il modello che volete esportare.

2) Fate clic sul modello da esportare.

3) Fate clic sul pulsante **Comandi** e scegliete **Esporta modello** dal menu a comparsa. Si aprirà la finestra Salva con nome.

4) Trovate la cartella nella quale volete esportare il modello e fate clic su **Salva**.

Stampa di un elenco di stili definiti in un modello

Per stampare un elenco degli stili definiti in un modello:
1) Nella finestra di dialogo Gestione dei modelli (Figura 31), fate doppio clic sulla cartella che contiene il modello.
2) Fate doppio clic sul modello desiderato e gli *Stili* appariranno sotto il nome del modello. Fate clic su *Stili* per selezionarlo.
3) Fate clic sul pulsante **Comandi** e scegliete **Stampa** dal menu a comparsa; si aprirà in tal modo la finestra di dialogo Stampa. Potete quindi stampare in un file o sulla vostra solita stampante.

Capitolo 3
Aggiunta e formattazione del
testo

Introduzione

Qualsiasi testo usato nelle diapositive è contenuto in caselle di testo. Questo capitolo descrive come creare, modificare, utilizzare e cancellare le caselle di testo. Tratta inoltre i vari tipi di testo che possono essere inseriti e spiega come formattare il testo. In ultimo, fornisce informazioni su come inserire forme particolari di testo, come elenchi puntati o numerati, tabelle, campi e collegamenti.

Lavorare con le caselle di testo

Ci sono due modi per aggiungere caselle di testo alle diapositive:

- Scegliere, dalla sezione *Layout* nel pannello delle Attività, un layout predefinito contenente gli elementi di testo già descritti nel Capitolo 1. Queste caselle di testo sono chiamate **Layout automatici**.

- Creare una casella di testo usando lo strumento Testo T , presente nelle barre degli strumenti Disegno e Testo.

Usare le caselle di testo create dalla sezione Layout

Assicuratevi che sia selezionata la visualizzazione Normale:

1) Fate clic nella casella di testo che riporta *Fate clic per aggiungere testo*.
2) Digitate o incollate il vostro testo nella casella di testo.

Queste caselle di testo sono chiamate Layout automatici. Vedere anche la sezione "Creazione di elenchi puntati e numerati" a pagina 73.

Usare le caselle di testo create tramite lo strumento Testo

Assicuratevi che sia selezionata la visualizzazione Normale:

1) Fate clic sull'icona **Testo** T nella barra degli strumenti Disegno (Figura 33). La posizione predefinita della barra degli strumenti Disegno è nella parte inferiore della schermata. Se la barra degli strumenti Disegno con l'icona Testo non è visibile, scegliete il menu **Visualizza > Barre degli strumenti > Disegno**.

Figura 33: barra degli strumenti Disegno

2) Fate clic e trascinate per creare un riquadro per il testo sulla diapositiva. In tale modo viene impostata la larghezza. Non preoccupatevi dell'altezza, in quanto la casella di testo si espanderà mentre digitate.

3) Per riposizionare la casella di testo in un punto diverso della diapositiva, vedere la sezione "Spostare una casella di testo" a pagina 60; per modificare la larghezza, vedere "Ridimensionare una casella di testo" a pagina 61.

4) Rilasciate il pulsante del mouse quando avete finito. Il cursore apparirà nella casella di testo, che si trova ora in modalità modifica (bordo con tratteggio obliquo; vedere la Figura 34).

5) Digitate o incollate il testo nella casella di testo.

6) Fate clic al di fuori della casella di testo per deselezionarla.

Nota	Oltre alle normali caselle di testo dove il testo è allineato orizzontalmente, è possibile inserire caselle di testo dove il testo viene allineato verticalmente. Fate clic sull'icona $\dashv$ nella barra degli strumenti Disegno (Figura 33) per creare una casella di testo verticale. Questa scelta è disponibile solo quando le lingue Asiatiche sono abilitate in **Strumenti > Opzioni > Impostazioni della lingua > Lingue**.

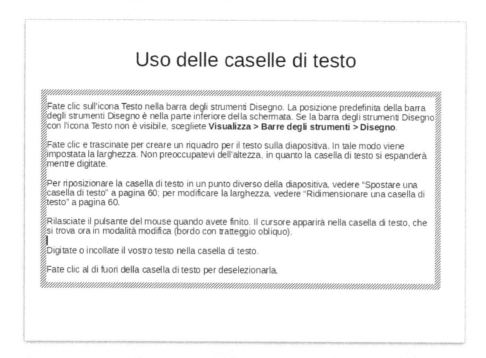

Figura 34: usare le caselle di testo

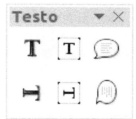

Figura 35: barra degli strumenti Testo

Usare le caselle di testo create tramite la barra degli strumenti Testo

Assicuratevi che sia selezionata la visualizzazione Normale:

1) Fate clic sull'icona **Testo** T nella barra degli strumenti Testo (Figura 35). Se la barra degli strumenti Testo contenente l'icona Testo non è visibile, scegliete **Visualizza > Barre degli strumenti > Testo**.

2) Fate clic e trascinate per creare un riquadro per il testo sulla diapositiva. In tale modo viene impostata la larghezza. Non preoccupatevi dell'altezza, in quanto la casella di testo si espanderà mentre digitate.

3) Per riposizionare la casella di testo in un punto diverso della diapositiva, vedere la sezione "Spostare una casella di testo" a pagina 60; per modificare la larghezza, vedere "Ridimensionare una casella di testo" a pagina 61.

4) Rilasciate il pulsante del mouse quando avete finito. Il cursore apparirà nella casella di testo, che si trova ora in modalità modifica (bordo con tratteggio obliquo; vedere la Figura 34).

5) Digitate o incollate il vostro testo nella casella di testo.

6) Fate clic al di fuori della casella di testo per deselezionarla.

Nota	Se desiderate usare un testo verticale, fate clic sull'icona ⊢ nella barra degli strumenti Testo (Figura 35) per creare una casella di testo verticale. Questa scelta è disponibile solo quando le lingue Asiatiche sono abilitate in **Strumenti > Opzioni > Impostazioni della lingua > Lingue**.

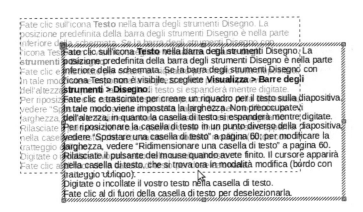

Figura 36: spostare una casella di testo

Spostare una casella di testo

Nella visualizzazione Normale, notate come la forma a freccia del cursore assuma l'aspetto di una barra a I quando lo si passa sopra il testo di una casella di testo.

1) Fate clic quando il cursore assume la forma di una barra a I. La casella di testo è ora in modalità modifica. In questa modalità è visibile un bordo tratteggiato intorno alla casella di testo.

2) Spostate la barra a I (o il cursore) sopra il bordo tratteggiato. Notate come la barra a I cambi forma, modificandosi nel consueto simbolo "sposta" per il vostro sistema operativo (ad esempio una mano).

3) Quando appare il simbolo "sposta", fate clic per far comparire le maniglie di selezione colorate.

4) Fate clic in un punto qualsiasi della casella di testo o sul bordo tratteggiato (eccetto che sulle maniglie colorate) e trascinate per spostare la casella di testo. Una copia semi-trasparente della casella di testo mostra dove verrà posizionata la vostra casella di testo (Figura 36).

5) Rilasciate il pulsante del mouse quando la casella di testo si trova nella posizione desiderata. Per ritornare alla modalità modifica, fate clic al di fuori dell'area della casella di testo e ripetete il punto 1 di questa procedura.

Ridimensionare una casella di testo

In visualizzazione Normale, fate clic sulla casella di testo per entrare nella modalità modifica, poi spostate il mouse sul bordo della casella di testo (Figura 37). Quando la forma del cursore cambia, fate di nuovo clic con il pulsante sinistro del mouse. Ora la casella di testo mostra le maniglie colorate di ridimensionamento. Spostate il puntatore su una delle maniglie. Notate come cambia la forma del puntatore, indicando ora in quale direzione la casella di testo verrà ridimensionata.

Le maniglie d'angolo modificano le due dimensioni dell'area di testo simultaneamente, mentre le quattro maniglie al centro di ogni lato modificano una sola dimensione. Quando viene visualizzata la freccia a doppia punta, fate clic e trascinate per ridimensionare la casella di testo.

Suggerimento	Per mantenere le proporzioni di una casella di testo mentre la ridimensionate, tenete premuto il tasto *Maiusc*, poi fate clic e trascinate. Assicuratevi di rilasciare il pulsante del mouse **prima** di rilasciare il tasto *Maiusc*.

Per un controllo più accurato di forma, dimensione e posizione della casella di testo, usate la finestra di dialogo Posizione e dimensione al posto del mouse. Selezionate la casella di testo, quindi premete *F4* oppure selezionate la voce **Formato > Posizione e dimensione** dalla barra dei menu. L'utilizzo di questa finestra di dialogo è spiegato nel *Capitolo 2 (Utilizzo di master di diapositiva, stili e modelli)*.

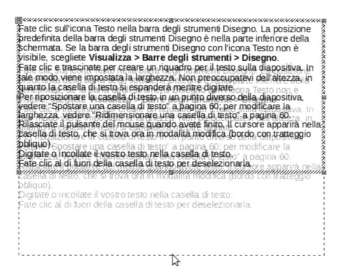

Figura 37: ridimensionare una casella di testo

Eliminare una casella di testo

1) Fate clic sul testo per visualizzare il bordo tratteggiato.
2) Spostate il cursore sul bordo della casella di testo e fate clic con il pulsante sinistro del mouse. Il bordo tratteggiato ora mostra le maniglie di selezione colorate.
3) Premete *Canc*.

Suggerimento	A volte è più veloce eliminare una casella di testo tracciando un rettangolo di selezione intorno alla casella e premendo poi il tasto *Canc*. Fate attenzione a non selezionare e cancellare accidentalmente altre caselle di testo o forme.

Incollare il testo

Il testo può essere inserito nella casella di testo copiandolo da un altro documento e incollandolo in Impress. Tuttavia, il testo incollato probabilmente non avrà la medesima formattazione del testo circostante o quella delle altre diapositive della presentazione. In alcune occasioni questo potrebbe corrispondere a quanto desiderate; tuttavia, nella maggior parte dei casi si desidera fare in modo che lo stile della presentazione sia coerente. Per garantire la coerenza ci sono diversi metodi, che vengono di seguito illustrati.

Incollare testo non formattato

Normalmente è buona pratica incollare il testo senza formattazione e applicare la formattazione successivamente. Per incollare del testo privo della sua formattazione, premete *Ctrl+Maiusc+V* e selezionate poi **Testo non formattato** dalla finestra di dialogo che appare, oppure fate clic sul

piccolo triangolo nero di fianco al simbolo incolla sulla barra degli strumenti Standard ⬚ ▾ e selezionate **Testo non formattato**. Il testo non formattato verrà formattato con lo stile di struttura relativo alla posizione del cursore in una casella di testo con Layout automatico, oppure con lo stile grafico predefinito in una casella di testo normale.

Formattare il testo incollato

Se state incollando il testo in uno spazio con **Layout automatico**, dovrete applicare lo *stile di struttura* appropriato al testo per dargli lo stesso aspetto del resto della presentazione. Per eseguire questa operazione:

Figura 38: barra degli strumenti Formattazione del testo

1) Incollate il testo nella posizione desiderata. Non preoccupatevi se non vi apparirà gradevole: occorrerà solo un minuto per sistemarlo.

2) Selezionate il testo appena incollato (vedere la sezione "Selezionare il testo" a pagina 65 per dettagli su come farlo).

3) Selezionate la voce **Formato > Formattazione predefinita** dalla barra dei menu. Questa operazione assegnerà uno dei nove stili di presentazione al testo (a seconda del punto in cui si è effettuato l'inserimento).

4) Utilizzate le quattro frecce sulla barra degli strumenti Formattazione del testo (evidenziata in Figura 38) per spostare il testo nella posizione appropriata e applicargli l'opportuno livello di struttura. La freccia verso sinistra eleva la voce dell'elenco di un livello (per esempio da Struttura 3 a Struttura 2), la freccia verso destra abbassa la voce dell'elenco di un livello, le frecce verso l'alto e verso il basso spostano la voce dell'elenco verso l'alto e verso il basso.

5) Applicate la formattazione manuale come desiderato alle sezioni del testo (per modificare gli attributi dei caratteri, le tabulazioni e così via).

Se avete incollato del testo in una **casella di testo**, potete comunque usare gli stili per formattare il testo velocemente. Notate che al testo copiato può essere applicato un solo stile grafico. Per eseguire questa operazione:

1) Incollate il testo nella posizione desiderata.

2) Selezionate il testo appena incollato (vedere "Selezionare il testo" a pagina 65 per dettagli).

3) Selezionate lo stile grafico desiderato.

4) Applicate la formattazione manuale desiderata alle sezioni del testo.

Suggerimento	Gli stili di presentazione sono molto diversi dagli stili presenti in Writer e vengono applicati in maniera differente. Fate riferimento alla sezione "Utilizzo degli stili per formattare il testo" a pagina 65 per dettagli.

Inserire caratteri speciali

Per inserire caratteri speciali, come il simbolo del copyright, simboli matematici, geometrici o monetari, o caratteri di altre lingue seguite questi passaggi:

1) Fate clic nel punto del testo in cui desiderate inserire il carattere.

2) Scegliete **Inserisci > Caratteri speciali.** Apparirà la finestra di dialogo Caratteri speciali (Figura 39). In alternativa, se la barra degli strumenti Formattazione del testo è stata personalizzata e l'icona Caratteri speciali ⌘ è visibile, è possibile fare clic su questa icona per aprire la finestra di dialogo Caratteri speciali.

Suggerimento	Per mostrare i pulsanti non visibili della barra degli strumenti, fate clic sulla piccola freccia verso il basso all'estremità destra della barra degli strumenti, muovete il cursore su **Pulsanti visibili** e fate clic sull'icona che desiderate rendere visibile.

3) Scegliete il tipo di carattere e il set di caratteri dai menu a comparsa *Tipo di carattere* e *Insieme parziale*.

4) Fate clic sul carattere che volete inserire. Potrebbe essere necessario utilizzare la barra di scorrimento per trovare quello che desiderate.

5) Fate clic su **OK**.

I caratteri selezionati verranno inseriti nell'ordine in cui sono stati selezionati, anche se avete fatto clic accidentalmente sul carattere sbagliato. Facendo clic su un altro carattere, questo verrà solamente aggiunto a quelli che si stanno inserendo. Fate clic su **Elimina** per cancellare tutti i caratteri selezionati, poi fate clic sui caratteri corretti. In alternativa, potete inserire tutti i caratteri selezionati e cancellare quelli non desiderati dal documento, in quanto i caratteri speciali si comportano come qualsiasi altro carattere.

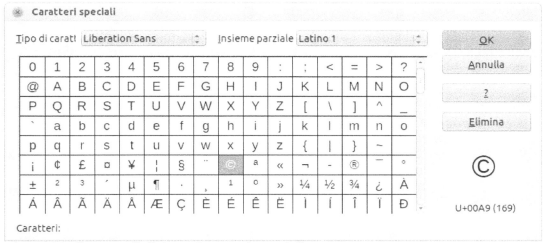

Figura 39: finestra di dialogo Caratteri speciali

Inserire spazi non divisibili e tratti d'unione

Laddove non desideriate che le parole separate da uno spazio o da un trattino si estendano su due righe, o laddove desideriate un trattino opzionale, potete inserire uno speciale marcatore di formattazione. Per accedere alle opzioni dei Marcatori di formattazione, selezionate **Inserisci > Marcatore di formattazione**. Impress supporta tre marcatori di formattazione:

- **Spazio non divisibile**: uno spazio non divisibile fra due parole impedisce che queste vengano separate su due righe. La scorciatoia da tastiera per inserire uno spazio non divisibile è *Ctrl+Maiusc+Barra spaziatrice*.
- **Trattino d'unione**: un tratto d'unione mantiene sulla stessa riga le due parole separate dal trattino.
- **Trattino opzionale**: un trattino opzionale si attiva solamente (dunque spezzando la parola) quando la parola è troppo lunga per adattarsi in una sola riga.

Introduzione alla formattazione del testo

Un uso appropriato della formattazione del testo può dare alla presentazione un aspetto coerente e uno stile dinamico; può inoltre migliorare la comprensione da parte del pubblico eliminando elementi di distrazione nel vostro messaggio.

Il testo, quando inserito in una casella di testo con Layout automatico o in una normale, viene formattato con un insieme di attributi predefiniti, chiamato stile. Lo stile usato, per le caselle di testo con Layout automatico, dipende dal livello di struttura in cui il testo è stato inserito. Ad esempio, quando inserite un elemento di livello 2, Impress lo formatterà secondo lo stile di presentazione Struttura 2 oppure secondo lo stile grafico predefinito per le caselle di testo.

Suggerimento	A volte, come già visto nella sezione "Incollare il testo" a pagina 62, è particolarmente utile riapplicare lo stile predefinito a una selezione di testo per eliminare ogni formattazione manuale ad esso applicata, specialmente in caso di errori cui non si sa rimediare. Per applicare lo stile predefinito, selezionate il testo formattato manualmente, quindi il menu **Formato > Formattazione predefinita** dalla barra dei menu.

La formattazione del testo può richiedere alcuni interventi in tre aree:

- Attributi del carattere (ad esempio il colore del tipo di carattere)
- Attributi del paragrafo (ad esempio l'allineamento)
- Attributi dell'elenco (ad esempio il tipo di punti)

In alcuni casi è più veloce ed efficace applicare la formattazione manuale; ma in situazioni che richiedono di effettuare le stesse modifiche in molte parti diverse della presentazione, è raccomandato l'uso degli stili. Entrambe le tecniche sono qui descritte.

Nota	Diversamente da LibreOffice Writer, dove è consigliabile utilizzare gli stili ogni qualvolta sia possibile, in Impress è opportuno usare più frequentemente la formattazione manuale. Questo perché gli stili di presentazione di Impress sono fissi; non è dunque possibile, ad esempio, avere due diversi livelli 1 o diverse tipologie di punti elenco per lo stesso livello di struttura. Inoltre, la mancanza di supporto per gli stili di carattere costringe all'uso della formattazione manuale per modificare parti del testo.

Selezionare il testo

Il testo deve essere selezionato prima di poterlo formattare.

- Per formattare *tutto* il testo di una casella di testo, fate clic sul testo, quindi sul bordo della casella di testo. Appariranno le maniglie colorate di ridimensionamento. Ora qualsiasi modifica della formattazione verrà applicata a tutto il testo della casella di testo.

- Per formattare solamente *parte* del testo, fate clic sul testo, poi selezionate il testo da formattare facendo clic e trascinando sullo stesso (evidenziandolo). È inoltre possibile usare delle combinazioni da tastiera per selezionare il testo: muovete il cursore nel punto in cui desiderate far partire la selezione, premete il tasto *Maiusc* e poi usate i tasti freccia per estendere la selezione. Le modifiche della formattazione verranno applicate solo al testo selezionato.

Suggerimento	Per selezionare il testo parola per parola, invece che carattere per carattere, premete i tasti *Ctrl* e *Maiusc* contemporaneamente. Per velocizzare ulteriormente la selezione, potete combinare il tasto *Maiusc* con il tasto *Home* o con il tasto *Fine* per estendere la selezione, rispettivamente fino all'inizio o fino alla fine della riga in cui è posizionato il cursore.

Utilizzo degli stili per formattare il testo

Impress ha due categorie di stili: stili di presentazione e stili grafici. Gli stili di presentazione vengono applicati al testo inserito in un'area con Layout automatico, a sfondi di master di diapositiva e ad oggetti di sfondo. In ogni caso, per il testo inserito in una casella di testo o in un oggetto grafico, è necessario applicare uno stile grafico.

Questo capitolo tratta principalmente degli Stili di presentazione. Per informazioni sugli stili grafici, vedere il *Capitolo 6 (Formattazione degli oggetti grafici)*.

Modificare uno stile di presentazione

Per modificare uno stile di presentazione, seguite questa procedura:

1) Aprite la finestra Stili e formattazione (Figura 40) premendo *F11* oppure selezionando la voce **Formato > Stili e formattazione** dalla barra dei menu.

2) Assicuratevi che sia selezionata l'icona Stili di presentazione ▣ .

3) Fate clic con il pulsante destro del mouse sullo stile da modificare e selezionate la voce **Modifica** dal menu a comparsa. La parte alta della finestra di dialogo per la modifica di uno stile di presentazione è mostrata nella Figura 41.

Figura 40: Stili di presentazione e formattazione

Figura 41: finestra di dialogo per la modifica di uno stile di presentazione

Questa finestra di dialogo per la modifica consiste in quindici schede, che possono suddividersi in due gruppi: schede che determinano la formattazione del testo e schede che determinano le proprietà dello sfondo dei master di diapositiva e degli oggetti di sfondo.

Non c'è differenza fra gli attributi che determinano uno stile e gli attributi che si usano manualmente su porzioni di testo. Infatti le schede che si aprono quando si applica la formattazione manualmente sono le stesse che si usano quando si configurano gli stili nella finestra di dialogo Stili e formattazione. Di conseguenza, una volta padroneggiata la formattazione del testo, sarete anche in grado di creare e modificare gli stili. Nello specifico:

- Per le schede relative allo stile *Carattere* ed *Effetti carattere*, vedete la sezione "Formattazione dei caratteri" a pagina 67.

- Per le schede relative allo stile *Rientro e spaziatura*, *Allineamento* e *Tabulazioni*, vedete "Formattazione dei paragrafi" a pagina 70.

- Per le schede relative allo stile *Punti e Tipo di numerazione*, *Immagini*, *Opzioni*, vedete "Creazione di elenchi puntati e numerati" a pagina 73.

Alcune delle schede nella finestra di dialogo di modifica riguardano la formattazione degli stili di presentazione, mentre altre schede si riferiscono alla formattazione dello sfondo e degli oggetti dello sfondo, descritti dettagliatamente nel *Capitolo 6 (Formattazione degli oggetti grafici)*.

Aggiornare uno stile da una selezione

Per aggiornare uno stile da una porzione di testo che avete appena modificato o che vorreste usare:

1) Selezionate un elemento in una casella di testo che abbia il formato che desiderate adottare come stile.

2) Nella finestra di dialogo Stili e formattazione (Figura 40), selezionate lo stile che volete aggiornare e poi fate clic sull'icona **Aggiorna stile** .

Applicare uno stile di presentazione

Per applicare uno stile di presentazione, spostate il paragrafo nell'appropriato livello di struttura, come descritto in "Cambiare l'ordine o il livello di struttura" a pagina 78. La procedura si differenzia da quella usata in Writer, dove si seleziona lo stile desiderato dalla finestra Stili e formattazione.

Formattazione dei caratteri

Per visualizzare le opzioni di formattazione del carattere, selezionate **Formato** > **Carattere** oppure fate clic sull'icona **Carattere** 🔠 sulla barra degli strumenti Formattazione del testo (Figura 38) e si aprirà la finestra di dialogo Carattere (Figura 42). Se la barra degli strumenti Formattazione del testo non è visibile, scegliete il menu **Visualizza > Barre degli strumenti > Formattazione del testo.** Notate che gli *stili* di carattere non esistono in Impress.

Scheda Carattere

Usate la scheda *Carattere* per selezionare il tipo di carattere desiderato, i suoi attributi di base (*Corsivo*, **Grassetto**, ecc.) e la sua dimensione. Un esempio del tipo di carattere viene mostrato nella parte inferiore della finestra di dialogo. È inoltre possibile specificare la lingua dello stile. La scheda Carattere è disponibile anche quando si crea o si modifica uno stile di presentazione o uno stile grafico.

Figura 42: scheda Carattere nella finestra di dialogo Carattere

Suggerimento	Quando scrivete una presentazione in più lingue, potete usare le impostazioni della lingua per creare due stili che differiscono solo nella lingua ma sono identici in tutto il resto. Ciò permette il controllo ortografico di tutti i contenuti senza influire sull'aspetto.

Se è stato abilitato il supporto per i caratteri delle lingue asiatiche e per quelli con disposizione testo complesso (CTL) (**Strumenti > Opzioni > Impostazioni della lingua > Lingue**), la scheda *Carattere* apparirà come in Figura 43. La scheda viene divisa in tre parti per i caratteri di testo occidentali, i caratteri di testo asiatici e i caratteri con disposizione testo complesso (CTL). Ogni parte ha le stesse funzionalità della finestra di dialogo Carattere mostrata in Figura 42, e permette di specificare anche caratteri di testo asiatici e con disposizione testo complesso (CTL), con i relativi attributi.

Scheda Effetti carattere

Potete usare la scheda *Effetti carattere* (Figura 44) per applicare effetti speciali al testo, come la sopralineatura e la sottolineatura, il colore, l'ombra e così via. Come per la scheda *Carattere*, nella parte inferiore della finestra di dialogo viene mostrato un esempio di testo, fornendo un rapido controllo visivo degli effetti applicati. Questa scheda è disponibile anche quando si crea o si modifica uno stile di presentazione o uno stile grafico.

Figura 43: lingue asiatiche abilitate nella finestra di dialogo Carattere

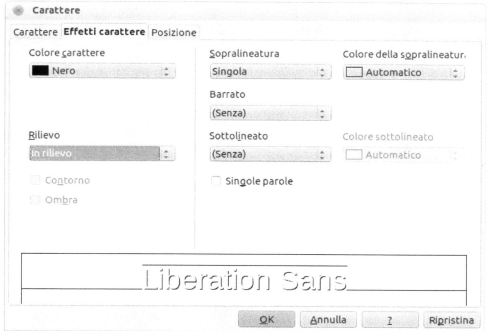

Figura 44: Effetti carattere nella finestra di dialogo Carattere

Scheda Posizione

La scheda *Posizione* (Figura 45) contiene opzioni avanzate per la personalizzazione del testo. Potete usare questa scheda per impostare la posizione del testo rispetto alla linea base quando avete necessità di inserire apici o pedici. Questa scheda non è disponibile quando si crea o si modifica uno stile di presentazione o uno stile grafico.

Per creare un apice o un pedice seguite questa procedura:

1) Selezionate Apice o Pedice.
2) Indicate di quanto il testo dovrebbe essere alzato (apici) o abbassato (pedici).
3) Indicate le dimensioni del carattere in relazione alle dimensioni dei caratteri della linea di base (in percentuale).

Figura 45: scheda Posizione nella finestra di dialogo Carattere

La percentuale di cui il testo viene alzato o abbassato può essere impostata su automatico selezionando **Automatico**.

In questa scheda potete impostare altri due attributi di posizione:

- La larghezza della scala del testo, che indica la percentuale di larghezza del carattere di cui comprimere o espandere i *singoli* caratteri del testo selezionato.

- La spaziatura fra i caratteri, che può essere specificata in punti. Scegliendo **Crenatura caratteri a coppia** LibreOffice adatterà automaticamente la spaziatura fra alcune coppie di caratteri, in modo da migliorare visivamente l'aspetto del testo. Ad esempio, quando digitate una V seguita da una A (VA) la spaziatura fra le due lettere viene ridotta (crenatura forte), come si può notare confrontandola, ad esempio, con quella di VS, che non è una coppia crenata.

Formattazione dei paragrafi

Per visualizzare le opzioni di formattazione del paragrafo, selezionate **Formato > Paragrafo** oppure fate clic sull'icona **Paragrafo** ⊡ sulla barra degli strumenti Formattazione del testo (Figura 38) e si aprirà la finestra di dialogo Paragrafo (Figura 46). Se la barra degli strumenti non è visibile, scegliete **Visualizza > Barre degli strumenti > Formattazione del testo**. Di norma, la finestra di dialogo di formattazione del paragrafo contiene tre schede: *Rientro e spaziatura*, *Allineamento* e *Tabulazione*. Tuttavia, se il Supporto lingue asiatiche è stato abilitato in **Strumenti > Opzioni > Impostazioni della lingua > Lingue**, verrà mostrata anche la scheda *Tipografia asiatica*.

Scheda Rientro e spaziatura

All'apertura della finestra di dialogo Paragrafo viene mostrata la scheda *Rientro e spaziatura*, che contiene quattro sezioni. Questa scheda è disponibile anche nelle finestre di dialogo Stili di presentazione e Stili grafici.

- **Rientro**: modifica il rientro del testo (prima e dopo) e il rientro della prima riga.

- **Spaziatura**: definisce lo spazio prima e dopo ogni paragrafo formattato con lo stesso stile.
- **Interlinea**: determina la spaziatura fra due righe formattate con lo stesso stile. Si noti che selezionando una spaziatura *Proporzionale* è necessario specificare la percentuale della riga usata come spaziatura; 100% corrisponde a una riga singola, 200% a una riga doppia, 50% a metà riga. Se viene selezionato *Iniziale*, bisogna specificare l'interlinea nell'unità di misura predefinita.

Figura 46: Rientro e spaziatura nella finestra di dialogo Paragrafo

- **Area dell'anteprima**: fornisce una rappresentazione visiva delle impostazioni prima che vengano applicate.

Suggerimento	Impostare l'interlinea a meno del 100% è un buon metodo per fare rientrare molto testo in una casella di testo; tuttavia è opportuno prestare attenzione, perché un valore eccessivamente piccolo renderebbe il testo difficile da leggere.

Suggerimento	Potete cambiare l'unità di misura predefinita, ad esempio da pollici a centimetri, dal menu **Strumenti > Opzioni > LibreOffice Impress > Generale**.

Scheda Allineamento

Fate clic sulla scheda Allineamento per visualizzare la pagina *Allineamento* (Figura 47). Usate questa scheda per impostare l' allineamento del paragrafo: A sinistra, A destra, Centrato o Giustificato. Un'anteprima mostrerà gli effetti delle modifiche. Questa scheda è disponibile anche nelle finestre di dialogo Stili di presentazione e Stili grafici.

Figura 47: Allineamento nella finestra di dialogo Paragrafo

Nota	Se avete abilitato la *Disposizione testo complesso* in **Strumenti > Opzioni > Impostazioni della lingua > Lingue**, un'ulteriore scelta — *Direzione del testo* — verrà mostrata in fondo alla finestra di dialogo; potete scegliere Da sinistra a destra o Da destra a sinistra.

Potete accedere alle stesse opzioni di allineamento tramite le icone di allineamento

 sulla barra degli strumenti Formattazione del testo (Figura 38).

Scheda Tabulazione

Fate clic sulla scheda Tabulazione per visualizzare la pagina *Tabulazione* (Figura 48). Usate questa scheda per impostare le tabulazioni. Questa scheda è disponibile anche nelle finestre di dialogo Stili di presentazione e Stili grafici.

Per cancellare una tabulazione esistente, selezionatela nell'elenco e fate clic sul pulsante **Elimina**. Per cancellare tutte le tabulazioni, fate clic sul pulsante **Elimina tutti**.

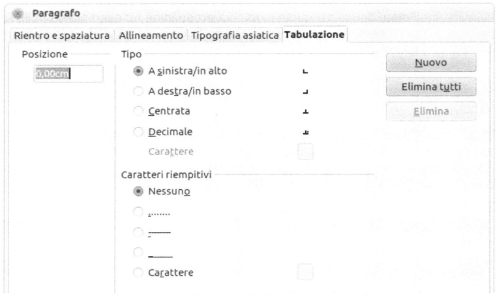

Figura 48: Tabulazione nella finestra di dialogo Paragrafo

Per creare una nuova tabulazione:

1) Impostate la dimensione della tabulazione nel riquadro modificabile sulla sinistra.

2) Scegliete il tipo. Se impostate il tipo su *Decimale*, specificate nella casella sottostante il carattere da considerare come punto decimale.

3) Selezionate un carattere di riempimento che verrà disegnato dal punto di inserimento della tabulazione fino al suo punto di arresto. È possibile scegliere qualsiasi carattere come carattere di riempimento.

4) Fate clic sul pulsante **Nuovo** per applicare la nuova tabulazione.

Scheda Tipografia asiatica

Potete usare la scheda *Tipografia asiatica* (Figura 49) per impostare le seguenti proprietà relative al cambio riga. Questa scheda è disponibile anche nelle finestre di dialogo Stili di presentazione e Stili grafici.

- Considera elenco dei caratteri non ammessi all'inizio e fine della riga.

- Interpunzioni di rientro.

- Applica spazio tra testo asiatico, latino e complesso.

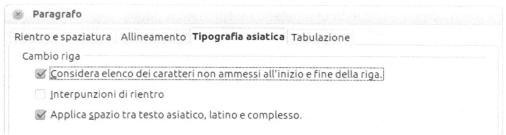

Figura 49: Tipografia asiatica nella finestra di dialogo Paragrafo

Creazione di elenchi puntati e numerati

La procedura per la creazione di un elenco puntato o numerato varia a seconda del tipo di casella di testo usata, anche se gli strumenti per la gestione dell'elenco e per la personalizzazione del suo aspetto restano gli stessi.

Nelle caselle di testo create automaticamente da Impress (riquadri con Layout automatici), gli stili di struttura disponibili sono, per impostazione predefinita, gli elenchi puntati. Per le caselle di testo normali è richiesto un passo ulteriore per creare un elenco puntato.

Creare elenchi in caselle di testo con Layout automatici

Ogni casella di testo inclusa nei layout disponibili è già formattata come un elenco puntato, quindi per creare un elenco puntato è sufficiente applicare le seguenti misure:

1) Dal pannello del Layout, scegliete un modello di diapositiva contenente una casella di testo. Queste sono facilmente riconoscibili dall'anteprima.

2) Fate clic all'interno della casella di testo che riporta **Fate clic per aggiungere testo.**

3) Digitate il testo, quindi premete *Invio* per iniziare una nuova riga puntata.

Il tipo di elenco predefinito è un elenco puntato. Per personalizzare l'aspetto dell'elenco o per modificare l'elenco da puntato a numerato e viceversa, fate riferimento a "Modificare l'aspetto di un elenco" a pagina 74.

Suggerimento	Premete i tasti *Maiusc+Invio* per inserire una nuova riga senza creare un nuovo punto o numero. La nuova riga avrà lo stesso rientro della riga precedente. Fate clic sull'icona Elenco puntato on/off sulla barra degli strumenti Formattazione del testo per creare una riga senza punto. Se la barra degli strumenti Formattazione del testo non è visualizzata, potete abilitarla selezionando **Visualizza > Barre degli strumenti > Formattazione del testo** nella barra dei menu.

Creare elenchi in altre caselle di testo

Per creare un elenco in una casella di testo, fate come segue:

1) Posizionate il cursore nella casella di testo.

2) Fate clic sul pulsante **Elenco puntato on/off** nella barra degli strumenti Formattazione del testo (Figura 38).

3) Digitate il testo e premete *Invio* per iniziare una nuova riga puntata.

La procedura per modificare l'aspetto di un elenco è spiegata a pagina 74.

Creare un nuovo livello di struttura

1) Se necessario, premete *Invio* per cominciare una nuova riga.

2) Premete il tasto *Tabulazione* oppure fate clic sulle frecce di indentazione ⇐ ⇒ sulla barra degli strumenti Formattazione del testo. Ogni volta che premete il tasto *Tabulazione* oppure fate clic sulla freccia a destra, la riga viene indentata al livello di struttura successivo. Premendo *Invio* verrà creata una nuova riga allo stesso livello della riga precedente. Per tornare al livello precedente, premete i tasti *Maiusc+Tabulazione* oppure fate clic sulla freccia a sinistra.

Nelle caselle di testo con Layout automatico, alzare o abbassare un elemento nell'elenco corrisponde ad applicare un differente stile di struttura, così che il secondo livello di struttura corrisponde allo stile Struttura 2, il terzo allo stile Struttura 3, e così via. Di conseguenza, un cambio di livello produce anche altre modifiche (ad esempio le dimensioni del carattere, il tipo di punto, e così via).

Attenzione ⚠	Non è possibile cambiare il livello di struttura selezionando il testo e quindi facendo clic sullo stile di struttura desiderato come si farebbe in Writer. A causa del modo in cui funzionano gli stili di presentazione in Impress, non è possibile applicarli in questo modo.

Modificare l'aspetto di un elenco

È possibile personalizzare completamente l'aspetto di un elenco, modificando il tipo di punti o la numerazione per l'intero elenco o per la singola voce. Tutte le modifiche possono essere effettuate tramite la finestra di dialogo Elenchi puntati e numerati, a cui potete accedere selezionando

Formato > Elenchi puntati e numerati o facendo clic sull'icona **Elenchi puntati e numerati** sulla barra degli strumenti Formattazione del testo.

Per l'intero elenco:

1) Selezionate l'intero elenco oppure fate clic sul bordo grigio della casella di testo, in modo da visualizzare solamente le maniglie colorate di ridimensionamento.

2) Selezionate **Formato > Elenchi puntati e numerati** oppure fate clic sull'icona **Elenchi puntati e Numerati** ⬚ sulla barra degli strumenti Formattazione del testo.

3) La finestra di dialogo Elenchi puntati e numerati (Figura 50) contiene cinque schede: Punti, Tipo di numerazione, Immagini, Posizione e Opzioni.

   • Se dovete inserire un elenco puntato, selezionate lo stile di punto desiderato dai sei stili predefiniti disponibili nella scheda *Punti*.

   • Se desiderate uno stile grafico, selezionatene uno da quelli disponibili nella scheda *Immagini*.

   • Se desiderate un elenco numerato, selezionate uno dei sei stili di numerazione predefiniti nella scheda *Tipo di numerazione*.

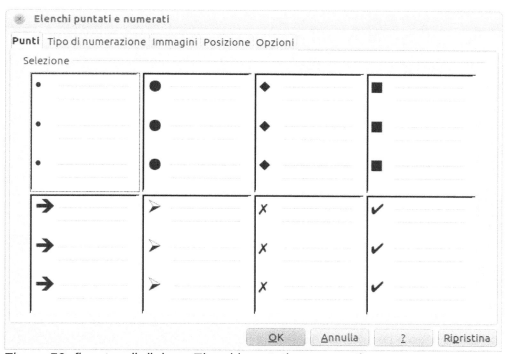

Figura 50: finestra di dialogo Elenchi puntati e numerati

Più avanti verrà spiegato come aggiungere ulteriori stili di punti e di numerazione a quelli già presenti.

Per una singola riga nell'elenco, fate clic in un qualsiasi punto all'interno della riga per posizionarvi il cursore e poi seguite i passi 2 e 3 sopra indicati.

Se l'elenco era stato creato in una casella di testo con Layout automatico, un modo alternativo per modificare l'intero elenco è quello di modificare gli stili di Struttura. Le modifiche apportate allo stile di struttura si applicheranno a tutte le diapositive che lo utilizzano, dunque prestate attenzione prima di usare questo comando. Di seguito sono descritte le schede relative alla gestione dell'elenco.

Usando la scheda *Posizione* (Figura 51) potete adattare il rientro e la spaziatura dei punti e del loro testo. Questa scheda è particolarmente efficace se usata insieme alla scheda *Opzioni*.

Per impostare un livello di struttura, selezionatelo prima dall'elenco sul lato sinistro della scheda. Selezionate il livello **1 – 10** per modificare tutti i livelli simultaneamente. Impostate quindi il rientro, che è la distanza tra il punto o il numero e il testo. Selezionando l'opzione **Relativo**, il valore del rientro sarà calcolato in relazione al livello precedente e non dal margine.

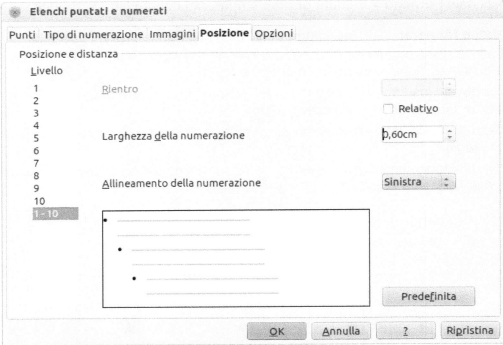

Figura 51: Elenchi puntati e numerati – scheda Posizione

L'allineamento della numerazione è utile solo quando si crea un elenco numerato; usatelo per indicare l'allineamento dei numeri. Ad esempio, potreste volerli allineare sulla destra, in modo da fare combaciare i numeri a una cifra con quelli a due cifre.

Suggerimento	Per apprezzare appieno il funzionamento dell'Allineamento della numerazione provate a creare un elenco numerato con più di dieci elementi; assicuratevi di lasciare sufficiente spazio per numeri a due (o più) cifre usando il campo *Larghezza della numerazione*.

La scheda *Posizione* non è disponibile quando si modifica uno stile di presentazione o uno stile grafico; comunque gli stessi effetti possono essere ottenuti usando la scheda *Rientro e spaziatura* nella finestra di dialogo Paragrafo (Figura 46 a pagina 71) per creare o modificare una diapositiva.

Scheda Opzioni

Potete usare la scheda *Opzioni* (Figura 52) per modificare lo stile di tutti i livelli di struttura.

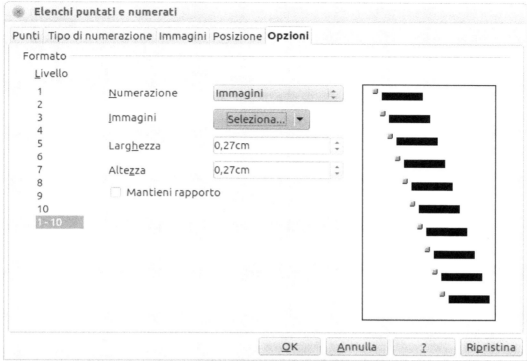

Figura 52: Elenchi puntati e numerati – scheda Opzioni

Le opzioni disponibili in questa scheda dipendono dal tipo di contrassegno scelto per l'elenco. Per prima cosa selezionate il livello che desiderate modificare sul lato sinistro della finestra. Per modificare tutti i livelli in una volta, selezionate **1 – 10** come livello. Essendo questi livelli organizzati in una struttura gerarchica, cambiando, ad esempio, il carattere di uno dei livelli si avrà un effetto a catena su tutti i livelli inferiori.

A seconda dello stile di punto selezionato (punti, numerazione, immagine), nella scheda Opzioni potrebbero divenire disponibili alcune delle seguenti opzioni:

- **Davanti**: indicate un testo da fare apparire prima del numero (ad esempio, *Passo*).
- **Dietro**: indicate un testo da fare apparire dopo il numero (ad esempio, un segno di punteggiatura).
- **Colore**: scegliete il colore del contrassegno dell'elenco (numero o carattere puntato).

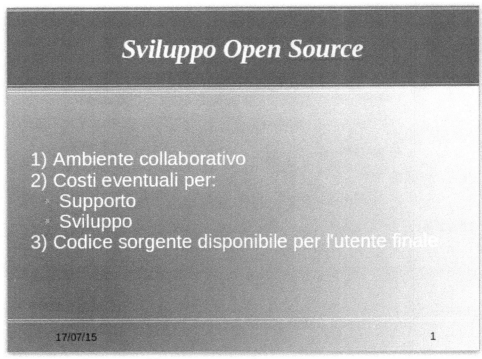

Figura 53: elenco annidato con numeri e punti

- **Dimensione relativa**: specificate la dimensione del numero relativamente alla dimensione dei caratteri nel paragrafo dell'elenco.

- **Comincia con**: inserite il primo valore dell'elenco (ad esempio, si potrebbe desiderare che l'elenco inizi con il numero 4 invece che con il numero 1).

- **Pulsante Carattere**: fate clic su questo pulsante per selezionare un carattere speciale per i punti.

- **Immagini**: apre una galleria di immagini a disposizione o permette di selezionare un file dal disco rigido da usare come contrassegno.

- **Larghezza** e **Altezza**: specificate le dimensioni del contrassegno grafico.

- **Casella di controllo Mantieni rapporto**: se selezionata, il rapporto tra larghezza e altezza del contrassegno grafico viene mantenuto costante.

Il lato destro della schermata mostra un'anteprima delle modifiche effettuate. Per ripristinare i valori predefiniti, fate clic sul pulsante **Ripristina** in basso a destra.

Usando la scheda Opzioni, potete creare layout dalla struttura complessa, ad esempio un elenco annidato con una numerazione seguita da punti (Figura 53).

Cambiare l'ordine o il livello di struttura

Fate clic in una riga di testo per posizionarvi il cursore, poi fate clic sulla scheda Struttura (a destra della scheda Normale) nello Spazio di lavoro e usate le icone freccia nella barra degli strumenti Formattazione del testo (Figura 38) per spostare il testo nella posizione appropriata e dargli il livello di struttura adeguato.

L'icona della freccia puntata a sinistra eleva la voce dell'elenco di un livello (ad esempio da Struttura 3 a Struttura 2), l'icona della freccia puntata a destra abbassa la voce dell'elenco di un livello, le icone delle frecce che puntano verso l'alto e verso il basso spostano la voce rispettivamente verso l'alto e verso il basso. Qualsiasi tipo di numerazione in uso verrà automaticamente adattata.

Suggerimento	È inoltre possibile usare il tasto *Tabulazione* e i tasti *Maiusc+Tabulazione* per elevare e abbassare il livello di struttura di una riga nell'elenco.

Uso delle tabelle

Le tabelle sono un potente sistema per comunicare informazioni strutturate in modo rapido, dunque rappresentano uno strumento importante nella creazione di una presentazione. Potete creare tabelle direttamente in Impress, eliminando così la necessità di incorporare un foglio elettronico da Calc o una tabella di testo da Writer all'interno della presentazione. Tuttavia, in alcune circostanze, può avere senso incorporare un foglio elettronico da Calc, specialmente quando avete bisogno di maggiore funzionalità nella tabella. Le tabelle disponibili in Impress hanno infatti una funzionalità limitata.

Numerosi modelli di tabella predefiniti sono disponibili nella sezione Struttura tabella, nel pannello delle Attività (Figura 54).

Creare una tabella

Quando si lavora con le tabelle, è utile conoscere il numero di righe e di colonne necessarie, così come il tipo di rappresentazione. I parametri possono essere adattati in un secondo momento, ma è più laborioso che impostare le dimensioni corrette della tabella fin dall'inizio.

Per inserire una tabella, procedete come segue:

1) Selezionate la diapositiva che conterrà la tabella e, se necessario, modificatene il layout in modo da fare spazio per la tabella.

2) Selezionate *Struttura tabella* (Figura 54) nel pannello delle Attività. Se il pannello non è visibile, selezionate **Visualizza > Pannello delle attività**.

Figura 54: Struttura tabella nel pannello delle Attività

3) Selezionate uno degli stili predefiniti, che differiscono solo nello schema dei colori. Potrete modificare i colori della tabella anche in seguito. Cercate comunque di selezionare uno schema colori simile a quello che desiderate. Selezionando lo stile si aprirà la finestra di dialogo Inserisci tabella (Figura 55) dove potrete specificare il numero di righe e di colonne.

Figura 55: finestra di dialogo Inserisci tabella

La tabella viene inizialmente collocata al centro della diapositiva, ma potete spostarla selezionandola e poi trascinandola nella nuova posizione, oppure usando il metodo descritto in "Posizione e dimensione" a pagina 84.

Potete inoltre creare una tabella selezionando direttamente la voce **Inserisci > Tabella** dal menu principale, oppure tramite l'icona **Tabella** ⊞ sulla barra degli strumenti Standard. In tal modo si aprirà la finestra di dialogo Inserisci tabella nella quale è possibile specificare il numero di colonne e di righe.

Per l'inserimento della tabella potete anche fare clic sul piccolo triangolo nero vicino all'icona Tabella per aprire uno strumento grafico apposito (Figura 56). Per usare questo strumento muovete il mouse in basso e a destra sulla griglia fino ad ottenere il numero desiderato di righe e colonne, quindi fate clic con il pulsante sinistro del mouse per inserire la tabella.

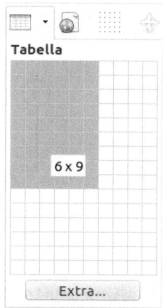

Figura 56: strumento grafico Tabella

Nota	Sia che usiate **Inserisci > Tabella**, che l'icona **Tabella**, che lo strumento grafico **Tabella**, verrà inserita una tabella con stile ed impostazioni predefinite già applicate. Questa tabella potrà poi essere modificata secondo le vostre necessità.
	Ad una nuova tabella viene assegnato un insieme di attributi predefiniti, come lo schema dei colori, l'aspetto a bande delle righe, la riga d'intestazione e così via. Attualmente queste impostazioni predefinite sono codificate in LibreOffice e non possono essere cambiate.

Modificare una tabella

Una volta che la tabella è stata aggiunta alla diapositiva, potete controllarne l'aspetto, le dimensioni, la posizione e così via usando una combinazione di opzioni dal pannello delle Attività, dalla barra degli strumenti Tabella e dalla finestra di dialogo Proprietà tabella.

Opzioni del pannello delle Attività

Le seguenti opzioni sono disponibili nella sezione Presentazione del pannello delle Attività:

- *Riga di intestazione*: selezionata per impostazione predefinita, aggiunge una prima riga con uno sfondo diverso rispetto al resto della tabella.

- *Totale delle righe*: è il contrario della Riga d'intestazione; se selezionata, cambia lo sfondo dell'ultima riga per farla risaltare rispetto alle altre.

- *Righe unite*: selezionata per impostazione predefinita, questa opzione colora righe alterne con uno sfondo differente, in modo tale da migliorare la leggibilità dei dati nella tabella.

- *Prima colonna*: evidenzia la prima colonna della tabella, applicandovi uno sfondo più scuro.

- *Ultima colonna*: evidenzia l'ultima colonna della tabella applicandovi uno sfondo più scuro.

- *Colonne unite*: quando attivato, colora colonne alterne in maniera differente.

Quando si seleziona una tabella, otto maniglie di selezione colorate compaiono attorno alla tabella e viene visualizzata la barra degli strumenti Tabella (Figura 57). Se necessario, potete aprire la barra degli strumenti dal menu **Visualizza > Barre degli strumenti > Tabella**. La barra degli strumenti Tabella contiene la maggior parte degli strumenti necessari per manipolare una tabella; di seguito la loro descrizione.

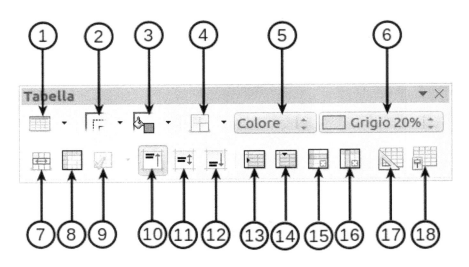

1 Tabella	7 Unisci celle	13 Inserisci riga
2 Stile linea	8 Dividi celle	14 Inserisci colonna
3 Colore linea cornice	9 Ottimizza	15 Elimina Riga
4 Bordi	10 Allineamento testo - In alto	16 Elimina colonna
5 Stile di riempimento	11 Allineamento testo - Al centro (verticale)	17 Struttura tabella
6 Colore di riempimento	12 Allineamento testo - In basso	18 Proprietà tabella

Figura 57: barra degli strumenti Tabella

Tabella

Crea una nuova tabella nella diapositiva selezionata. Apre la finestra di dialogo Inserisci tabella (Figura 55) dove potete selezionare il numero desiderato di righe e di colonne. In alternativa, potete fare clic sul piccolo triangolo nero a fianco dell'icona per aprire lo strumento grafico Tabella (Figura 56). Per usare questo strumento, muovete il mouse in basso e a destra sulla griglia fino ad ottenere il numero di righe e colonne desiderato, quindi fate clic con il pulsante sinistro del mouse.

Stile linea

Si usa per cambiare lo stile della linea delle celle selezionate. Apre una nuova finestra di dialogo dalla quale potete effettuare una scelta fra una serie di stili predefiniti.

Colore linea cornice

Apre una finestra di dialogo che permette di selezionare il colore delle linee attorno alle celle selezionate.

Bordi

Si usa per scegliere tra le configurazioni di bordi predefinite. I bordi sono applicati alle celle selezionate. Se non è disponibile il modello di bordo desiderato, dovrete usare la finestra di dialogo Proprietà tabella.

Stile di riempimento

Tramite il menu a tendina scegliete per prima cosa come riempire le celle selezionate: Invisibile, Colore, Sfumatura, Tratteggio o Bitmap. A seconda della selezione, il menu a tendina sarà popolato con gli schemi disponibili. Fate riferimento al *Capitolo 6 (Formattazione degli oggetti grafici)* per dettagli su come gestire gli stili di riempimento.

Colore di riempimento

Menu a tendina che permette la selezione di un colore da applicare a un'area della tabella.

Unisci celle

Unisce le celle selezionate in un'unica cella. Notate che il contenuto delle celle viene anch'esso unito in un'unica cella.

Dividi celle

L'operazione opposta a unisci celle. Assicuratevi che il cursore sia posizionato sulla cella che volete separare, quindi fate clic per aprire la finestra di dialogo Dividi Celle (Figura 58). Scegliete il numero di celle che desiderate ottenere con la suddivisione e se volete dividere le celle orizzontalmente o verticalmente. Se dividete una cella orizzontalmente, potete selezionare l'opzione "In proporzioni uguali" per ottenere celle di uguali dimensioni. Il contenuto della cella divisa viene mantenuto nella cella originale (quella a sinistra o in alto).

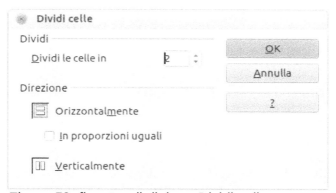

Figura 58: finestra di dialogo Dividi celle

Ottimizza

Distribuisce in maniera uguale le celle selezionate, orizzontalmente o verticalmente. Se desiderate ottimizzare l'intera tabella, potete distribuire in modo uguale tutte le righe o tutte le colonne facendo clic con il pulsante destro del mouse sul bordo della tabella e selezionando **Riga > Stessa spaziatura** o **Colonna > Stessa spaziatura** dal menu a comparsa.

Allineamento verticale del testo nelle celle

Potete definire l'allineamento verticale del testo in una cella selezionando le celle desiderate e scegliendo In alto, Al centro o In basso. L'allineamento può essere applicato a tutte le celle della tabella facendo clic con il pulsante destro del mouse sul bordo della tabella, e scegliendo dal menu a comparsa **Cella** e poi l'allineamento desiderato.

Inserisci o elimina righe e colonne

Usate la barra degli strumenti Tabella per inserire o eliminare righe e colonne nella tabella. Le righe e le colonne sono inserite/eliminate al di sotto o alla destra della cella selezionata. Potete inserire righe e colonne alla fine della tabella usando il menu a comparsa che si apre facendo clic con il pulsante destro del mouse sul bordo della tabella. I comandi Inserisci ed Elimina si trovano nei menu **Riga** o **Colonna**.

Struttura tabella

L'unica funzione di questa icona è di aprire la sezione Struttura tabella nel pannello delle Attività.

Proprietà tabella

Fate clic sull'icona Proprietà tabella nella barra degli strumenti Tabella (Figura 57) per aprire la finestra di dialogo Formato celle (Figura 59), che contiene le seguenti schede:

- *Carattere*: da usare per selezionare il tipo di carattere desiderato, i suoi attributi di base (Corsivo, Grassetto, ecc.), come pure le sue dimensioni. Un esempio del tipo di carattere viene mostrato nella parte inferiore della finestra di dialogo. Potete anche specificare la lingua. Fate riferimento alla sezione Scheda Carattere a pagina 67 per maggiori informazioni sulle opzioni disponibili.

Figura 59: finestra di dialogo Formato celle

- *Effetti carattere*: usate questa scheda per applicare effetti speciali al testo, come la sopralineatura e la sottolineatura, il colore, l'ombra e così via. Così come per la scheda *Carattere*, nella parte inferiore della finestra di dialogo viene mostrato un esempio di testo, fornendo un rapido controllo visivo degli effetti applicati. Vedete la sezione Scheda Carattere a pagina 67 per maggiori informazioni sulle opzioni disponibili.

- *Bordi*: si usa per impostare le configurazioni avanzate non disponibili dalla barra degli strumenti Tabella, come la spaziatura tra il testo e i bordi o l'impostazione dello stile di ogni bordo in maniera differente. Questa scheda fornisce anche le stesse opzioni dei pulsanti stile linea e colore linea cornice presenti nella barra degli strumenti Tabella.

Nota	Non è al momento possibile definire bordi diagonali per le tabelle di Impress.

- *Sfondo*: modifica lo sfondo delle celle selezionate e fornisce le stesse funzioni dei pulsanti Stile di riempimento e Colore di riempimento nella barra degli strumenti Tabella.

Nota	La finestra di dialogo Proprietà tabella può essere anche visualizzata dal menu contestuale che si apre facendo clic con il pulsante destro del mouse sulla tabella.

Posizione e dimensione

Impress considera le tabelle esattamente come qualsiasi altro oggetto grafico. Potete cambiare posizione e dimensione della tabella nella diapositiva usando il mouse oppure, per un controllo più accurato, tramite la finestra di dialogo Posizione e dimensione (Figura 60). Quando la tabella è selezionata fate clic con il pulsante destro del mouse sul bordo della tabella e selezionate **Posizione e dimensione** dal menu a comparsa, oppure ricorrete alla voce **Formato > Posizione e dimensione** nella barra dei menu principale. Per le tabelle è disponibile solo la scheda Posizione e dimensione. Per ulteriori informazioni su questa finestra di dialogo vedere il Capitolo 6 *(Formattazione degli oggetti grafici)*.

Nota	Diversamente da altri oggetti grafici, le tabelle non possono essere ruotate.

Eliminare una tabella

Per eliminare una tabella usate uno dei seguenti metodi:

- Fate clic nella diapositiva e trascinate disegnando un riquadro attorno alla tabella, così da selezionarla. Premete il tasto Canc.
- Selezionate tutte le righe nella tabella e usate l'icona Elimina riga nella barra degli strumenti Tabella (Figura 57).

Figura 60: finestra di dialogo Posizione e dimensione

Uso dei comandi di campo

I comandi di campo consentono l'inserimento automatico del testo nella diapositiva. Potete pensare a un comando di campo come a una specie di formula che viene calcolata quando il documento viene caricato o stampato e il cui risultato viene riportato nel documento. I comandi di campo sono normalmente utilizzati nella creazione di modelli e master di diapositiva, come spiegato nel *Capitolo 2 (Utilizzo di master di diapositiva, stili e modelli)*.

Inserire un comando di campo

Per inserire un comando di campo in una diapositiva portate il cursore nel punto in cui desiderate posizionare il comando, e selezionate poi dalla barra dei menu la voce **Inserisci > Comando di campo**, seguito da una di queste voci:

- **Data (fissa)**: inserisce un campo data con la data del giorno nel quale viene inserito il comando di campo.
- **Data (variabile)**: inserisce un campo che viene aggiornato con la data di apertura del file.
- **Orario (fisso)**: inserisce un campo che visualizza l'ora al momento dell'inserimento.
- **Orario (variabile)**: inserisce un campo che viene aggiornato con l'ora al momento di apertura del file.
- **Autore**: inserisce l'autore della presentazione. Questa informazione è derivata dal valore immesso nelle opzioni generali. Per modificare queste informazioni andate su **Strumenti > Opzioni > LibreOffice > Dati utente**.
- **Numero di pagina**: inserisce il numero di pagina della diapositiva.
- **Numero di pagine**: inserisce il numero totale di diapositive.
- **Nome file**: inserisce un campo che contiene il nome del file.

Personalizzare i comandi di campo

L'aspetto di tutti i comandi di campo, escluso quello del numero di pagina, può essere personalizzato dal corrispondente editor di campi. Per accedere all'editor dei comandi di campo (Figura 61) procedete come segue:

1) Posizionate il cursore sul comando di campo e selezionatelo.
2) Selezionate la voce **Modifica > Campi** dalla barra dei menu oppure fate clic con il pulsante destro del mouse sui dati del campo.

Figura 61: finestra di dialogo Modifica comando di campo

3) Selezionate il formato desiderato nella finestra di dialogo che viene visualizzata.
4) Fate clic su **OK**.

Suggerimento	Un simile elenco di formati tra cui scegliere può essere visualizzato selezionando il campo e facendo clic con il pulsante destro del mouse.

Potete modificare i campi numero di pagina in due modi:

- Selezionate il campo e applicate la formattazione manualmente.
- Passate alla modalità di modifica del master di diapositiva (**Visualizza > Sfondo > Maschera**), quindi modificate lo stile dell'oggetto di sfondo a piacimento. Una volta tornati alla visualizzazione Normale, inserite i numeri di pagina da **Inserisci > Numero di pagina** nel menu principale. Vedete il *Capitolo 2 (Utilizzo di master di diapositiva, stili e modelli)* per ulteriori informazioni su come modificare i master di diapositiva.

Uso dei collegamenti ipertestuali

Quando si inserisce del testo (come un indirizzo di un sito web o un URL) che può essere usato come collegamento ipertestuale, Impress lo formatta automaticamente, creando il collegamento ipertestuale e applicando un colore e la sottolineatura. Se non desiderate che Impress si comporti in tal modo, selezionate **Modifica > Annulla: Inserisci** dalla barra dei menu oppure premete *Ctrl+Z* subito dopo che la formattazione è stata applicata.

Potete anche inserire i collegamenti ipertestuali manualmente.

Suggerimento	Per evitare che LibreOffice trasformi automaticamente gli indirizzi web (URL) in collegamenti ipertestuali, andate su **Strumenti > Opzioni di correzione automatica > Opzioni** e deselezionate la casella di controllo **Riconosci URL**. Per cambiare il colore dei collegamenti ipertestuali, accedete al menu **Strumenti > Opzioni > LibreOffice > Aspetto**, scorrete fino a *Collegamenti non visitati* e/o *Collegamenti visitati*, spuntate le caselle di controllo, scegliete i nuovi colori e fate clic su **OK**. Attenzione: questo cambierà il colore di tutti i collegamenti ipertestuali in tutti i componenti di LibreOffice; questo potrebbe non essere ciò che volete.

Per inserire un collegamento ipertestuale, oppure per personalizzarne l'aspetto, selezionate **Inserisci > Collegamento ipertestuale** dalla barra dei menu. Si aprirà la finestra di dialogo Collegamento ipertestuale (Figura 62).

Figura 62: finestra di dialogo per la modifica dei collegamenti ipertestuali

Sul lato sinistro, selezionate uno dei quattro tipi di collegamento ipertestuale. La parte della finestra di dialogo in alto a destra cambia a seconda della scelta fatta per il tipo di collegamento ipertestuale. Una descrizione completa di tutte le possibili scelte, e le loro interazioni, va al di là degli scopi di questo capitolo. Di seguito viene illustrato un riepilogo delle scelte più comuni usate nelle presentazioni.

- **Internet**: sceglietelo se si tratta di un collegamento Web, FTP o Telnet. Inserite l'indirizzo web desiderato (URL).

- **Mail & News**: sceglietelo se il link è una E-mail o un collegamento alle news. Inserite l'indirizzo del destinatario e, per le e-mail, anche l'oggetto del messaggio.

- **Documento**: crea un collegamento ipertestuale a un altro documento o a un altro punto della presentazione, anche detto segnalibro. Inserite il percorso al documento, oppure fate clic sull'icona **Apri file** per aprire una finestra di esplorazione file; non inserite nulla se desiderate un collegamento a una destinazione nella stessa presentazione. Come opzione è possibile specificare una destinazione (ad esempio una particolare diapositiva). Fate clic sull'icona **Destinazione** per aprire il Navigatore, da dove potete selezionare la destinazione, oppure, se conoscete il nome della destinazione, potete digitarlo nel campo.

- **Nuovo documento**: crea un collegamento ipertestuale a un nuovo documento. Scegliete se modificare il documento appena creato immediatamente (**Modifica subito**) oppure se crearlo soltanto, per modificarlo in seguito (**Modifica dopo**). Scegliete il tipo di documento da creare (documento di testo, foglio elettronico, etc.). Per una presentazione **Modifica subito** è la scelta più probabile. Il pulsante **Seleziona percorso** apre una finestra di esplorazione file che vi permette di scegliere la cartella in cui posizionare il nuovo documento.

Nota	Per navigare all'interno di una presentazione è consigliabile usare il menu interazione oggetti, che potete trovare sia nella barra degli strumenti Disegno che nel menu contestuale che appare facendo clic con il pulsante destro del mouse su un oggetto.

La sezione *Ulteriori impostazioni* nella finestra di dialogo Collegamento ipertestuale è comune a tutti i tipi di collegamento, anche se alcune scelte sono più rilevanti per alcune tipologie di collegamenti ipertestuali.

- Potete impostare il valore di **Frame** per definire come si aprirà il collegamento ipertestuale. Queste impostazioni si applicano a documenti che saranno aperti con un browser web.

- **Formulario** permette di definire se il collegamento deve essere visualizzato come testo o come pulsante. Vedere la sezione "Lavorare con i pulsanti dei collegamenti ipertestuali" a pagina 89 per ulteriori informazioni.

- **Testo** permette di definire il testo che sarà visibile all'utente.

- **Nome** è utilizzabile per i documenti HTML. Definisce il testo che sarà aggiunto come attributo NAME nel codice HTML del collegamento ipertestuale.

Modificare il testo dei collegamenti ipertestuali

Per modificare il testo di un collegamento ipertestuale, selezionatelo (trascinando il cursore attraverso il testo, senza farci clic sopra), poi scegliete la voce **Modifica > Collegamento** dalla barra dei menu. Apportate le vostre modifiche, quindi fate clic su **Applica**. Per modificare diversi collegamenti ipertestuali, potete lasciare aperta la finestra di dialogo Collegamento ipertestuale sino a che non li avete modificati tutti. Accertatevi di fare clic su **Applica** dopo ciascuna modifica. Una volta che avete terminato, fate clic su **Chiudi**.

Lavorare con i pulsanti dei collegamenti ipertestuali

Il pulsante di un collegamento ipertestuale viene inserito al centro della diapositiva corrente. Nella maggior parte dei casi, quello non è il punto nel quale si desidera posizionarlo. Per modificare il testo o le dimensioni di un pulsante di un collegamento, o per spostarlo in un altro punto della diapositiva, per prima cosa occorre visualizzare la barra degli strumenti Controlli per formulario (**Visualizza > Barre degli strumenti > Controlli per formulario**), visibile in Figura 63. Selezionate l'icona (evidenziata) **Modo bozza On/Off**.

Figura 63: barra degli strumenti Controlli per formulario

A questo punto potete fare clic sul pulsante del collegamento ipertestuale e spostarlo in una posizione diversa, oppure fare clic con il pulsante destro del mouse per aprire una finestra di dialogo dalla quale modificare il testo del pulsante, le sue dimensioni e altre impostazioni.

Una volta che avete terminato di modificare il pulsante, fate nuovamente clic sull'icona **Modo bozza On/Off** per disattivare il pulsante. Per una descrizione dettagliata delle proprietà e di come utilizzare i Controlli per formulario, fate riferimento alla *Guida a Writer*.

Capitolo 4
Aggiunta e formattazione di
immagini

Introduzione

Le immagini sono usate spesso nelle presentazioni, poiché possono trasmettere grandi quantità di informazioni più efficacemente del testo scritto. Potreste anche voler dare un aspetto professionale alla vostra presentazione aggiungendo il logo della vostra società. Inoltre potreste utilizzare Impress per creare una presentazione fatta di sole immagini, come una sequenza di foto delle vacanze da condividere con gli amici.

Questo capitolo illustra come inserire e formattare le immagini.

Inserimento di immagini

Questa sezione descrive diversi modi per inserire un'immagine da una sorgente esterna in una presentazione Una volta inserita, l'immagine può essere estensivamente formattata, come mostrato più avanti nel capitolo.

Inserimento di una immagine da un file

Inserire una immagine da un file è semplice e veloce. Prima di tutto scegliete un layout di diapositiva, come descritto nel *Capitolo 1 (Introduzione a Impress)*. La maggior parte dei layout include un insieme di icone per inserire oggetti, ma potete inserire un'immagine in qualsiasi diapositiva.

Sia che usiate un Layout automatico per il posizionamento di un'immagine, sia che stiate semplicemente inserendo un'immagine, seguite questi passaggi:

1) Andate su **Inserisci > Immagine > Da file** dalla barra dei menu oppure fate clic sull'icona **Inserisci immagine** (Figura 64) se avete inserito una diapositiva; si aprirà così la finestra di dialogo *Inserisci immagine* (Figura 65).

2) Spostatevi nella cartella che contiene l'immagine desiderata e selezionatela. LibreOffice riconosce un ampio numero di formati grafici. Se l'opzione **Anteprima** è selezionata, nel riquadro di anteprima sulla destra verrà mostrata una miniatura del file selezionato.

3) Fate clic su **Apri** per posizionare l'immagine sulla diapositiva corrente (selezionata). L'immagine viene ora mostrata nella diapositiva con le maniglie colorate di ridimensionamento ai lati.

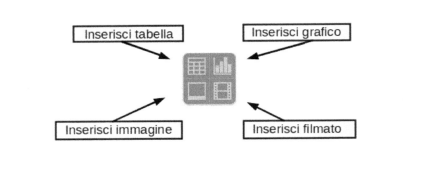

Figura 64: diapositiva con il segnaposto per inserire oggetti

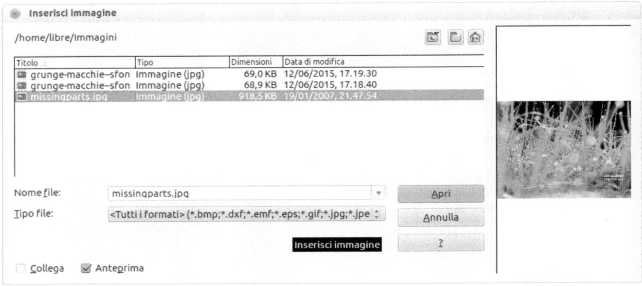

Figura 65: finestra di dialogo Inserisci immagine

Nota	La finestra di dialogo Inserisci immagine ha due opzioni: **Collega** e **Anteprima**. La posizione di queste opzioni è determinata dal sistema operativo, ma normalmente si trovano nella parte in basso a sinistra della finestra.

Selezionate l'opzione **Collega** per inserire l'immagine come collegamento al file invece che incorporare il file stesso. In genere è preferibile incorporare le immagini, in modo che la presentazione possa essere utilizzata su altri computer. In alcune occasioni, comunque, potrebbe essere più indicato creare un collegamento all'immagine invece di incorporarla. Queste includono:

- Quando il file dell'immagine è di grandi dimensioni e creare un collegamento, invece di incorporare, riduce significativamente le dimensioni del file della presentazione.
- Quando lo stesso file dell'immagine è utilizzato in molte presentazioni. Ad esempio, quando viene utilizzata la medesima immagine di sfondo per tutte le presentazioni create.

- Quando il file collegato sarà disponibile al caricamento della presentazione. Ad esempio, se la presentazione è una sequenza di foto delle vacanze.

Inserire un'immagine da uno scanner

Inserire un'immagine da uno scanner è un processo normalmente semplice se una o più delle seguenti condizioni sono valide:

- Il driver dello scanner è stato installato sul computer.
- Lo scanner è supportato dal sistema SANE su computer il cui sistema operativo è Linux o altro sistema operativo simil-UNIX.
- Lo scanner è compatibile TWAIN e il sistema operativo del computer è Windows o Mac OS.
- Lo scanner è configurato e LibreOffice è installato sul computer.

Per inserire un'immagine da uno scanner:

1) Preparate l'immagine per lo scanner ed accertatevi che questo sia acceso.
2) Qualora più di un dispositivo di scansione sia collegato al computer, selezionate la sorgente desiderata dal menu **Inserisci > Immagine > Scanner > Scegli sorgente**.
3) Scegliete il menu **Inserisci > Immagine > Scanner > Avvia**.
4) Il resto della procedura cambia in funzione del driver dello scanner e dell'interfaccia in uso. Normalmente, dopo l'acquisizione di anteprima, vi verrà richiesto di scegliere la risoluzione di scansione, quale area dell'anteprima acquisire, e di impostare altri parametri, come, ad esempio, il colore o la tonalità di grigio. Consultate la documentazione dello scanner per maggiori informazioni.
5) Quando l'immagine è stata acquisita, Impress la inserisce nella diapositiva selezionata. A questo punto può essere modificata come qualunque altra immagine.

Inserire una immagine dalla Galleria

La Galleria contiene una raccolta di immagini che potete usare nelle presentazioni. Potete anche aggiungere le vostre immagini personali alla Galleria, rendendola uno strumento essenziale per creare le presentazioni velocemente e con un aspetto coerente. La Galleria è disponibile in tutti i componenti di LibreOffice. Per una introduzione alla Galleria, vedere la *Guida introduttiva*, Capitolo 11 (Immagini, Galleria e Fontwork).

Scegliete il menu **Strumenti > Galleria** oppure fate clic sull'icona Galleria sulla barra degli strumenti Disegno per aprire la finestra di dialogo Galleria (Figura 66). La Galleria mostra diverse categorie con le immagini memorizzate in ciascuna categoria.

1) Selezionate una categoria dal riquadro di sinistra e poi cercate un'immagine adeguata scorrendo il riquadro di destra.
2) Fate clic sull'immagine e trascinatela nello spazio di lavoro.
3) Rilasciate il pulsante del mouse e l'immagine verrà posizionata nella vostra diapositiva. Qualora necessario, ridimensionate l'immagine come descritto nella sezione "Ridimensionare un'immagine" a pagina 99.

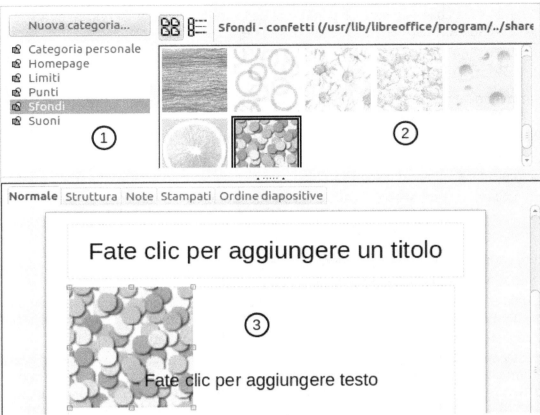

Figura 66: inserire un'immagine dalla Galleria

Posizionare la Galleria

Per espandere la Galleria portate il puntatore del mouse sulla linea che la divide dalla parte superiore dello spazio di lavoro. Quando il puntatore assume la forma di linee parallele con delle frecce, fate clic e trascinate verso il basso. Lo spazio di lavoro si ridimensionerà di conseguenza.

Per impostazione predefinita, la Galleria è ancorata al di sopra dello spazio di lavoro. Per disancorarla, tenete premuto il tasto *Ctrl* e fate doppio clic nella parte superiore della Galleria, a fianco delle icone Vista. Fate doppio clic nella stessa area per ancorarla nuovamente (ripristinandola nella sua posizione sopra lo spazio di lavoro).

Quando la Galleria è ancorata, per nasconderla e visualizzare lo spazio di lavoro per intero, fate clic sul pulsante **Nascondi/Mostra** al centro della sottile barra che separa la Galleria dallo spazio di lavoro (evidenziato nella Figura 67). Il pulsante **Nascondi/Mostra** vi consente di mantenere la Galleria aperta per un accesso veloce mentre create le vostre diapositive, e al contempo di nasconderla rapidamente.

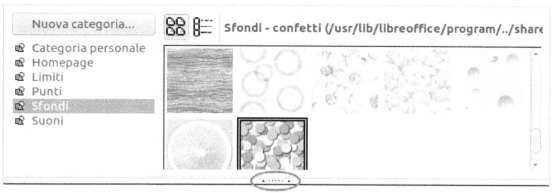

Figura 67: Galleria con il selettore Mostra/Nascondi evidenziato

Gestione delle categorie della Galleria

Le immagini nella Galleria sono raggruppate per categorie, quali, ad esempio, Punti, Limiti ed Effetti 3D. Il riquadro sinistro della finestra della Galleria elenca le categorie disponibili. Fate clic su una categoria per vedere le sue immagini mostrate nel riquadro di destra della finestra della Galleria.

Le categorie predefinite sono in sola lettura; non è possibile aggiungere né eliminare immagini da queste categorie. Le categorie predefinite si riconoscono facilmente: facendo clic con il pulsante destro del mouse su di esse, l'unica opzione disponibile nel menu a comparsa è la voce **Proprietà**.

In una installazione predefinita di LibreOffice, la *Categoria personale* è l'unica personalizzabile e che vi consente di aggiungere o eliminare le vostre immagini. Potete anche creare nuove categorie nelle quali aggiungere o eliminare le vostre immagini, come spiegato a pagina 98.

Aggiunta di immagini alla Categoria personale

Potete aggiungere immagini soltanto alla *Categoria personale* oppure ad altra categoria da voi creata.

1) Fate clic con il pulsante destro del mouse, nell'elenco delle categorie, su *Categoria personale* oppure sul nome della categoria che avete creato e scegliete **Proprietà** dal menu contestuale per aprire la finestra di dialogo Proprietà (Figura 68).
2) Fate clic sulla scheda **File**.
3) Fate clic su **Cerca file** per aprire la finestra di dialogo **Seleziona percorso** (Figura 69).
4) Navigate fino alla cartella che contiene le immagini che volete usare.
5) Fate clic su **OK** per selezionare i file contenuti nella cartella e la finestra di dialogo **Seleziona percorso** si chiuderà. La lista dei file contenuti nella cartella apparirà ora nella finestra di dialogo Proprietà della categoria.
6) Selezionate i file che volete usare in *Categoria personale* e fate clic su **Aggiungi**. I file aggiunti scompariranno dall'elenco e le immagini appariranno nella Galleria.

Figura 68: finestra di dialogo Proprietà della categoria

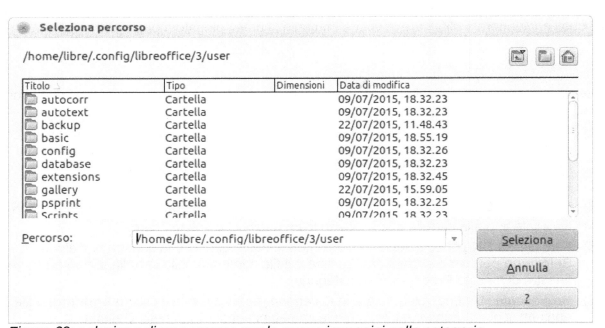

Figura 69: selezione di un percorso per le nuove immagini nelle categorie

7) Se volete aggiungere tutti i file dell'elenco, allora fate clic su **Aggiungi tutti**. Tutti i file scompariranno dall'elenco e le immagini appariranno nella Galleria.

8) Fate clic su **OK** quando avete terminato e la finestra di dialogo Proprietà della categoria si chiuderà.

Eliminare immagini dalla Galleria

Potete eliminare le immagini solamente dalla *Categoria personale* oppure dalle categorie da voi create.

1) Fate clic con il pulsante destro del mouse sull'immagine nella finestra della Galleria.
2) Scegliete **Elimina** dal menu contestuale.
3) Apparirà un messaggio con la richiesta di conferma dell'eliminazione dell'oggetto. Fate clic su **Sì**.

Nota	L'immagine è solo un collegamento al file e viene cancellata unicamente dalla Galleria. Il file originale dell'immagine non viene eliminato.

Tutte le immagini nella Galleria sono dei collegamenti a file. Occasionalmente conviene aggiornare le categorie della Galleria per assicurarsi che tutti i file siano ancora presenti. Per farlo, fate clic con il pulsante destro del mouse su una categoria alla quale avete aggiunto almeno un file e poi selezionate la voce **Aggiorna** dal menu contestuale.

Aggiungere una nuova categoria alla Galleria

Potete aggiungere una nuova categoria all'elenco di categorie nella Galleria nel modo seguente:

1) Fate clic sul pulsante **Nuova categoria** sopra l'elenco delle categorie per aprire la finestra di dialogo Proprietà.
2) Fate clic sulla scheda **Generale** e digitate un nome per la nuova categoria nel riquadro di testo (Figura 70).
3) Fate clic sulla scheda **File** e seguite i passi da 3 a 8 nella sezione "Aggiunta di immagini alla Categoria personale" a pagina 96.
4) La nuova categoria verrà ora mostrata nella lista delle categorie nella Galleria.

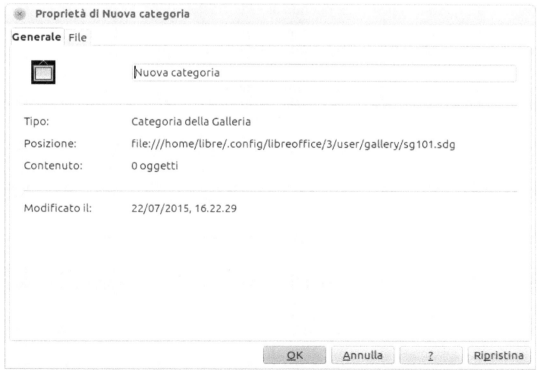

Figura 70: aggiungere una nuova categoria alla Galleria

Nota	Se volete, *potete* rinominare questa nuova categoria manualmente facendo clic con il pulsante destro del mouse sul suo nome e selezionando **Rinomina**.

Formattazione delle immagini

Questa sezione tratta la formattazione delle immagini inserite con uno dei metodi spiegati in "Inserimento di immagini" a pagina 92.

Spostare un'immagine

1) Fate clic su un'immagine per selezionarla, in modo da visualizzare le maniglie di selezione colorate.
2) Se necessario, spostate il cursore del mouse sopra l'immagine fino a quando non cambia forma. La forma del cursore dipende dal sistema operativo del computer, ad esempio una freccia a quattro punte oppure una mano.
3) Fate clic e trascinate l'immagine nella posizione desiderata.
4) Rilasciate il pulsante del mouse.

Per un posizionamento più accurato delle immagini, usate la finestra di dialogo Posizione e dimensione descritta nel *Capitolo 6 (Formattazione degli oggetti grafici)*.

Ridimensionare un'immagine

1) Fate clic sull'immagine per far comparire le maniglie di selezione colorate.
2) Posizionate il cursore su una delle maniglie. Il cursore cambia forma rappresentando graficamente la direzione del ridimensionamento.
3) Fate clic e trascinate per ridimensionare l'immagine.
4) Rilasciate il pulsante del mouse quando siete soddisfatti delle nuove dimensioni.

Per un ridimensionamento più accurato delle immagini, usate la finestra di dialogo Posizione e dimensione descritta nel *Capitolo 6 (Formattazione degli oggetti grafici)*.

Nota	Le maniglie agli angoli permettono di ridimensionare simultaneamente sia la larghezza che l'altezza dell'immagine, mentre le altre quattro maniglie permettono di modificare solo una dimensione alla volta.

Suggerimento	Per mantenere le proporzioni originali dell'immagine, fate *Maiusc+clic* su una delle maniglie d'angolo, quindi trascinate. Assicuratevi di rilasciare il pulsante del mouse **prima** di rilasciare il tasto *Maiusc*.

Attenzione	Fate attenzione nel ridimensionare un'immagine bitmap (raster): modificando le dimensioni la risoluzione peggiora, e l'immagine diviene più sfocata. È preferibile utilizzare un programma di grafica per ridimensionare correttamente l'immagine prima di inserirla nella vostra presentazione. Vi raccomandiamo l'uso di uno strumento quale Gimp (http://www.gimp.org/).

Ruotare un'immagine

Come per il posizionamento sulla pagina, la rotazione di un'immagine può essere eseguita manualmente oppure utilizzando un'apposita finestra di dialogo. La finestra di dialogo Rotazione è descritta nel *Capitolo 6 (Formattazione degli oggetti grafici)*.

Per ruotare manualmente un'immagine:

1) Selezionate l'immagine per visualizzare le maniglie di selezione colorate.

2) Fate clic sull'icona **Ruota** sulla barra degli strumenti Disegno e le maniglie di selezione cambieranno colore (Figura 71). Il cambio di colore varia a seconda del sistema operativo e delle impostazioni del computer.

Nota	Le icone che rappresentano le funzioni nelle barre degli strumenti dipendono dal sistema operativo utilizzato, dalle impostazioni del computer e dalla eventuale personalizzazione di LibreOffice. Se avete dubbi, passate il mouse sull'icona e aspettate che appaia il suggerimento che mostra il nome dell'icona.

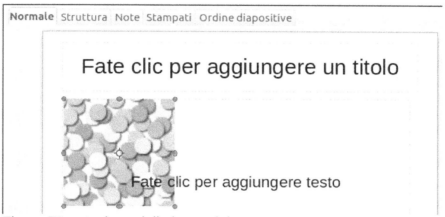

Figura 71: rotazione delle immagini

3) Un cerchio o un cerchio con un mirino (a seconda del sistema del computer) appare al centro dell'immagine, indicando il punto di rotazione. Il centro dell'immagine è il normale punto di rotazione, ma esso può essere spostato per cambiare il centro di rotazione, che potrebbe trovarsi in un angolo o anche in un punto esterno all'immagine. A questo scopo, fate clic sul punto di rotazione e trascinatelo nella posizione desiderata prima di procedere con la rotazione vera e propria.

4) Le maniglie di selezione in ogni angolo sono anche maniglie di rotazione e il puntatore del mouse cambierà forma quando posizionato sopra una di esse. Fate clic con il mouse e spostate nella direzione di rotazione desiderata.

5) Una volta ottenuto il risultato desiderato, rilasciate il pulsante del mouse.

Suggerimento	Per restringere gli angoli di rotazione a multipli di 15 gradi, tenete premuto il tasto *Maiusc* mentre ruotate l'immagine. Ciò torna molto comodo per ruotare immagini ad angolo retto, ad esempio da orientamento verticale a orizzontale o viceversa.

Formattare usando la barra degli strumenti Immagine

Quando un'immagine è selezionata, apparirà la barra degli strumenti Immagine. In questa sezione vengono descritte le opzioni di formattazione disponibili in questa barra. Qualora la barra degli strumenti Immagine non comparisse quando selezionate un'immagine, potete visualizzarla tramite **Visualizza > Barre degli strumenti > Immagine** dalla barra dei menu (Figura 72).

Figura 72: barra degli strumenti Immagine

Applicare filtri

Utilizzate l'icona filtro ![icona] sulla barra degli strumenti Immagine per applicare diversi filtri all'immagine selezionata. Il modo migliore per capire se un filtro è adatto alla vostra immagine è di provarlo. Per applicare un filtro:

1) Selezionate l'immagine per far comparire le maniglie di selezione colorate.

2) Fate clic sull'icona filtro ![icona] per vedere i differenti filtri disponibili. La Tabella 2 descrive brevemente ognuno dei filtri grafici disponibili e il loro effetto. Fate riferimento alla *Guida a Draw* per maggiori informazioni ed esempi degli effetti.

3) Selezionate il filtro che volete applicare. Per visualizzare il nome del filtro, passate il puntatore sopra l'icona e attendete la comparsa del suggerimento.

4) Se non siete soddisfatti dell'effetto ottenuto o volete provare un filtro differente, prima di qualunque altra cosa fate clic sull'icona Annulla nella barra degli strumenti principale, oppure selezionate la voce **Modifica > Annulla: Bitmap con Filtro grafico** dalla barra dei menu, oppure ancora premete i tasti *Ctrl+Z*.

Tabella 2: filtri grafici e loro effetti

Icona	Nome	Effetto
	Inverti	Inverte i valori di colore di un'immagine a colori, oppure i valori di luminosità se l'immagine è in toni di grigio.
	Smorza	Diminuisce il contrasto di un'immagine.
	Aumenta nitidezza	Incrementa il contrasto di un'immagine.
	Elimina rumore	Rimuove i pixel isolati presenti in un'immagine.
	Solarizzazione	Riproduce l'effetto di una sovraesposizione alla luce di una fotografia. Una ulteriore finestra di dialogo si apre per consentire di impostare i parametri.
	Invecchiamento	Simula l'effetto del tempo su una fotografia. Può essere anche applicato ripetutamente. Una finestra di dialogo dedicata si apre per consentire di impostare il livello di invecchiamento.
	Poster	Riduce il numero di colori utilizzati nell'immagine per farla sembrare un dipinto.
	Pop Art	Modifica drasticamente l'immagine.
	Carboncino	Visualizza l'immagine come se fosse uno schizzo a carboncino.

Icona	Nome	Effetto
▣	Rilievo	Viene visualizzata una finestra di dialogo dove è possibile impostare la sorgente luminosa che creerà le ombre e, di conseguenza, il tipo di effetto rilievo che verrà creato.
▦	Mosaico	Unisce gruppi di pixel contigui in singole aree monocromatiche.

Cambiare il modo grafico

Usate il menu a comparsa Modo grafico Predefiniti ⇡ nella barra degli strumenti Immagine (Figura 72) per cambiare la modalità dell'immagine. Scegliete tra le seguenti opzioni:

- **Predefinita**: nessuna modifica all'immagine.
- **Toni di grigio**: l'immagine viene convertita in scale di grigio.
- **Bianco/Nero**: ogni pixel dell'immagine viene trasformato in bianco o nero, in funzione della sua luminosità.
- **Filigrana**: regola la luminosità dell'immagine per renderla adatta all'uso come filigrana. Per maggiori informazioni sull'inserimento di filigrane nelle presentazioni, fate riferimento al *Capitolo 2 (Utilizzo di master di diapositiva, stili e modelli)*.

Regolazione del colore

Facendo clic sull'icona Colore 🖼 nella barra degli strumenti Immagine (Figura 72) si aprirà la finestra di dialogo Colore (Figura 73).

Figura 73: finestra di dialogo Colore

Usate questa finestra di dialogo per modificare i valori di ogni componente colore (rosso, verde e blu), così come luminosità, contrasto e gamma dell'immagine. Se il risultato non è di vostro gradimento, premete i tasti *Ctrl+Z* per ripristinare i valori predefiniti.

Aumentare il valore gamma di un'immagine la rende più adatta ad essere utilizzata come sfondo o filigrana, poiché interferirà meno con un testo scuro.

Impostare la trasparenza di un oggetto

Modificate il valore percentuale nel riquadro Trasparenza ⬚ 0 % ⬚ sulla barra degli strumenti Immagine (Figura 72) per rendere l'immagine più o meno trasparente. Notate le differenze rispetto alle impostazioni di trasparenza per una linea o una forma [descritte nel *Capitolo 5 (Gestione degli oggetti grafici)*]. Come per il valore gamma, aumentare la trasparenza di un'immagine la fonde più agevolmente nello sfondo, rendendo maggiormente leggibile il testo sovrapposto.

Cambiare le impostazioni linea, area e ombra

Queste impostazioni non sono comunemente usate per le immagini, con l'eccezione dell'ombra, la quale applica appunto un'ombra all'immagine.

Tagliare le immagini

Impress offre due metodi per ritagliare un'immagine: in modo interattivo o attraverso una finestra di dialogo. Il modo interattivo è più semplice da usare, ma la finestra di dialogo consente un controllo più preciso. Potete utilizzare entrambi i metodi: prima ritagliare in modo interattivo, poi utilizzare la finestra di dialogo per affinare il risultato.

Per ritagliare un'immagine selezionata in modo interattivo, fate clic sull'icona Taglia immagine sulla barra degli strumenti Immagine (Figura 72). Un gruppo di contrassegni di ritaglio apparirà intorno all'immagine (Figura 74).

Figura 74: contrassegni di ritaglio interattivo

Quando posizionate il cursore su uno qualunque dei contrassegni di ritaglio il cursore cambia forma. Trascinate il contrassegno per ritagliare l'immagine. Fate clic al di fuori dell'immagine per disattivare la modalità di ritaglio.

Premete il tasto *Maiusc* mentre operate sui contrassegni di ritaglio per ottenere i seguenti effetti:

- Per un contrassegno d'angolo, i due lati dell'immagine che formano l'angolo vengono ritagliati proporzionalmente, mantenendo l'ancoraggio dell'immagine all'angolo opposto.

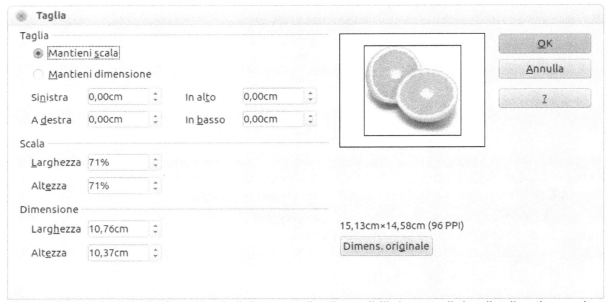

Figura 75: opzioni della finestra di dialogo Taglia disponibili durante il ritaglio di un'immagine

- Per un contrassegno laterale, entrambe le dimensioni vengono ritagliate proporzionalmente, mantenendo l'ancoraggio dell'immagine al lato opposto.

Il metodo di ritaglio interattivo opera in modalità Mantieni scala (visibile sotto).

Per ritagliare usando la finestra di dialogo, fate clic con il pulsante destro del mouse su un'immagine selezionata e scegliete la voce **Ritaglia immagine** oppure scegliete **Formato > Taglia immagine** dalla barra dei menu. La finestra di dialogo Taglia (Figura 75) presenta le seguenti opzioni:

- **Mantieni scala/Mantieni dimensione**: quando *Mantieni scala* è selezionato (predefinito), il ritaglio dell'immagine non ne altera la scala. Quando *Mantieni dimensione* è selezionato, il ritaglio produce un allargamento dell'immagine (per valori di ritaglio positivi), un rimpicciolimento (per valori negativi di ritaglio), o ancora una distorsione dell'immagine, in modo che la sua dimensione rimanga costante.

- **Sinistra**, **A destra**, **In alto** e **In basso**: la funzione di queste caselle varia a seconda della scelta fatta tra *Mantieni scala* e *Mantieni dimensione*. In entrambi i casi, quando viene inserito un valore in una di queste caselle, l'immagine viene ritagliata in misura corrispondente. Ad esempio, un valore di 3 cm nella casella Sinistra ritaglierà 3 cm dal lato sinistro dell'immagine.

  Quando *Mantieni scala* è selezionato, anche le dimensioni dell'immagine vengono modificate; quindi, in questo esempio, la larghezza verrebbe ridotta di 3 cm. Se è invece selezionato *Mantieni dimensione*, la parte rimanente dell'immagine viene allargata (ritaglio con valori positivi) o ristretta (ritaglio con valori negativi), in modo che larghezza e altezza dell'immagine rimangono immutate.
  Notate che i campi *Larghezza* e *Altezza* cambiano quando inserite i valori in questa modalità. Usate l'anteprima accanto a questi campi per determinare i valori corretti di ritaglio.

- **Scala Larghezza** e **Altezza**: specificano i valori in percentuale di scala dell'immagine. Le dimensioni dell'immagine cambiano di conseguenza.

- **Dimensione**: specifica le dimensioni dell'immagine nella vostra unità di misura preferita. L'immagine si allarga o restringe di conseguenza.

- **Dimens. originale**: quando fate clic, ripristina le dimensioni originali dell'immagine.

Eliminare un'immagine

1) Fate clic su un'immagine per selezionarla e fare comparire le maniglie di selezione colorate.
2) Premete il tasto **Canc**.

Creazione di una mappa immagine

Una mappa immagine definisce delle aree dell'immagine (chiamate *hotspot - aree attive*) associate ad un URL (un indirizzo web o un file sul computer). Gli hotspot sono l'equivalente grafico dei collegamenti ipertestuali nel testo. Facendo clic su un hotspot Impress aprirà la pagina collegata nel programma appropriato (ad esempio, il browser predefinito per una pagina .HTML; LibreOffice Writer per un file .ODT; un visualizzatore PDF per un file .PDF).

Potete creare aree attive di varie forme, come rettangoli, ellissi e poligoni. Potete anche creare molteplici aree attive nella stessa immagine. Quando fate clic su un'area attiva, l'URL si aprirà in una finestra o cornice del browser che avete specificato. Potete anche specificare il testo da mostrare quando il puntatore del mouse passa sopra l'hotspot.

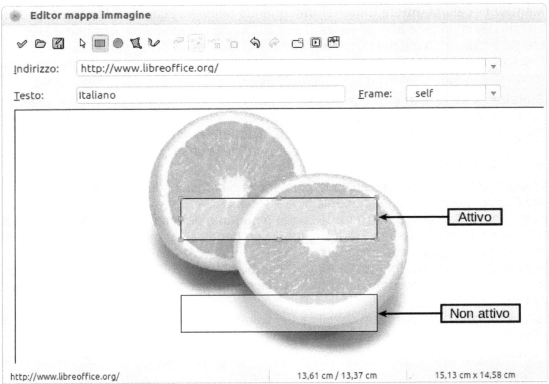

Figura 76: finestra di dialogo Editor mappa immagine per la creazione di aree attive (hotspot)

Per utilizzare lo strumento Mappa immagine per creare o modificare un'area attiva seguite questi passaggi:

1) Selezionate l'immagine in una diapositiva dove dovranno essere definite le aree attive.

2) Accedete alla voce **Modifica > ImageMap** sulla barra dei menu principale per aprire la finestra di dialogo Editor mappa immagine (Figura 76). L'area principale della finestra di dialogo mostra l'immagine sulla quale vengono definite le aree attive.

3) Le aree attive sono indicate con un bordo colorato, mentre le aree inattive sono indicate da un bordo nero o grigio.

4) Usate gli strumenti e i campi presenti nella parte superiore della finestra di dialogo per definire gli hotspot e i relativi collegamenti.

5) Fate clic sull'icona **Applica** per applicare le impostazioni.

6) Una volta terminato, fate clic sull'icona **Salva** per salvare la mappa immagine in un file, quindi fate clic sulla **X** nell'angolo in alto a destra per chiudere la finestra di dialogo.

La parte superiore della finestra di dialogo contiene i seguenti strumenti, da sinistra a destra:

- Icona **Applica**: fate clic su questa icona per applicare le modifiche effettuate.

- Icone **Apri**, **Salva**, e **Seleziona**.

- Strumenti **Rettangolo**, **Ellisse**, **Poligono** e **Poligono a mano libera** per tracciare la forma di un'area attiva. Questi strumenti lavorano esattamente nello stesso modo dei corrispondenti strumenti nella barra degli strumenti Disegno [descritta nel *Capitolo 5 (Gestione degli oggetti grafici)*].

- **Modifica**, **Sposta**, **Inserisci** ed **Elimina Punti** sono strumenti avanzati di editing per manipolare un'area attiva con forma poligonale. Scegliete lo strumento **Modifica punti** per attivare gli altri strumenti.

- Icona **Attivo**: commuta lo stato dell'hotspot selezionato fra attivo e inattivo.

- Icone **Annulla** e **Ripristina**.

- **Macro**: associa una macro all'area attiva, invece di un collegamento ipertestuale.

- **Proprietà**: permette di impostare le proprietà del collegamento ipertestuale e di aggiungere l'attributo Nome al collegamento.

Sotto la barra degli strumenti vi sono i campi nei quali potete specificare le proprietà dell'area attiva:

- **Indirizzo:** l'indirizzo (URL) a cui punta il collegamento ipertestuale. Potete anche puntare ad un ancoraggio in un documento (ad esempio una specifica diapositiva); per fare ciò scrivete l'indirizzo in questo formato:
  `file:///<percorso>/nome_documento#nome_ancora`

- **Testo**: digitate il testo che desiderate venga mostrato quando il puntatore del mouse passa sopra l'hotspot.

- **Frame:** la destinazione desiderata del collegamento ipertestuale: scegliete tra _blank (apertura in una nuova finestra del browser), _self (selezione predefinita - apertura nella finestra attiva del browser), _top oppure _parent.

Suggerimento	Il valore _self per il frame di destinazione dovrebbe essere adatto nella maggior parte dei casi. Gli altri valori sono sconsigliati, a meno che il loro utilizzo non sia strettamente necessario.

Capitolo 5
Gestione degli oggetti grafici

Introduzione

Questo capitolo descrive il metodo per gestire gli oggetti grafici, nello specifico come ruotare, distorcere e disporre gli oggetti grafici nella diapositiva. Sebbene il capitolo si focalizzi sulle forme che possono essere create con gli strumenti disponibili in Impress, alcune delle tecniche descritte sono applicabili anche alle immagini importate nelle diapositive.

La barra degli strumenti Disegno

Strumenti di disegno predefiniti

La barra degli strumenti Disegno (Figura 77) contiene la maggior parte degli strumenti normalmente utilizzati per la creazione di oggetti grafici. Se questa barra non è visibile, selezionate la voce **Visualizza > Barre degli strumenti > Disegno** dalla barra dei menu principale. La Tabella 3 descrive l'insieme degli strumenti predefiniti disponibili nella barra degli strumenti Disegno.

Figura 77: barra degli strumenti Disegno

Nota	La vostra barra degli strumenti Disegno potrebbe differire da quella mostrata nella Figura 77, a seconda di quanti strumenti da disegno vi avete inserito. Fate clic sul triangolo nero alla destra della barra, poi selezionate **Pulsanti visibili** per visualizzare gli strumenti disponibili. Da questa finestra di dialogo potete installare e rimuovere gli strumenti dalla barra. Gli strumenti installati sono evidenziati da un bordo che delimita le icone.

Tabella 3: insieme degli strumenti di disegno predefiniti contenuti nella barra degli strumenti Disegno

Strumento	Nome	Scopo
	Seleziona	Seleziona gli oggetti. Per selezionare un gruppo di oggetti, fate clic al di sopra dell'oggetto che si trova più in alto a sinistra e trascinate il mouse al di sotto dell'oggetto più in basso a destra del gruppo che intendete selezionare, tenendo nel contempo premuto il pulsante sinistro del mouse. Viene visualizzato un rettangolo tratteggiato animato che identifica l'area selezionata. Potete anche selezionare più oggetti tenendo premuto il tasto *Maiusc* durante la selezione dei singoli oggetti.
	Linea	Disegna una linea retta dal punto in cui fate clic con il mouse al punto in cui trascinate il puntatore e rilasciate il pulsante del mouse. Premete il tasto *Maiusc* per limitare l'angolo della linea a multipli di 45°. Premete il tasto *Alt* per tracciare una linea dal suo centro. Premete il tasto *Ctrl* per staccare il punto terminale della linea dalla griglia (vedere "Cattura degli oggetti alla griglia o alle linee di cattura" a pagina 125).
	Linea con freccia terminale	Disegna una linea retta con terminale a freccia. La punta della freccia è posta alla fine della linea, nel punto in cui rilasciate il pulsante del mouse. I tasti *Maiusc*, *Alt* e *Ctrl* producono gli stessi effetti dello strumento *Linea*.

Strumento	Nome	Scopo
▭	Rettangolo	Disegna un rettangolo quando trascinate il mouse dall'angolo in alto a sinistra all'angolo in basso a destra. Premete il tasto *Maiusc* per disegnare un quadrato. Premete il tasto *Alt* per disegnare un rettangolo o un quadrato partendo dal suo centro.
⬭	Ellisse	Disegna un'ellisse. Premete il tasto *Maiusc* per disegnare un cerchio. Premete il tasto *Alt* per disegnare un'ellisse o un cerchio partendo dal suo centro.
T	Testo	Crea una casella di testo con il testo allineato in orizzontale.
⊢	Testo verticale	Crea una casella di testo con il testo allineato in verticale. Questo strumento è disponibile solo quando il Supporto per le lingue asiatiche è stato abilitato in **Strumenti > Opzioni > Impostazioni della lingua > Lingue**.
✎	Curva	Disegna una forma in base all'opzione selezionata. L'icona mostrata corrisponderà all'opzione selezionata. Fate clic sul triangolo nero per visualizzare le opzioni disponibili; tenete presente che quando viene sganciato dalla barra degli strumenti Disegno, il titolo di questo sottomenu è *Linee*.
⌇	Connettore	Disegna una linea di connessione tra due figure. L'icona mostrata corrisponderà all'opzione selezionata. Fate clic sul triangolo nero per visualizzare le opzioni disponibili. Ciascuna opzione è descritta nella sezione "Lavorare con i connettori" a pagina 127.
→	Linee e frecce	Disegna una linea con freccia terminale. L'icona mostrata corrisponderà all'opzione selezionata. Fate clic sul triangolo nero per visualizzare le opzioni disponibili. Tenete presente che, quando viene sganciato dalla barra degli strumenti Disegno, il titolo di questo sottomenu è *Frecce*.

Strumento	Nome	Scopo
◈	Forme base	Fate clic sul triangolo nero per aprire una barra degli strumenti che mostra le opzioni disponibili. L'icona mostrata corrisponderà all'opzione selezionata. Selezionate la forma base desiderata, poi disegnatela posizionando il cursore sulla diapositiva e trascinando il mouse per definire un rettangolo chiuso. Mantenete premuto il tasto *Maiusc* per ottenere una forma base con altezza e larghezza uguali. Premete il tasto *Alt* per disegnare una forma base partendo dal suo centro.
☺	Forme simboli	Fate clic sul triangolo nero per aprire una barra degli strumenti che mostra le opzioni disponibili. L'icona mostrata corrisponderà all'opzione selezionata. Selezionate la forma simbolo desiderata, poi disegnatela posizionando il cursore sulla diapositiva e trascinando il mouse per definire un rettangolo chiuso. Mantenete premuto il tasto *Maiusc* per ottenere una forma simbolo con altezza e larghezza uguali. Premete il tasto *Alt* per disegnare una forma simbolo partendo dal suo centro.
⟷	Frecce blocchi	Fate clic sul triangolo nero per aprire una barra degli strumenti che mostra le opzioni disponibili. L'icona mostrata corrisponderà all'opzione selezionata. Selezionate la freccia blocco desiderata, poi disegnatela posizionando il cursore sulla diapositiva e trascinando il mouse per definire un rettangolo chiuso. Mantenete premuto il tasto *Maiusc* per ottenere una freccia blocco con altezza e larghezza uguali. Premete il tasto *Alt* per disegnare una freccia blocco partendo dal suo centro.

Strumento	Nome	Scopo
	Diagrammi di flusso	Fate clic sul triangolo nero per aprire una barra degli strumenti che mostra le opzioni disponibili. L'icona mostrata corrisponderà all'opzione selezionata. Selezionate la forma diagramma di flusso desiderata, poi disegnatela posizionando il cursore sulla diapositiva e trascinando il mouse per definire un rettangolo chiuso. Mantenete premuto il tasto *Maiusc* per ottenere un diagramma di flusso con altezza e larghezza uguali. Premete il tasto *Alt* per disegnare una forma diagramma di flusso partendo dal suo centro.
	Legende	Fate clic sul triangolo nero per aprire una barra degli strumenti che mostra le opzioni disponibili. L'icona mostrata corrisponderà all'opzione selezionata. Selezionate la legenda desiderata, poi disegnatela posizionando il cursore sulla diapositiva e trascinando il mouse per definire un rettangolo chiuso. Mantenete premuto il tasto *Maiusc* per ottenere una legenda con altezza e larghezza uguali. Premete il tasto *Alt* per disegnare una legenda partendo dal suo centro.
	Stelle	Fate clic sul triangolo nero per aprire una barra degli strumenti che mostra le opzioni disponibili. L'icona mostrata corrisponderà all'opzione selezionata. Selezionate la stella desiderata, poi disegnatela posizionando il cursore sulla diapositiva e trascinando il mouse per definire un rettangolo chiuso. Mantenete premuto il tasto *Maiusc* per ottenere una stella con altezza e larghezza uguali. Premete il tasto *Alt* per disegnare una stella partendo dal suo centro. Tenete presente che, quando viene sganciato dalla barra degli strumenti Disegno, il titolo di questo sottomenu è *Stelle e decorazioni*.
	Punti	Modifica i singoli punti che fanno parte della forma o della linea. Selezionate questo strumento e poi selezionate una forma o una linea. Per selezionare questo strumento potete anche premere il tasto *F8*.
	Punti di incollaggio	Modifica i punti di incollaggio di un oggetto grafico. I punti di incollaggio sono le posizioni in cui le linee di connessione terminano o iniziano. Per istruzioni vedere "Gestire i punti di incollaggio" a pagina 128.

Strumento	Nome	Scopo
🅰	Galleria Fontwork	Apre la Galleria Fontwork. Vedere "Uso di Fontwork" a pagina 133 per ulteriori informazioni.
🖼	Da file	È equivalente al comando **Inserisci > Immagine > Da file** presente nel menu principale. Per dettagli consultate il Capitolo 4.
🖼	Galleria	Apre la Galleria. È equivalente al comando **Strumenti > Galleria** presente nel menu principale. Per dettagli consultate il *Capitolo 4 (Aggiunta e formattazione di immagini)*.
↻	Ruota	Selezionate questo strumento per ruotare un oggetto. Poiché è considerata un attributo di formattazione, la rotazione viene discussa nel *Capitolo 6 (Formattazione degli oggetti grafici)* di questa guida.
▣	Allineamento	Vedere "Allineamento delle forme" a pagina 124. Fate clic sul triangolo nero per aprire una barra degli strumenti che mostra le opzioni disponibili. L'icona mostrata corrisponderà all'opzione selezionata.
▱	Disponi	Vedere "Disporre gli oggetti" a pagina 126. Fate clic sul triangolo nero per aprire una barra degli strumenti che mostra le opzioni disponibili. L'icona mostrata corrisponderà all'opzione selezionata. Tenete presente che, quando viene sganciato dalla barra degli strumenti Disegno, il titolo di questo sottomenu è *Posizione*.
▱	Estrusione sì/no	Attiva e disattiva gli effetti 3D per l'oggetto selezionato. Facendo clic su questo pulsante si apre anche la barra degli strumenti Impostazioni 3D. Per dettagli consultate la sezione "Lavorare con le forme 3D" a pagina 129.
🔳	Interazione	Apre una finestra di dialogo in cui potete specificare l'interazione tra l'utente e l'oggetto. Vedere "Impostazione di un'interazione con un oggetto" a pagina 132.

Strumenti di disegno aggiuntivi

In aggiunta all'insieme predefinito di strumenti di disegno presente nella barra degli strumenti Disegno (Figura 77), potete installare ulteriori strumenti. Questi strumenti aggiuntivi sono descritti nella Tabella 4.

Per installare o rimuovere gli strumenti aggiuntivi dalla barra degli strumenti Disegno procedete come segue:

7) Fate clic sul triangolo nero alla destra della barra degli strumenti Disegno.

8) Selezionate **Pulsanti visibili** per visualizzare un elenco degli strumenti disponibili.

9) Per installare uno strumento, fateci clic sopra e lo strumento apparirà nella barra degli strumenti Disegno. L'elenco degli strumenti disponibili si chiuderà automaticamente.

10) Per rimuovere uno strumento, fateci clic sopra e lo strumento verrà rimosso dalla barra degli strumenti Disegno. Gli strumenti installati presentano un bordo attorno alla propria icona. L'elenco degli strumenti disponibili si chiuderà automaticamente.

Tabella 4: strumenti di disegno aggiuntivi

Strumento	Nome	Scopo
	Oggetti 3D	Fate clic sul triangolo nero per aprire una barra degli strumenti che mostra le opzioni disponibili. L'icona mostrata corrisponderà all'opzione selezionata. Selezionate la forma 3D desiderata, poi disegnatela posizionando il cursore sulla diapositiva e trascinando il mouse per definire un rettangolo chiuso. Mantenete premuto il tasto *Maiusc* per ottenere una forma 3D con altezza e larghezza uguali. Premete il tasto *Alt* per disegnare una forma 3D partendo dal suo centro.
	In curva	Converte l'oggetto selezionato in una curva di Bézier.
	In poligono	Converte l'oggetto selezionato in un poligono (un oggetto chiuso contornato da linee dritte). L'aspetto dell'oggetto non cambia. Se volete, potete fare clic con il pulsante destro del mouse e scegliere *Modifica punti* per visualizzare le modifiche.
	In 3D	Converte l'oggetto 2D selezionato in un oggetto 3D.
	In solido di rotazione 3D	Converte l'oggetto 2D selezionato in un solido di rotazione 3D.
	Posizione e dimensione	Apre la finestra di dialogo **Posizione e dimensione**. Per aprire questa finestra di dialogo potete anche usare il tasto *F4*.
	Ribalta	Ribalta, orizzontalmente o verticalmente, l'oggetto selezionato.
	Inserisci	Vi permette di inserire nella presentazione una diapositiva, una tabella, un'immagine, filmati e suoni, una formula o un grafico. Fate clic sul triangolo nero per aprire la barra degli strumenti **Inserisci**, che visualizza le opzioni disponibili. L'icona mostrata corrisponderà all'opzione selezionata.
	Campi di controllo	Vi permette di inserire nella presentazione vari tipi di controlli per formulario. Fate clic sul triangolo nero per aprire la barra degli strumenti **Controlli per formulario**, che visualizza le opzioni disponibili.
	Animazione personalizzata	Aggiunge un nuovo effetto di animazione a un oggetto selezionato nella diapositiva, o modifica l'animazione di un elemento selezionato. Apre la sezione **Animazione personalizzata** nel pannello delle **Attività**.
	Immagine animata	Aggiunge una animazione a un oggetto selezionato in una diapositiva. Apre la finestra di dialogo **Animazione**.

Strumento	Nome	Scopo
⬚	Effetti 3D	Specifica le proprietà di un oggetto 3D o converte un oggetto 2D in uno in 3D. Apre la finestra di dialogo **Effetti 3D**.

Creazione di linee e forme

Per creare forme e linee regolari:
1) Selezionate la linea desiderata o lo strumento forma dalla barra degli strumenti Disegno.
2) Posizionate il cursore sulla diapositiva, poi fate clic e trascinate per creare l'oggetto.

Il disegno di un poligono a mano libera avviene quando create una forma segmento per segmento, utilizzando uno degli strumenti Curva nella barra degli strumenti Disegno (vedere Tabella 3 e Figura 78).

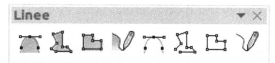

Figura 78: opzioni dello strumento Curva

1) Fate clic sul triangolo nero di fianco all'icona Curva e selezionate uno strumento.
2) Fate clic una volta sulla diapositiva e spostate il cursore per disegnare il primo segmento.
3) Fate di nuovo clic e disegnate il segmento successivo del vostro poligono a mano libera.
4) Per terminare la creazione del poligono, fate doppio clic quando avete tracciato l'ultimo segmento. Se avevate selezionato un poligono chiuso, Impress disegna la linea di connessione tra l'ultimo punto e il punto di partenza e riempie l'area interna con il colore predefinito.
5) Tenete premuto il tasto *Maiusc* per limitare l'angolo tra i segmenti a multipli di 45 gradi.

Quando si disegnano certe forme regolari, uno o più punti colorati vengono visualizzati in un colore diverso nelle maniglie di ridimensionamento colorate. Questi punti eseguono una funzione differente in base alla forma a cui vengono applicati, e sono i seguenti:

Forme base

- Rettangoli e quadrati arrotondati: usate il punto per modificare il raggio della curva che sostituisce gli angoli di un rettangolo o di un quadrato.
- Settore di cerchio: usate i punti gialli per modificare la dimensione del settore pieno.
- Triangolo isoscele: usate il punto per modificare il tipo di triangolo.
- Trapezio, parallelogramma, esagono o ottagono: usate il punto per modificare l'angolo tra i lati.
- Croce: usate il punto per modificare lo spessore dei quattro bracci.
- Anello: usate il punto per modificare il diametro interno dell'anello.
- Arco a tutto sesto: usate il punto per modificare sia il diametro interno, sia la dimensione dell'area di riempimento.
- Cilindro e cubo: usate il punto per modificare la prospettiva.
- Angolo ripiegato: usate il punto per modificare la dimensione dell'angolo ripiegato.
- Cornice: usate il punto per modificare lo spessore della cornice.

Forme simboli

- Faccina: usate il punto per modificare il sorriso della faccina.

- Sole, luna, cuore: usate il punto per modificare la forma del simbolo.
- Simbolo "Proibito": usate il punto per modificare lo spessore dell'anello e della barra diagonale.
- Doppia parentesi quadra, parentesi quadra aperta e chiusa, doppia parentesi graffa: usate il punto per modificare la curvatura della parentesi.
- Parentesi graffa aperta e chiusa: usate i punti per modificare la curvatura della parentesi e la posizione del punto.
- Quadrato smussato, ottagono smussato, losanga smussata: usate il punto per modificare lo spessore della smussatura.

Frecce blocchi

- Frecce: usate il punto per modificare la forma e lo spessore delle frecce.
- Pentagono, parentesi angolare chiusa: usate il punto per modificare l'angolo tra i lati.
- Legende a frecce: usate i punti per modificare la forma e lo spessore delle legende.
- Freccia ad arco: usate i punti per modificare lo spessore e l'area della freccia.

Legende

- Legende: usate i punti per modificare lunghezza, posizione e angolo del puntatore.

Stelle

- Stella a 4 punte, a 8 punte, a 24 punte: usate il punto per modificare lo spessore e la forma delle punte.
- Pergamena verticale, pergamena orizzontale: usate il punto per modificare la larghezza e la forma della pergamena.
- Targa: usate il punto per modificare la curvatura interna degli angoli.

Raggruppamento di oggetti

È spesso utile raggruppare insieme oggetti, in modo che Impress li consideri come un singolo oggetto. Un gruppo di oggetti può essere formattato, spostato, ruotato, eliminato, etc, come se fosse un oggetto singolo.

Per raggruppare insieme gli oggetti:

1) Selezionate gli oggetti da raggruppare. Per farlo usate lo strumento di selezione nella barra degli strumenti Disegno e tracciate un rettangolo attorno agli oggetti da raggruppare, oppure fate clic su ciascun oggetto da aggiungere al gruppo mentre tenete premuto il tasto *Maiusc*.

2) Quando appaiono le maniglie di selezione colorate, selezionate il menu **Formato > Raggruppa > Raggruppa**, oppure premete *Ctrl+Maiusc+G* sulla tastiera, oppure ancora fate clic con il pulsante destro del mouse all'interno del gruppo e selezionate la voce **Raggruppa**.

Per modificare o formattare un gruppo di oggetti:

1) Una volta definito un gruppo, fate clic su un qualsiasi oggetto al suo interno per selezionare il gruppo. Qualsiasi azione di modifica o formattazione viene applicata a tutti gli oggetti appartenenti al gruppo.

2) Per modificare soltanto singoli oggetti del gruppo, premete *F3* mentre il gruppo è selezionato, oppure selezionate la voce **Formato > Raggruppa > Modifica gruppo** dalla barra dei menu, oppure ancora fate clic con il pulsante destro del mouse e selezionate **Modifica gruppo**. Potete poi selezionare singoli oggetti all'interno del gruppo per la modifica o la formattazione.

3) Per uscire dalla modalità di modifica e formattazione individuale, premete *Ctrl+F3*, oppure selezionate la voce **Formato > Raggruppa > Abbandona** dalla barra dei menu, oppure ancora fate clic con il pulsante destro del mouse e scegliete **Esci dal gruppo**. L'intero gruppo risulterà selezionato.

Per separare gli oggetti:

1) Selezionate il gruppo di oggetti.

2) Quando le maniglie di selezione colorate sono visualizzate, selezionate **Formato > Raggruppa > Separa** dalla barra dei menu, oppure premete *Ctrl+Alt+Maiusc+G*, oppure ancora fate clic con il pulsante destro del mouse sul gruppo e scegliete **Separa**.

Per ulteriori informazioni su come lavorare con oggetti raggruppati, consultate il *Capitolo 5 (Combinare oggetti multipli) della Guida a Draw*.

Suggerimento	Se utilizzate spesso i comandi per raggruppare e separare, potreste aggiungerli a una delle barre degli strumenti normalmente visibili, in modo che i comandi siano rapidamente raggiungibili. Per farlo, dovete personalizzare la barra degli strumenti prescelta. Vedete il *Capitolo 11 (Configurazione e personalizzazione di Impress)*.

Spostamento di oggetti grafici

Per spostare un oggetto grafico:

1) Fate clic su un oggetto grafico, così da fare comparire le maniglie di selezione colorate.

2) Spostate sull'oggetto grafico il puntatore, fino a quando non cambia forma. Nella maggior parte dei sistemi operativi il puntatore associato con lo spostamento di oggetti è una freccia a quattro punte, ma potrebbe anche essere una mano o un simbolo diverso.

3) Fate clic e trascinate l'oggetto grafico nella posizione desiderata (potete anche usare i tasti freccia).

4) Rilasciate il pulsante del mouse.

Suggerimento	Per impostazione predefinita, Impress aggancia gli oggetti alla griglia. Se dovete posizionare l'oggetto tra due punti della griglia, tenete premuto il tasto *Ctrl*, poi fate clic sull'oggetto e spostatelo nella posizione desiderata. In alternativa, potete disattivare la cattura alla griglia, o modificare la risoluzione della griglia stessa, andando su **Strumenti > Opzioni > LibreOffice Impress > Griglia**.

Usate la finestra di dialogo Posizione e dimensione (Figura 79) per posizionare in modo più accurato l'oggetto grafico. Con l'oggetto grafico selezionato e le maniglie di selezione colorate visualizzate, premete *F4* oppure selezionate la voce **Formato > Posizione e dimensione** dalla barra dei menu, oppure ancora fate clic con il pulsante destro del mouse sull'oggetto selezionato e scegliete **Posizione e dimensione**.

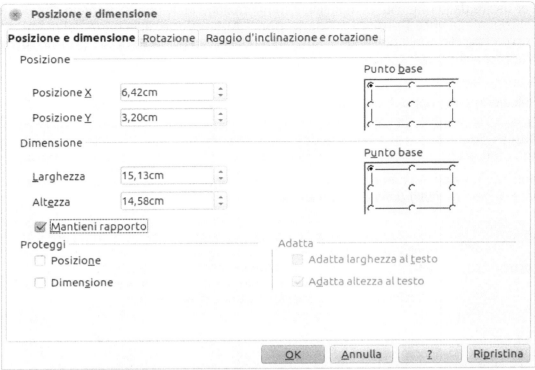

Figura 79: regolazione della posizione e della dimensione di un oggetto grafico

Usate la sezione *Posizione* della finestra di dialogo per specificare le coordinate X (orizzontale) e Y (verticale) dell'oggetto grafico. I valori rappresentano la distanza del punto base (selezionato sulla parte destra della finestra di dialogo) relativamente all'angolo in alto a sinistra della diapositiva.

Per prevenire modifiche accidentali della posizione dell'oggetto grafico, selezionate l'opzione **Posizione** nella sezione *Proteggi* (in basso a sinistra) della finestra di dialogo.

L'unità di misura, per questa e altre finestre di dialogo, è impostata in **Strumenti > Opzioni > LibreOffice Impress > Generale**.

Ridimensionamento di oggetti grafici

Per ridimensionare un oggetto grafico:

1) Fate clic su un oggetto grafico, così da fare comparire le maniglie di selezione colorate.
2) Posizionate il puntatore su una delle maniglie di selezione. Il puntatore cambia forma, rappresentando graficamente la direzione del ridimensionamento.
3) Fate clic e trascinate per ridimensionare l'oggetto grafico.
4) Rilasciate il pulsante del mouse per completare il ridimensionamento.

Le maniglie agli angoli consentono il ridimensionamento simultaneo dell'altezza e della larghezza dell'oggetto, mentre le altre quattro consentono di modificare solo una dimensione alla volta.

Suggerimento	Per mantenere le proporzioni originali dell'oggetto grafico, fate clic su una delle maniglie ad angolo tenendo premuto il tasto *Maiusc*, poi trascinate. Assicuratevi di rilasciare il pulsante del mouse **prima** di rilasciare il tasto *Maiusc*.

Usate la finestra di dialogo Posizione e dimensione (Figura 79) per modificare in maniera più accurata le dimensioni dell'oggetto grafico.

1) Selezionate l'oggetto grafico e aprite la finestra di dialogo Posizione e dimensione.

2) Selezionate come punto base la parte dell'oggetto grafico che desiderate ancorare alla pagina. L'impostazione predefinita (angolo superiore sinistro) indica che, quando si ridimensiona, la posizione dell'angolo superiore sinistro dell'oggetto non sarà variata.

3) Ora modificate il valore *Larghezza* o il valore *Altezza* dell'oggetto.

4) Per mantenere le proporzioni tra larghezza e altezza, selezionate l'opzione **Mantieni rapporto** prima di modificare un valore. Quando l'opzione **Mantieni rapporto** è selezionata, la modifica di una dimensione produrrà automaticamente una modifica anche dell'altra.

5) Al fine di prevenire modifiche accidentali alle dimensioni, assicuratevi di attivare l'opzione **Dimensione** all'interno della sezione *Proteggi*, nella parte inferiore sinistra della finestra di dialogo.

Applicazione di effetti speciali

Oltre alle operazioni di base di spostamento e ridimensionamento, in Impress è anche possibile applicare vari effetti speciali agli oggetti. Alcuni di questi effetti sono subito disponibili nella barra degli strumenti Modo (Figura 80). Se la barra degli strumenti Modo non è visibile, selezionatela da **Visualizza > Barre degli strumenti > Modo**.

Questa sezione descrive come ruotare, ribaltare, distorcere e due modi di impostare un oggetto in un cerchio. Gli strumenti di trasparenza e sfumatura riguardano più specificamente la formattazione e sono discussi nel *Capitolo 6 (Formattazione degli oggetti grafici)*.

Figura 80: barra degli strumenti Modo e opzioni disponibili

Ruotare oggetti grafici

La rotazione di un oggetto può essere eseguita manualmente o tramite un'apposita finestra di dialogo, nello stesso modo in cui si modificano posizione e dimensione. Per ruotare manualmente un oggetto grafico:

1) Fate clic su un oggetto grafico, così da fare comparire le maniglie di selezione colorate.

2) Fate clic sull'icona **Ruota** nella barra degli strumenti Disegno o Modo.

3) Le maniglie di selezione quadrate cambiano forma (in losanga) e colore (Figura 81).

4) Spostate il mouse su una delle maniglie d'angolo e la forma del cursore cambierà. Fate clic con il mouse e spostatelo nella direzione in cui volete ruotare l'oggetto grafico. Solo le maniglie di selezione agli angoli sono attive per la rotazione.

5) Una volta ottenuto il risultato desiderato, rilasciate il pulsante del mouse.

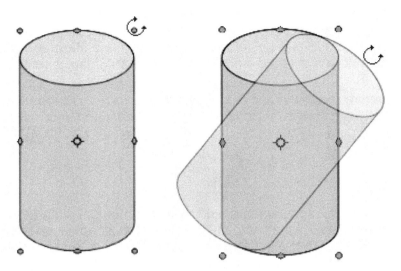

Figura 81: oggetto selezionato per la rotazione

Nota	Le icone che rappresentano le funzioni nelle barre degli strumenti potrebbero variare in base al sistema operativo utilizzato e alla eventuale personalizzazione di LibreOffice. Se avete dubbi, passate il mouse sull'icona e aspettate che appaia il suggerimento che mostra il nome dell'icona.

Quando fate clic sull'icona Ruota appare un cerchio in mezzo all'oggetto selezionato, a indicare il punto di rotazione. In genere il centro di un oggetto è adatto, ma in alcune occasioni potreste voler ruotare intorno a un angolo o anche intorno a un punto esterno all'immagine. Per spostare il punto di rotazione, fate clic sul cerchio e trascinatelo nella posizione desiderata.

Per limitare gli angoli di rotazione a multipli di 15 gradi, mantenete premuto il tasto *Maiusc* mentre ruotate l'oggetto. Ciò è molto utile se dovete ruotare immagini ad angolo retto, per esempio da verticale a orizzontale.

Anziché ruotare un oggetto grafico manualmente, potete utilizzare la finestra di dialogo **Rotazione** (Figura 82). Per visualizzare questa finestra selezionate l'oggetto grafico, in modo che le maniglie di selezione siano visibili, poi premete *F4* oppure selezionate il menu **Formato > Posizione e dimensione**, quindi scegliete la scheda **Rotazione**.

Nella parte superiore della finestra di dialogo selezionate la posizione del punto di rotazione, relativamente all'angolo superiore sinistro della pagina. La posizione predefinita del punto di rotazione è il centro della figura.

Nella parte inferiore della finestra di dialogo selezionate l'angolo di rotazione dell'oggetto grafico. Sulla destra della casella di testo Angolo potete selezionare otto valori di rotazione predefiniti.

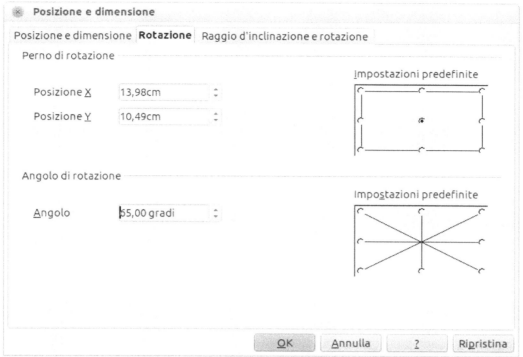

Figura 82: scheda Rotazione della finestra di dialogo Posizione e dimensione

Ribaltare gli oggetti

Il metodo più facile e veloce per ribaltare un oggetto orizzontalmente o verticalmente è il seguente:

1) Fate clic su un oggetto grafico, così da fare comparire le maniglie di selezione colorate.
2) Fate clic con il pulsante destro del mouse e selezionate la voce **Ribalta > Orizzontale** o **Ribalta > Verticale** e l'oggetto selezionato verrà ribaltato con la faccia nell'altra direzione.

Potete anche usare lo strumento Ribalta presente nella barra degli strumenti Disegno o Modo. L'uso di questo strumento vi permette anche di cambiare la posizione e l'angolo rispetto al quale l'oggetto viene ribaltato (Figura 83).

1) Fate clic su un oggetto grafico, così da fare comparire le maniglie di selezione colorate.
2) Fate clic sull'icona **Ribalta** : l'*asse di simmetria* apparirà come una linea tratteggiata nel mezzo dell'oggetto. L'oggetto sarà ribaltato su questo asse di simmetria.

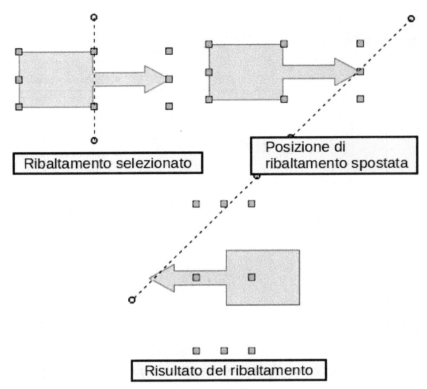

Figura 83: uso dello strumento Ribalta

3) Spostate una o entrambe le estremità dell'asse di simmetria con il cursore per impostare l'orientamento dell'asse.

4) Posizionate il cursore su una delle maniglie di selezione dell'oggetto fino a quando non cambia forma.

5) Fate clic e tenete premuto, quindi spostate il cursore verso l'altra parte dell'asse di simmetria. La nuova posizione della figura viene mostrata lievemente fino a quando il mouse non viene rilasciato.

6) Rilasciate il pulsante del mouse e l'oggetto apparirà ribaltato. L'angolo e la posizione del ribaltamento dipenderanno dall'angolo e dalla posizione dell'asse di simmetria.

Nota	Se premete il tasto *Maiusc* durante lo spostamento dell'asse di simmetria la rotazione sarà eseguita con incrementi di 45 gradi.

Rispecchiare un oggetto

Al momento non esiste un comando per rispecchiare in Draw o Impress. Comunque, il comando può essere emulato usando lo strumento **Ribalta**, nel modo seguente:

1) Selezionate l'oggetto da rispecchiare (Figura 84).

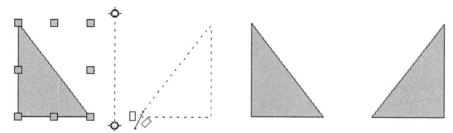

Figura 84: rispecchiare un oggetto

2) Copiate l'oggetto negli appunti.
3) Selezionate lo strumento **Ribalta** nella barra degli strumenti Disegno o Modo.
4) Spostate l'asse di simmetria nella posizione desiderata dell'asse dello specchio.
5) Ribaltate l'oggetto.
6) Fate clic in un'area vuota della pagina per deselezionare l'oggetto.
7) Incollate dagli appunti per inserire una copia dell'oggetto nella sua posizione originale, ottenendo così il rispecchiamento.

Distorcere un'immagine

Vi sono tre strumenti, sulla barra degli strumenti Modo, che vi permettono di trascinare gli angoli e i bordi di un oggetto per distorcere l'immagine. Lo strumento **Distorci** distorce un oggetto in prospettiva; gli strumenti **Poni su cerchio (inclina)** e **Poni su cerchio (in prospettiva)** creano entrambi un effetto pseudo-tridimensionale.

In tutti e tre i casi vi viene inizialmente richiesto se volete trasformare l'oggetto in una curva. Questo primo passaggio è necessario, quindi fate clic su **Sì**. Potete poi spostare le maniglie dell'oggetto per produrre l'effetto desiderato. I risultati dell'uso di questi strumenti sono mostrati nelle figure seguenti.

Strumento Distorci

Selezionate un oggetto e fate clic sull'icona **Distorci** sulla barra degli strumenti Modo. Dopo averlo convertito in una curva, come richiesto, spostate le maniglie per tendere l'oggetto. Le maniglie agli angoli distorcono gli angoli, le maniglie verticali mediane distorcono la figura orizzontalmente, mentre quelle orizzontali la distorcono verticalmente (Figura 85).

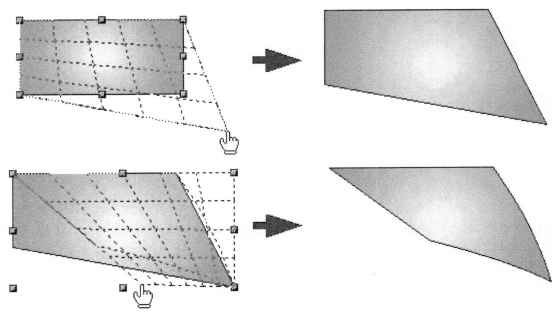

Figura 85: distorcere un'immagine

Selezionate un oggetto e fate clic sull'icona **Poni su cerchio (in prospettiva)** nella barra degli strumenti Modo. Dopo la conversione in una curva, spostate le maniglie dell'oggetto per dargli una prospettiva pseudo-tridimensionale (Figura 86).

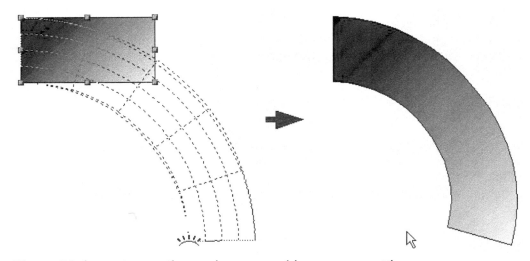

Figura 86: impostare un'immagine su cerchio con prospettiva

Selezionate un oggetto e fate clic sull'icona **Poni su cerchio (inclina)** sulla barra degli strumenti Modo. Dopo averlo convertito in una curva, spostate le maniglie dell'oggetto per dargli una prospettiva inclinata pseudo-tridimensionale (Figura 87).

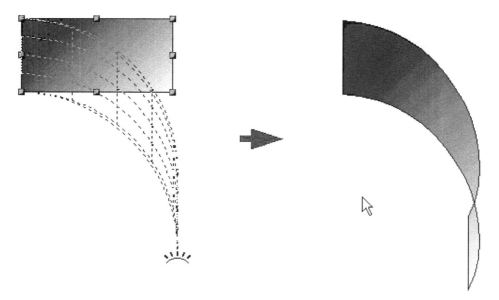

Figura 87: impostare un'immagine su cerchio con inclinazione

Nota	La trasformazione di un oggetto in una curva è un'operazione sicura, ma non può essere invertita se non facendo clic sul pulsante **Annulla**.

Allineamento delle forme

Usate gli strumenti di allineamento per regolare la posizione relativa di un oggetto grafico rispetto a un altro oggetto. Fate clic sul triangolo nero vicino all'icona Allineamento ⬛⬅ nella barra degli strumenti Disegno, oppure accedete alla voce **Visualizza > Barre degli strumenti > Allineamento** sulla barra dei menu principale per aprire la barra degli strumenti **Allineamento** (Figura 88). Queste opzioni di allineamento sono anche disponibili facendo clic con il pulsante destro del mouse su un oggetto selezionato.

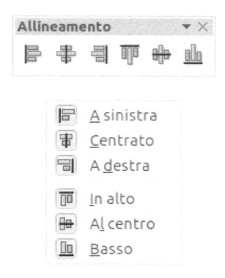

Figura 88: barra degli strumenti Allineamento con le opzioni disponibili

Sulla barra sono presenti sei icone. Le prime tre determinano l'allineamento orizzontale degli oggetti selezionati (A sinistra, Centrato, A destra); le altre tre determinano l'allineamento verticale (In alto, Al centro, Basso). L'icona di allineamento corrente, mostrata sulla barra degli strumenti Disegno, dipenderà dall'opzione selezionata.

Se è selezionato solo un oggetto, questo viene allineato alla pagina. Se sono selezionati più oggetti, essi vengono allineati all'oggetto selezionato per primo.

Cattura degli oggetti alla griglia o alle linee di cattura

A volte è importante allineare gli oggetti a specifici punti della pagina o assicurarsi che gli oggetti che appaiono su più diapositive siano disposti esattamente nella stessa posizione. A tale scopo Impress offre due meccanismi: **Griglia** e **Linee di cattura** (chiamate anche **Guide di cattura**).

Uso della griglia

Le opzioni della griglia sono disponibili facendo clic con il pulsante destro del mouse su una parte vuota della pagina nella vista Normale e scegliendo **Griglia** oppure selezionando la voce **Visualizza > Griglia** dalla barra dei menu. In entrambi i casi si aprirà un sottomenu con tre opzioni:

- **Mostra griglia** (clic con il pulsante destro del mouse o dal menu): mostra la griglia.
- **Cattura alla griglia**: i punti di ancoraggio di un oggetto saranno posizionati sulla griglia quando l'oggetto viene spostato o ridimensionato.
- **Griglia davanti**: mostra la griglia in primo piano.

Per impostare la spaziatura della griglia e le opzioni di cattura, accedete alla voce **Strumenti > Opzioni > LibreOffice Impress > Griglia** sulla barra dei menu.

Uso delle linee di cattura

Le opzioni per le guide sono disponibili facendo clic con il pulsante destro del mouse su una parte vuota della pagina in vista Normale e scegliendo **Linee di cattura** oppure selezionando **Visualizza > Linee di cattura** dalla barra dei menu. Si aprirà un sottomenu con tre opzioni:

- **Mostra linee di cattura** (clic con il pulsante destro del mouse o dal menu): le linee guida vengono mostrate nella diapositiva.
- **Cattura alle linee** (clic con il pulsante destro del mouse o dal menu): i punti di ancoraggio degli oggetti si agganciano alle linee guida quando l'oggetto viene spostato o ridimensionato.
- **Linee di cattura davanti** (clic con il pulsante destro del mouse o dal menu): mostra le linee guida in primo piano.

Nota	Il menu principale, così come il menu a comparsa, utilizza il termine *Linee di cattura* anche per riferirsi alle *Linee guida*.

Figura 89: finestra di dialogo Nuovo oggetto cattura

Per creare una nuova linea guida:

1) Fate clic con il pulsante destro del mouse in una parte vuota dell'area di lavoro e selezionate **Inserisci punto/linea di cattura** dal menu contestuale per aprire la finestra di dialogo **Nuovo oggetto cattura** (Figura 89).

2) Specificate il tipo di oggetto di cattura. La scelta fatta determina quale campo diviene attivo: per **Punto** divengono attivi entrambi i campi *X* e *Y*, per **Verticale** solo il campo *X*, per **Orizzontale** solo il campo *Y*.

3) Inserite la posizione della linea guida.

4) Fate clic su **OK** per chiudere la finestra di dialogo.

Suggerimento	Quando si posizionano le Linee di cattura è utile visualizzare i righelli. Per fare ciò selezionate il menu **Visualizza > Righello**. Trascinate una Linea di cattura direttamente nella diapositiva facendo clic sul righello e trascinando poi sulla diapositiva.

Per modificare una linea guida:

1) Fate clic con il pulsante destro del mouse vicino o sopra la linea guida da modificare.

2) Selezionate la voce **Modifica linea di cattura** dal menu a comparsa.

3) Digitate un nuovo valore nel campo X o Y per la posizione della linea guida e fate clic su **OK**.

Per eliminare una linea guida:

1) Fate clic con il pulsante destro del mouse vicino o sopra la linea guida da eliminare.

2) Scegliete **Elimina linea di cattura** dal menu contestuale.

Disporre gli oggetti

Impress e Draw organizzano gli oggetti in forma sovrapposta, in modo che gli oggetti di livello superiore coprano quelli di livello inferiore, nel caso si verifichi una sovrapposizione. Il livello di sovrapposizione di ciascun oggetto può essere modificato disponendo gli oggetti in una diapositiva o una pagina.

Per modificare il livello di un oggetto nella pila, selezionate l'oggetto, o gli oggetti, poi fate clic sul piccolo triangolo a lato dell'icona *Disponi* sulla barra degli strumenti Disegno per aprire la barra degli strumenti **Posizione** (Figura 90). Le opzioni per disporre gli oggetti sono anche disponibili facendo clic con il pulsante destro del mouse su un oggetto selezionato.

Figura 90: barra degli strumenti Posizione per la disposizione degli oggetti

I primi quattro strumenti determinano il livello di un oggetto selezionato nella pila:

- **Porta in primo piano**: l'oggetto selezionato viene spostato davanti a tutti gli altri oggetti.
- **Porta avanti**: l'oggetto selezionato viene spostato sopra di un livello nella pila.
- **Porta indietro**: l'oggetto selezionato viene spostato sotto di un livello nella pila.
- **Porta in fondo**: l'oggetto selezionato viene spostato dietro tutti gli altri oggetti.

Gli altri tre strumenti determinano le posizioni relative degli oggetti selezionati:

- **Davanti all'oggetto**: sposta il primo oggetto selezionato davanti al secondo oggetto selezionato.
- **Dietro all'oggetto**: sposta il primo oggetto selezionato dietro il secondo oggetto selezionato.
- **Scambia**: scambia l'ordine di sovrapposizione di due oggetti selezionati.

Per utilizzare gli strumenti **Davanti all'oggetto** e **Dietro all'oggetto**:

1) Selezionate il primo oggetto facendovi clic sopra.
2) Quando appaiono le maniglie di selezione, selezionate l'azione di disposizione desiderata.
3) Il puntatore del mouse assume la forma di una mano che indica. Fate clic sul secondo oggetto.

Lavorare con i connettori

I connettori sono linee che possono essere ancorate in posizioni particolari, chiamate *punti di incollaggio*, sull'oggetto grafico. Il vantaggio dei connettori è che quando l'oggetto a cui il connettore è collegato viene spostato o ridimensionato, il connettore si adatta automaticamente al cambiamento. Quando si creano diagrammi di flusso, organigrammi, schemi o diagrammi, è altamente consigliato usare i connettori al posto di semplici linee.

Impress offre un'ampia varietà di connettori predefiniti, che differiscono nella forma dei terminali (nessuno, freccia, personalizzato) e nel modo in cui il connettore è disegnato (diretto, lineare, curvo).

Quando un connettore viene disegnato o selezionato, Impress visualizza le maniglie di selezione, non presenti per le linee normali. I punti di terminazione di una connessione hanno forma di losanga; vengono invece usate delle maniglie quadrate per modificare la direzione di un connettore, laddove possibile.

Potete disegnare un connettore allo stesso modo di un qualsiasi oggetto.

1) Per prima cosa aprite la barra degli strumenti Connettori facendo clic sul triangolo nero

   vicino all'icona Connettore ![icona] (il tipo di connettore mostrato dipende dall'ultima selezione effettuata).

2) Spostate il cursore del mouse su uno degli oggetti da connettere: appariranno delle piccole croci intorno ai bordi dell'oggetto, che indicano i punti di incollaggio a cui il connettore può essere collegato.

3) Fate clic sul punto di incollaggio desiderato per collegare un'estremità del connettore, poi tenete premuto il pulsante del mouse e trascinate il connettore a un altro oggetto.

4) Quando il cursore si trova sopra il punto di incollaggio dell'oggetto di destinazione rilasciate il pulsante del mouse per disegnare il connettore.

5) Se sul connettore appaiono le maniglie quadrate, il suo percorso può essere regolato in modo tale che il connettore non copra un altro oggetto.

Per ulteriori informazioni su come formattare un connettore, consultate la sezione corrispondente nel *Capitolo 6 (Formattazione degli oggetti grafici)*.

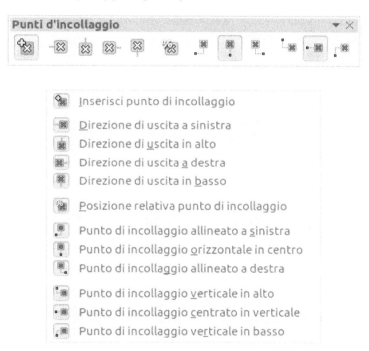

Figura 91: barra degli strumenti Punti d'incollaggio e opzioni disponibili

Gestire i punti di incollaggio

Un punto di incollaggio è il punto di collegamento di un connettore a una forma oppure a un oggetto grafico. Ogni forma contiene un numero di punti di incollaggio predefiniti, ma è possibile definirne di nuovi, così come modificarli, utilizzando la barra degli strumenti **Punti d'incollaggio**.

Fate clic sull'icona **Punti di incollaggio** ✏ oppure andate su **Visualizza > Barre degli strumenti > Punti di incollaggio** per aprire la barra degli strumenti (Figura 91).

Il primo strumento consente di inserire un nuovo punto di incollaggio su un oggetto. I quattro strumenti successivi determinano la direzione di uscita del connettore che termina nel punto di incollaggio.

Per mantenere la posizione relativa del punto di incollaggio mentre ridimensionate l'oggetto assicuratevi che l'icona **Posizione relativa punto di incollaggio** sia selezionata. Deselezionando l'icona **Posizione relativa punto di incollaggio** si attivano le restanti sei icone sulla barra degli strumenti; usate questi strumenti per fissare la posizione del punto di incollaggio durante il ridimensionamento dell'oggetto.

Per eliminare un punto di incollaggio personalizzato, selezionatelo con il mouse e premete il tasto *Canc*.

Impostare punti di incollaggio personalizzati è utile quando diversi connettori terminano sullo stesso lato di una forma oppure se non siete soddisfatti della posizione predefinita del punto di incollaggio.

Per spostare un punto di incollaggio predefinito o creato ex novo:

1) Selezionate lo strumento Punti di incollaggio sulla barra degli strumenti Disegno.

2) Fate clic sul punto di incollaggio che volete spostare. Il punto di incollaggio dovrebbe ora essere evidenziato.

3) Mantenete premuto il pulsante del mouse e trascinate il punto di incollaggio nella posizione desiderata. Rilasciate il pulsante del mouse.

Suggerimento	Per impostazione predefinita, i punti di incollaggio vengono posizionati sulla griglia (vedere "Cattura degli oggetti alla griglia o alle linee di cattura" a pagina 125 per informazioni). Alcune volte sarà comunque necessario calibrare con più accuratezza la posizione di un punto di incollaggio a seconda della forma dell'oggetto. Per farlo premete il tasto *Ctrl* per mostrare le linee guida e mantenetelo premuto mentre trascinate il punto di incollaggio nella nuova posizione.

Lavorare con le forme 3D

Gli oggetti grafici in 3D possono essere creati in diversi modi in Impress:

- Dalla barra degli strumenti Oggetti 3D. Se lo strumento Oggetti 3D ▭ non è incluso nella barra degli strumenti Disegno, fate clic sul piccolo triangolo all'estremità della stessa barra, selezionate **Pulsanti visibili**, quindi selezionate **Oggetti 3D** dall'elenco. Sulla barra degli strumenti Disegno, fate clic sul piccolo triangolo a fianco dell'icona Oggetti 3D per visualizzare la barra degli strumenti Oggetti 3D (Figura 92).

Figura 92: barra degli strumenti Oggetti 3D

- Dal sottomenu **Converti**. Selezionate una forma e fate clic con il pulsante destro del mouse. Nel sottomenu Converti scegliete **In 3D** per aggiungere una dimensione all'oggetto, oppure **In solido di rotazione 3D** per creare una forma 3D risultante dalla rotazione dell'oggetto intorno a un asse.

- Dall'icona **Estrusione sì/no**  sulla barra degli strumenti Disegno. Selezionate l'oggetto a cui applicare un effetto 3D, quindi fate clic sull'icona Estrusione sì/no sulla barra degli strumenti Disegno per aprire la barra degli strumenti Impostazioni 3D (Figura 93).

Figura 93: barra degli strumenti Impostazioni 3D

Tabella 5: strumenti Impostazioni 3D e loro scopo

Strumento	Nome	Scopo
	Estrusione sì/no	Aggiunge profondità a un oggetto e attiva le proprietà 3D.
	Inclina in basso	Ruota l'oggetto verso il basso intorno al suo asse orizzontale.
	Inclina in alto	Ruota l'oggetto verso l'alto intorno al suo asse orizzontale.
	Inclina a sinistra	Ruota l'oggetto verso sinistra intorno al suo asse verticale.
	Inclina a destra	Ruota l'oggetto verso destra intorno al suo asse verticale.
	Profondità	Determina la profondità della forma. Si apre un menu a discesa dove potete scegliere tra alcuni valori predefiniti. Se nessuno dei valori vi soddisfa, selezionate **Personalizza** e inserite lo spessore desiderato.
	Direzione	Apre una ulteriore barra degli strumenti che vi consente di scegliere sia la direzione della prospettiva che il tipo (parallelo o prospettiva).
	Illuminazione	Apre una ulteriore barra degli strumenti che vi consente di specificare direzione e intensità della luce.
	Superficie	Vi consente la scelta tra Fil di ferro (utile durante la manipolazione dell'oggetto), Opaco, Plastica e Metallico.
	Colore 3D	Permette di selezionare il colore dello spessore dell'oggetto.

Sebbene Impress offre funzionalità avanzate per la manipolazione di oggetti 3D, questa guida descrive solamente le impostazioni 3D applicabili a un oggetto con l'estrusione attiva. Per ulteriori informazioni su come utilizzare effetti 3D avanzati, come geometria e ombreggiatura, fate riferimento alla *Guida a Draw*.

Attenzione	Non potete applicare l'estrusione a forme rettangolari e ovali create usando gli strumenti rettangolo oppure ellisse. Per creare un rettangolo o un ovale con effetti 3D potete invece selezionare la forma desiderata dal menu Forme base. In alternativa, fate clic con il pulsante destro del mouse sull'oggetto e selezionate poi **Converti > In 3D**. Notate che in questo caso il menu **Estrusione sì/no** non verrà abilitato.

Selezionate un oggetto, quindi fate clic sull'icona **Estrusione sì/no** per attivare l'estrusione. La forma dell'oggetto cambia e gli viene applicata una profondità predefinita. Nel contempo si apre la barra degli strumenti Impostazioni 3D (Figura 93). Qualora questa barra degli strumenti non dovesse comparire, selezionate **Visualizza > Barre degli strumenti > Impostazioni 3D**. Usate questi strumenti, elencati nella Tabella 5, per cambiare l'aspetto dell'oggetto 3D. Un esempio di un oggetto convertito in 3D è mostrato nella Figura 94.

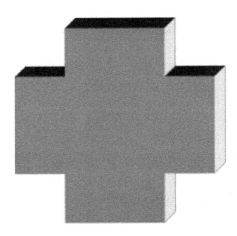

Figura 94: esempio di oggetto convertito in 3D

Gran parte delle forme Fontwork (vedere "Uso di Fontwork" a pagina 133) hanno proprietà 3D e possono essere manipolate tramite la barra degli strumenti Impostazioni 3D.

Notate che durante la rotazione di un oggetto 3D, oltre alle maniglie di selezione agli angoli, sono disponibili quattro maniglie di selezione sui lati della cornice.

Conversione di un oggetto in un tipo differente

Potete convertire un oggetto in un tipo differente. Fate clic con il pulsante destro del mouse sull'oggetto e selezionate **Converti** per visualizzare un sottomenu contenente le seguenti opzioni:

- **In curva**: converte l'oggetto selezionato in una curva di Bézier. Fate clic sull'icona Punti sulla barra degli strumenti Disegno per modificare i punti dopo la conversione in curva di Bézier.

- **In poligono**: converte l'oggetto selezionato in un poligono. Fate clic sull'icona Punti per modificare l'oggetto dopo la conversione. Un poligono è sempre composto da segmenti retti.

- **In contorno**: per forme base, ciò equivale alla conversione in poligono. Per forme più complesse (oppure per oggetti di testo) questa conversione crea un gruppo di poligoni che potete manipolare premendo *F3* per modificare il gruppo.

- **In 3D**: converte l'oggetto selezionato in un oggetto 3D.

- **In solido di rotazione 3D**: crea una forma tridimensionale ruotando l'oggetto selezionato attorno al proprio asse verticale.

- **In bitmap**: converte l'oggetto selezionato in una bitmap.

- **In metafile**: converte l'oggetto selezionato in Formato Windows Metafile (WMF), contenente sia dati grafici bitmap che vettoriali.

Nota	Nella maggior parte dei casi la conversione in un tipo differente non produce risultati immediatamente visibili.

Suggerimento	**In curva**, **In poligono**, **In 3D** e **In solido di rotazione 3D** possono essere aggiunti alla barra degli strumenti Disegno come strumenti aggiuntivi facendo clic sul piccolo triangolo sula destra della barra degli strumenti e selezionando **Pulsanti visibili**.

Impostazione di un'interazione con un oggetto

E' possibile associare un oggetto a un'azione da eseguire quando l'utente fa clic su di esso. Per creare una interazione:

1) Selezionate l'oggetto per il quale verrà creata l'interazione.

2) Fate clic sull'icona **Interazione** ![icon] sulla barra degli strumenti Disegno oppure fate clic con il pulsante destro del mouse sull'oggetto e selezionate la voce **Interazione** dal menu contestuale per aprire la finestra di dialogo **Interazione** (Figura 95).

3) Selezionate il tipo di interazione e i parametri (se necessario). Fate clic su **OK** per chiudere la finestra di dialogo. Le interazioni sono illustrate nella Tabella 6; la finestra di dialogo Interazione cambia a seconda del tipo di interazione selezionata.

4) Per rimuovere una interazione da un oggetto grafico seguite i Passaggi 1 e 2 e selezionate poi **Nessuna azione** come tipo di interazione al Passaggio 3.

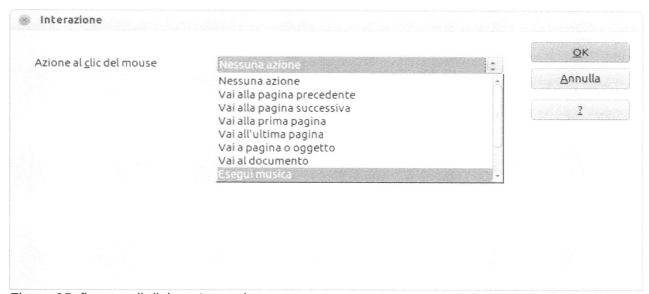

Figura 95: finestra di dialogo Interazione

Tabella 6: tipi di interazione e relativi parametri

Interazione	*Parametri*
Vai alla pagina precedente	Nessun parametro.
Vai alla pagina successiva	Nessun parametro.
Vai alla prima pagina	Nessun parametro.

Interazione	Parametri
Vai all'ultima pagina	Nessun parametro.
Vai a pagina o oggetto	Specificate la destinazione dall'elenco presente nel riquadro Destinazione. Potete cercare una destinazione specifica nella casella Pagina/Oggetto nella parte inferiore della finestra di dialogo.
Vai al documento	Selezionate il documento nel riquadro Documento. Utilizzate il pulsante Sfoglia per aprire una finestra di dialogo Apri file. Se il documento da aprire è nel formato Open Document Presentation, l'elenco delle destinazioni sarà popolato consentendo la selezione della specifica destinazione.
Esegui musica	Selezionate il file contenente l'audio da riprodurre. Utilizzate il pulsante Sfoglia per aprire una finestra di dialogo Apri file.
Esegui programma	Selezionate il programma da eseguire. Utilizzate il pulsante Sfoglia per aprire una finestra di dialogo Apri file.
Esegui macro	Selezionate una macro che sarà eseguita durante la presentazione. Utilizzate il pulsante Sfoglia per aprire la finestra di dialogo Selettore Macro.
Termina presentazione	Quando fate clic con il mouse sull'oggetto, la presentazione terminerà.

Uso di Fontwork

Potete utilizzare i *Fontwork* per ottenere effetti di testo speciali. Per maggiori informazioni su questo argomento, fate riferimento al *Capitolo 11 (Immagini, Galleria e Fontwork)* nella *Guida Introduttiva*.

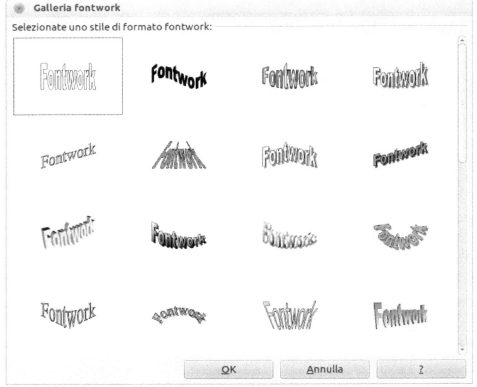

Figura 96: Galleria fontwork

Per iniziare a utilizzare i *Fontwork*:

1) Per aprire la Galleria fontwork (Figura 96), fate clic sull'icona Galleria fontwork 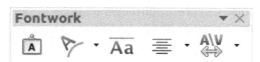 sulla barra degli strumenti Disegno, oppure sulla barra degli strumenti Fontwork (Figura 97). Se la barra degli strumenti Disegno non è visualizzata, potete andare direttamente alla barra degli strumenti Fontwork selezionando **Visualizza > Barre degli strumenti > Fontwork** dalla barra dei menu principale.

2) Selezionate lo stile preferito dalla Galleria fontwork (Figura 96) e fate clic su **OK**. Il testo *Fontwork* apparirà, nello stile selezionato, sulla diapositiva. Potete modificare la sua forma e le sue proprietà dopo averlo posizionato sulla diapositiva.

3) Fate doppio clic sull'oggetto per modificare il testo Fontwork. Digitate il testo desiderato per sostituire la parola *Fontwork* che appare sull'oggetto.

4) Premete il tasto *Esc* oppure fate clic all'esterno dell'area con le maniglie di ridimensionamento colorate per uscire.

5) Potete modificare alcuni dei suoi attributi utilizzando la barra degli strumenti Fontwork oppure gli strumenti utilizzati per modificare gli attributi degli oggetti.

Utilizzo della barra degli strumenti Fontwork

Assicuratevi che la barra degli strumenti Fontwork (Figura 97) sia visibile nell'area di lavoro. Altrimenti, selezionate la voce **Visualizza > Barre degli strumenti > Fontwork** dalla barra dei menu principale.

Oltre allo strumento Galleria fontwork, questa barra contiene i seguenti strumenti:

- **Forma fontwork** : modifica la forma dell'oggetto selezionato. Le forme possono essere selezionate dalla barra degli strumenti (Figura 98) che si apre quando questo strumento viene selezionato.

Figura 97: barra degli strumenti Fontwork

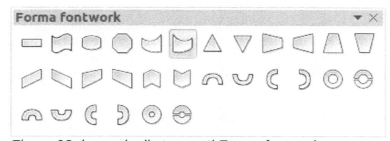

Figura 98: barra degli strumenti Forma fontwork

- **Lettere di uguale altezza fontwork** $\overline{\text{Aa}}$: modifica l'altezza dei caratteri nell'oggetto selezionato. Permette di passare dall'altezza normale, dove i caratteri hanno altezze diverse, a caratteri aventi la medesima altezza.

- **Allineamento fontwork** $\equiv$: specifica l'allineamento del testo all'interno della cornice tra le scelte disponibili.

- **Spaziatura caratteri fontwork** : permette di selezionare la spaziatura desiderata tra i caratteri e l'eventuale uso della crenatura tra coppie di caratteri. Per personalizzare la spaziatura, inserite un valore percentuale: 100% corrisponde alla spaziatura normale; meno di 100% è una spaziatura stretta; più di 100% è una spaziatura larga.

Modifica del testo Fontwork come forma

E' possibile trattare il testo Fontwork come un oggetto e dunque applicarvi tutte le formattazioni descritte in questo capitolo. Assegnate le proprietà delle linee solo a Fontwork senza effetti 3D, altrimenti le modifiche non saranno visibili.

Suggerimento	Potete modificare il colore di un Fontwork rapidamente usando i comandi della sezione Stile di riempimento sulla barra degli strumenti Stile e riempimento.

Potete modificare alcune delle forme Fontwork esattamente nello stesso modo in cui modificate gli angoli delle forme base trapezoide e parallelogramma, spostando il punto visualizzato insieme alle maniglie di ridimensionamento colorate.

Animazioni

Per ottenere un effetto più professionale per le vostre presentazioni, potete aggiungere transizioni animate nel passaggio tra una diapositiva e l'altra (vedere il *Capitolo 9 (Presentazioni)* per maggiori informazioni sulle transizioni). In ogni caso Impress vi permette anche di aggiungere animazioni all'interno delle diapositive, in modo da rendere le vostre presentazioni più interessanti.

Un'animazione consiste in una sequenza di immagini oppure oggetti, chiamati cornici, che vengono visualizzati in successione quando l'animazione viene eseguita. Ogni cornice può contenere uno o più oggetti. Per esempio, fare apparire uno per volta i singoli punti di un elenco puntato; mostrare fotografie, forme o altri oggetti singolarmente o raggruppati all'interno di una diapositiva. Le animazioni possono essere controllate usando la tastiera, facendo clic con il mouse oppure automaticamente in una sequenza temporizzata.

Esistono due metodi per creare un'animazione in Impress: mediante **Animazione personalizzata** (pagina 135) oppure tramite il menu **Inserisci > Immagine animata** (pagina 139); entrambe sono descritte più avanti.

Suggerimento	Le animazioni possono produrre un notevole impatto in una presentazione, ma il loro uso eccessivo può neutralizzare l'efficacia di una brillante presentazione. Nelle vostre presentazioni non eccedete nell'uso delle animazioni.

Animazione personalizzata

Animazione personalizzata (Figura 99) si trova nel pannello delle *Attività*, sulla destra dell'*Area di lavoro* di Impress. È usata per aggiungere un effetto di animazione a un oggetto selezionato in una diapositiva, oppure per modificare l'effetto di animazione di un oggetto selezionato.

Nota	Tutto ciò che può essere posizionato in una diapositiva è un oggetto. Per esempio, un oggetto può essere una fotografia, una clip art, del testo e così via.

La sezione *Animazione personalizzata* contiene i seguenti elementi:

Figura 99: sezione Animazione personalizzata nel pannello delle Attività

Figura 100: finestra di dialogo Animazione personalizzata

- **Aggiungi:** apre la finestra di dialogo Animazione personalizzata (Figura 100) per aggiungere un effetto di animazione all'oggetto selezionato nella diapositiva.

- **Cambia:** apre la finestra di dialogo Animazione personalizzata per modificare l'effetto di animazione dell'oggetto selezionato.

- **Rimuovi:** elimina qualsiasi effetto di animazione dall'oggetto selezionato.

- **Avvio:** mostra le proprietà di avvio dell'effetto di animazione selezionato. Sono disponibili le seguenti proprietà di avvio:

  - Al clic: l'animazione si arresta su questo effetto fino al successivo clic del mouse.

  - Con precedente: l'animazione si avvia immediatamente.

  - Dopo precedente: l'animazione si avvia non appena termina l'animazione precedente.

- **Proprietà:** permette di selezionare ulteriori proprietà dell'animazione. Fate clic sul pulsante **...** per aprire la finestra di dialogo Opzioni effetto (Figura 101), dove è possibile selezionare, adattare e applicare le proprietà.

Nota	Il nome di questa opzione cambierà a seconda del tipo di effetto selezionato; ad esempio **Proprietà**, **Colore linea**, **Direzione**, **Tipo di carattere** e così via. Anche le opzioni a disposizione nella finestra di dialogo Opzioni effetto cambieranno a seconda del tipo di effetto e del tipo di oggetto selezionato.

- **Velocità:** consente di specificare la velocità o la durata dell'effetto di animazione selezionato.

- **Modifica ordine:** il clic su uno dei pulsanti sposta l'effetto di animazione selezionato in alto o in basso nella sequenza di ordinamento.
- **Riproduci:** esegue in anteprima l'effetto di animazione selezionato.

Figura 101: finestra di dialogo Opzioni effetto

- **Presentazione:** fa partire la presentazione dalla diapositiva corrente.
- **Anteprima automatica:** visualizza in anteprima qualsiasi effetto nuovo o modificato mentre lo assegnate.

La finestra di dialogo Animazione personalizzata (Figura 100) contiene le seguenti categorie di effetti nelle pagine a schede:

- **Entrata:** il modo in cui un oggetto appare nella diapositiva.
- **Enfasi:** il modo in cui un oggetto è messo in risalto quando appare nella diapositiva.
- **Esci:** il modo in cui un oggetto scompare dalla diapositiva.
- **Percorsi di movimento:** il modo in cui un oggetto si muove nella diapositiva durante l'animazione.
- **Altri effetti:** permette di selezionare effetti di comunicazione tra effetti vari.
- **Velocità:** consente di specificare la velocità o la durata dell'effetto di animazione selezionato.
- **Anteprima automatica:** visualizza in anteprima qualsiasi effetto nuovo o modificato nella diapositiva.

Creazione di un'animazione con l'Animazione personalizzata

Potete creare uno o più oggetti animati usando l'*Animazione personalizzata* come segue:

1) Per aprire la sezione *Animazione personalizzata* (Figura 99), fate clic sul suo nome nel pannello delle *Attività*. La sezione *Animazione personalizzata* può anche essere aperta andando su **Presentazione > Animazione personalizzata**, oppure usando lo strumento **Animazione personalizzata** sulla barra degli strumenti Disegno.

2) Selezionate un oggetto in una diapositiva.

3) Fate clic su **Aggiungi** nella sezione *Animazione personalizzata* per aprire la finestra di dialogo Animazione personalizzata (Figura 100).

4) Selezionate una categoria di effetti e il tipo di effetto che volete applicare all'oggetto selezionato.

5) Selezionate la velocità dell'effetto (se disponibile) dall'elenco a discesa e poi fate clic sul pulsante **OK**.

6) Selezionate il tipo di **Proprietà** dal menu a discesa.

7) Se necessario, fate clic sul pulsante **...** per aprire la finestra di dialogo Opzioni effetto (Figura 101) per impostare le opzioni per gli effetti, quindi fate clic sul pulsante **OK**.

8) Se necessario, adattate la velocità di animazione usando il menu a comparsa **Velocità**.

9) Se necessario, modificate la sequenza di visualizzazione degli oggetti nell'animazione usando le frecce **Modifica ordine**.

10) Se necessario, fate clic sul pulsante Riproduci per controllare l'effetto di animazione.

11) Quando soddisfatti, fate clic sul pulsante **Presentazione** per controllare la vostra presentazione.

Inserire immagini animate

Potete creare un'immagine animata e poi inserirla nella vostra presentazione andando su **Inserisci > Immagine animata** nella barra principale dei menu per aprire la finestra di dialogo Animazione (Figura 102). I controlli per l'animazione sono spiegati nella Tabella 7.

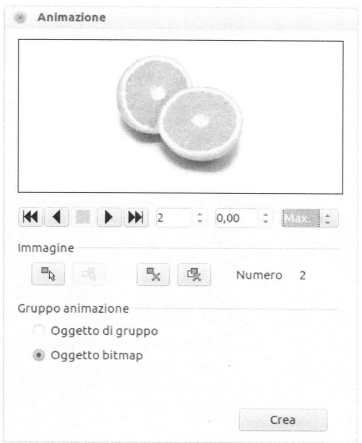

Figura 102: finestra di dialogo Animazione

Tabella 7: controlli della finestra di dialogo Animazione

Controlli	Nome del controllo	Scopo
⏮	Prima immagine	Passa alla prima immagine della sequenza di animazione.
◀	Indietro	Esegue l'animazione all'indietro.
⏹	Stop	Ferma l'esecuzione dell'animazione.
▶	Riproduci	Esegue l'animazione.
⏭	Ultima immagine	Passa all'ultima immagine della sequenza di animazione.
2 ⇕	Numero d'immagine	Indica la posizione dell'immagine corrente nella sequenza di animazione. Se desiderate visualizzare un'altra immagine, inserite il suo numero oppure fate clic sulla freccia verso l'alto o quella verso il basso.
0.00 ⇕	Durata visualizzazione	Inserite il numero di secondi per i quali visualizzare l'immagine corrente. Questa opzione è disponibile solo se selezionate **Oggetto bitmap** nell'area **Gruppo animazione**.
Max. ⇕	Numero dei passaggi	Imposta il numero di esecuzioni dell'animazione. Se volete che l'animazione venga eseguita continuamente, selezionate **Max**.

Controlli	Nome del controllo	Scopo
	Accetta oggetto	Aggiunge l'oggetto selezionato, o gli oggetti selezionati, come una singola immagine.
	Accetta gli oggetti singolarmente	Aggiunge un'immagine per ogni oggetto selezionato. Se selezionate un oggetto raggruppato, viene creata un'immagine per ogni oggetto nel gruppo. Potete anche selezionare un'animazione, come per esempio un'immagine GIF animata, e fare clic su questa icona per aprirla e modificarla. Quando avete finito di modificare l'animazione, fate clic su **Crea** per inserire una nuova animazione nella diapositiva.
	Cancella immagine attuale	Elimina l'immagine corrente dalla sequenza di animazione.
	Cancella tutte le immagini	Elimina tutte le immagini nell'animazione.
	Numero	Numero totale di immagini nell'animazione.
	Oggetto di gruppo	Raggruppa le immagini in un singolo oggetto, in modo che possano essere spostate come gruppo. Potete comunque modificare gli oggetti individualmente facendo doppio clic sul gruppo nella diapositiva.
	Oggetto bitmap	Combina le immagini in un'unica immagine.
	Crea	Inserisce l'animazione nella diapositiva corrente.

Creazione di un'animazione usando Immagine animata

Potete creare un'animazione tramite il menu **Inserisci > Immagine animata** facendo quanto segue:

1) Create l'oggetto che intendete animare usando gli strumenti di disegno.
2) Aprite la finestra di dialogo Animazione (Figura 102 e Tabella 7) accedendo alla voce **Inserisci > Immagine animata** sulla barra dei menu principale.
3) Selezionate l'oggetto e fate clic sull'icona **Accetta oggetto** per aggiungerlo come primo fotogramma dell'animazione.
4) Applicate una trasformazione o modifica all'oggetto; per esempio, potete ruotarlo, modificarne il colore, aggiungere o rimuovere uno o più caratteri, e cosi' via.
5) Quando siete pronti, create il secondo fotogramma dell'animazione e fate nuovamente clic su **Accetta oggetto** per aggiungere un altro fotogramma all'animazione.
6) Ripetete i passi 3, 4 e 5 fino a quando non avete creato tutti i fotogrammi dell'animazione.
7) Selezionate **Oggetto bitmap** nella sezione *Gruppo animazione* della finestra di dialogo Animazione per personalizzare la durata di ciascun fotogramma e il numero di ripetizioni dell'animazione. Impostate il numero di ripetizioni su *Max* per ottenere un ciclo continuo per l'animazione.
8) Fate clic su **Crea** per inserire l'immagine animata nella diapositiva.

Nota	Se l'immagine da copiare nella finestra di dialogo Animazione e' composta da diversi oggetti, potete scegliere di considerare ogni oggetto come un fotogramma separato. In questo caso fate clic sull'icona **Accetta gli oggetti singolarmente**. Ricordate che ogni oggetto sarà centrato nell'animazione.

Capitolo 6

Formattazione degli oggetti grafici

Formattazione degli oggetti

Questo capitolo descrive come formattare gli oggetti grafici creati con gli strumenti di disegno disponibili.

Il formato degli oggetti grafici, in aggiunta alle dimensioni, alla rotazione e posizione sulla diapositiva, è determinato da un numero di attributi che definiscono la linea, il testo e l'area di riempimento di ciascun oggetto. Questi attributi (tra gli altri) contribuiscono anche a uno *stile grafico*. Nonostante questo capitolo tratti principalmente della formattazione manuale degli oggetti, esso si conclude illustrando come creare, applicare, modificare ed eliminare gli stili grafici.

Formattare le linee

In LibreOffice il termine *linea* indica sia un segmento indipendente che il bordo esterno di una forma. Nella maggior parte dei casi le proprietà della linea che potete modificare sono il suo stile (piena, tratteggiata, invisibile, e così via), il suo spessore e il suo colore. Tutte queste opzioni possono essere applicate con pochi clic del mouse. Selezionate la linea che dovete formattare e poi usate i controlli sulla barra degli strumenti Stile e riempimento per selezionare le opzioni che desiderate.

Figura 103: opzioni comuni della linea (stile, spessore, colore) evidenziate

Se avete necessità di rifinire l'aspetto di una linea, scegliete la voce **Formato > Linea** dalla barra dei menu, oppure fate clic con il pulsante destro del mouse sulla linea e selezionate **Linea** dal menu contestuale, oppure ancora selezionate l'icona **Linea** dalla barra degli strumenti Stile e riempimento. Tutti questi metodi aprono la finestra di dialogo Linea mostrata in Figura 104, dove potete impostare le proprietà della linea. Questa finestra di dialogo è composta da quattro schede: *Linea*, *Ombreggiatura*, *Stili linee*, ed *Estremità linee*.

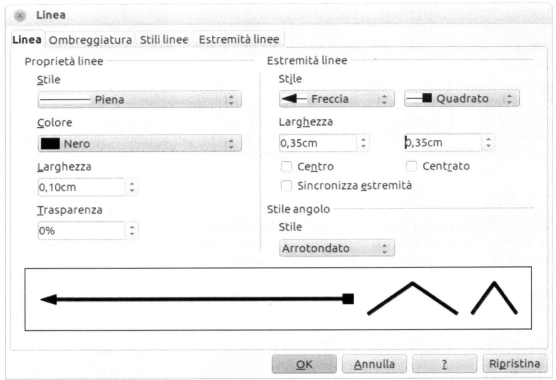

Figura 104: finestra di dialogo Linea

Scheda Linea

La scheda *Linea*, nella quale potete impostare i parametri base della linea, è divisa in quattro sezioni, come mostrato di seguito.

Sezione proprietà linee

La sezione *Proprietà linee* sul lato sinistro permette di impostare i seguenti parametri:

- **Stile linea**: dal menu a comparsa sono disponibili diversi stili di linea; è inoltre possibile, se necessario, definirne altri.

- **Colore**: scegliete tra i colori predefiniti nel menu a comparsa, oppure fate riferimento alla sezione "Creare colori personalizzati" a pagina 155 per creare un nuovo colore.

- **Larghezza**: permette di specificare lo spessore della linea.

- **Trasparenza**: permette di impostare la trasparenza di una linea. La Figura 105 illustra gli effetti di differenti percentuali di trasparenza per linee posizionate sopra un oggetto.

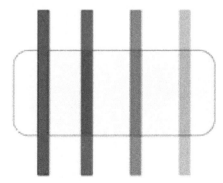

Figura 105: effetto trasparenza della linea (0%, 25%, 50%, 75% da sinistra a destra)

La sezione *Estremità linee* della finestra di dialogo *Linea* è applicabile solo a singole linee e non viene utilizzata per quelle che formano i bordi di una forma o di un poligono. Per creare un nuovo stile estremità, usate la scheda *Estremità linee*, come mostrato a pagina 149.

- **Stile**: permette di impostare lo stile delle due estremità della linea. Il menu a discesa sulla sinistra è relativo al punto di inizio della linea mentre quello sulla destra è relativo al punto finale.

- **Larghezza**: consente di specificare lo spessore delle estremità

- **Centro**: permette di spostare il centro delle estremità al punto finale della linea. La Figura 106 mostra gli effetti della selezione di questa opzione.

- **Sincronizza estremità**: rende identiche le due estremità della linea.

Figura 106: estremità predefinite (sinistra) ed estremità centrate (destra)

Estremità

Un modo rapido per impostare le estremità per una linea selezionata è quello di fare clic sull'icona

Stile estremità linea nella barra degli strumenti Stile e riempimento (Figura 103). In tal modo si aprirà il menu *Estremità linea* (Figura 107), dove potete scegliere uno dei tanti stili di estremità predefiniti per la parte iniziale e la parte finale della linea selezionata.

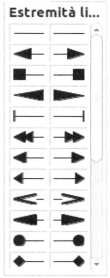

Figura 107: menu Estremità linea

Gli stili d'angolo determinano l'aspetto della connessione tra due segmenti. Nel menu a comparsa sono disponibili quattro opzioni. Per apprezzare la differenza tra gli stili d'angolo, scegliete uno stile linea con una linea spessa e osservate i cambiamenti nell'anteprima.

Sezione di anteprima

La parte inferiore della scheda *Linea* mostra l'anteprima dello stile applicato a una linea e ai due differenti angoli, in modo che sia possibile valutare la selezione dello stile d'angolo.

Scheda Ombreggiatura

Usate la scheda *Ombreggiatura* della finestra di dialogo *Linea* per aggiungere e formattare l'ombra della linea. Le impostazioni di questa scheda sono le stesse di quelle per le ombre applicate ad altri oggetti e sono descritte nella sezione Formattazione delle ombre a pagina 163.

Un modo più veloce per applicare l'ombra a una linea è quello di usare l'icona **Ombra** 🔲 sulla barra degli strumenti Stile e riempimento (Figura 103). Lo svantaggio principale, usando l'icona **Ombra**, è che l'aspetto dell'ombra sarà vincolato alle impostazioni dell'ombra dello stile grafico predefinito.

Scheda Stili linee

Usate la scheda *Stili linee* (Figura 108) della finestra di dialogo Linea per creare nuovi stili di linea e per caricare stili di linea salvati precedentemente. Normalmente non è buona pratica modificare gli stili predefiniti; è meglio crearne di nuovi in caso di necessità.

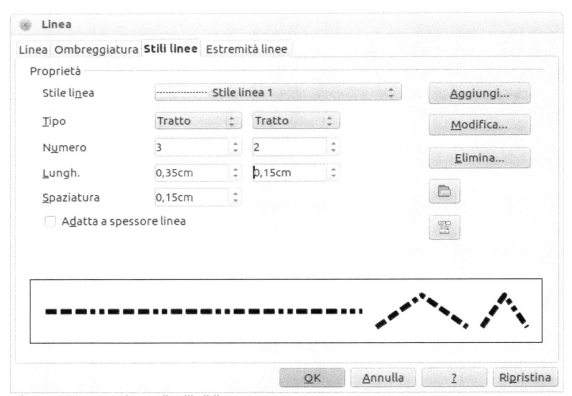

Figura 108: creazione di stili di linea

Per creare un nuovo stile di linea:

1) Scegliete la voce **Formato > Linea** dalla barra dei menu, oppure fate clic con il pulsante destro del mouse sulla linea e selezionate **Linea** dal menu a comparsa, oppure ancora selezionate l'icona **Linea** dalla barra degli strumenti Stile e riempimento.

2) Fate clic sulla scheda **Stili linee**.

3) Selezionate dal menu a comparsa **Stile linea** uno stile simile a quello che volete creare.

4) Fate clic su **Aggiungi**. Nella finestra che compare digitate un nome per il nuovo stile di linea e fate clic su **OK**.

5) Ora definite il nuovo stile. Iniziate selezionando il tipo di linea per il nuovo stile. Per alternare due tipi di linea (ad esempio, trattini e puntini) all'interno di una sola linea, selezionate tipi differenti nei due riquadri **Tipo**.

6) Specificate il **Numero** e la **Lunghezza** (non disponibile per lo stile a punti) di ciascuno dei tipi di linea selezionati.

7) Impostate la **Spaziatura** tra i vari elementi.

8) Se necessario, selezionate **Adatta a spessore linea**, in modo che il nuovo stile si adatti alla lunghezza della linea selezionata.

9) Il nuovo stile di linea è disponibile solo nel documento corrente. Se desiderate utilizzare lo stile di linea in altre presentazioni, fate clic sull'icona **Salva file stili linea** e digitate un nome file univoco nella finestra di dialogo *Salva con nome* che si apre. Gli stili salvati hanno l'estensione file .sod.

10) Per utilizzare stili di linea salvati precedentemente, fate clic sull'icona **Carica file stili linea** e selezionate uno stile dall'elenco di stili salvati. Fate clic su **Apri** per caricare lo stile nella presentazione.

11) Se necessario, fate clic sul pulsante **Modifica** per cambiare il nome dello stile.

Scheda Estremità linee

Usate la scheda *Estremità linee* (Figura 109) della finestra di dialogo Linea per creare nuove estremità linee, o modificarne di esistenti, oppure caricare estremità di linea salvate precedentemente.

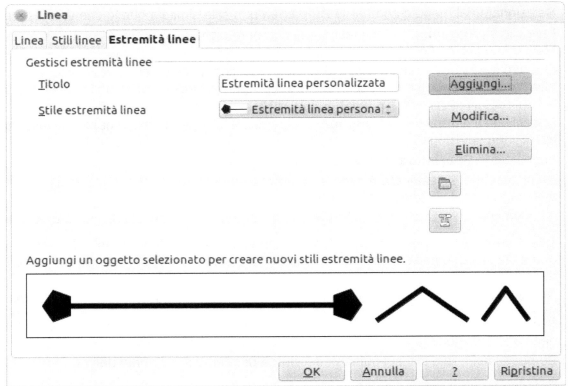

Figura 109: Creazione di estremità di linea

1) Per prima cosa disegnate una curva nella forma che desiderate utilizzare per l'estremità oppure create una forma e convertitela in una curva. La parte superiore della forma deve essere rivolta verso l'alto, come mostrato in Figura 110, perché questo diventa il punto dell'estremità.

Nota	L'estremità della linea creata deve essere una *curva*. Una curva è qualcosa che potete disegnare senza sollevare la matita. Ad esempio, ☆ è una curva e può essere convertita in una curva. Tuttavia, ☺ non è una curva e non può essere convertita in una curva.

Figura 110: utilizzare forme per le
estremità delle linee

2) Selezionate la forma e, se necessario, fate clic con il pulsante destro del mouse e scegliete **Converti > In curva** per convertire la forma in una curva. Se la forma è già una curva l'opzione **In curva** non sarà disponibile.

3) Con le maniglie di selezione visualizzate, selezionate **Formato > Linea** dalla barra dei menu, oppure fate clic con il pulsante destro del mouse e scegliete **Linea** dal menu contestuale.

4) Andate alla scheda *Estremità linee* (Figura 109), fate clic sul pulsante **Aggiungi**, digitate un nome per la nuova estremità di linea, e fate clic su **OK**. La nuova estremità di linea verrà mostrata nell'anteprima.

5) Ora potete accedere alla nuova estremità dall'elenco Estremità linea. Quando selezionate il nome della nuova estremità, questa viene visualizzata nella parte inferiore della finestra di dialogo.

6) Il nuovo stile di estremità della linea è disponibile solo nel documento corrente. Se volete usare questo stile di estremità di linea in altre presentazioni, fate clic sull'icona **Salva file estremità linee** [icon] e digitate un nome di file univoco nella finestra di dialogo *Salva con nome* che si apre. Gli stili salvati hanno l'estensione file .soe.

7) Per usare gli stili di estremità precedentemente salvati, fate clic sull'icona **Carica file estremità linee** [icon] e selezionate uno stile dall'elenco di stili salvati. Fate clic su **Apri** per caricare lo stile nella presentazione.

8) Se necessario fate clic sul pulsante **Modifica** per cambiare il nome dello stile.

Formattazione dell'area di riempimento

Il termine **riempimento dell'area** si riferisce all'interno di un oggetto, che può essere un colore uniforme, una sfumatura, un tratteggio, o una bitmap (Figura 111). Il riempimento dell'area può essere parzialmente o totalmente trasparente e può creare un'ombra.

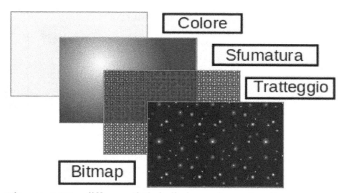

Figura 111: differenti tipi di riempimento d'area

La barra degli strumenti Stile e riempimento contiene la maggior parte degli strumenti normalmente usati per formattare oggetti grafici. Se questa barra non è visualizzata, scegliete la voce **Visualizza > Barre degli strumenti > Stile e riempimento** dalla barra dei menu. Potete anche utilizzare la finestra di dialogo Area, come descritto a pagina 153.

Per formattare l'area di un oggetto selezionatelo, così da fare comparire le maniglie di selezione. Dalla barra degli strumenti Stile e riempimento è disponibile un ampio numero di riempimenti predefiniti (Figura 112). Selezionate dal menu a discesa Colore il tipo di riempimento desiderato (Figura 113). Se non desiderate alcun riempimento, selezionate *Invisibile*.

Una volta deciso un riempimento predefinito o personalizzato, potete rifinire ulteriormente aggiungendo un'ombra o una trasparenza.

Figura 112: opzioni comuni di riempimento evidenziate

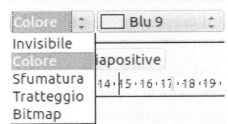

Figura 113: tipi di riempimento d'area

Riempimento area con il colore

Per modificare il riempimento area di un oggetto utilizzando un colore (Figura 114):

1) Selezionate l'oggetto che volete modificare.
2) Sulla barra degli strumenti Stile e riempimento, selezionate **Colore** dall'elenco a discesa.
3) Selezionate un colore dall'elenco a discesa.

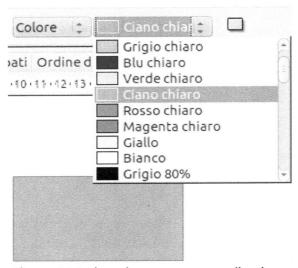

Figura 114: riempimento area con il colore

Riempimento area con una sfumatura

Un riempimento sfumato fornisce una transizione morbida da un colore all'altro. Il tipo di transizione può variare da una semplice transizione lineare a una più complessa transizione radiale. Per modificare il riempimento d'area di un oggetto con una sfumatura (Figura 115) procedete seguendo questi passaggi:

1) Selezionate l'oggetto che volete modificare.
2) Sulla barra degli strumenti Stile e riempimento selezionate **Sfumatura** dall'elenco a discesa.
3) Selezionate una sfumatura dall'elenco a discesa.

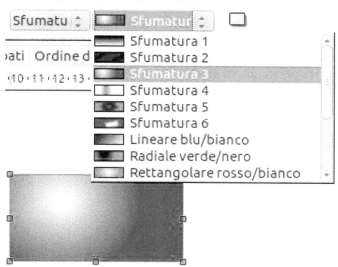

Figura 115: riempimento area con una sfumatura

Riempimento area con tratteggio o linea

Quando viene applicato un riempimento con tratteggio, questo riempie tutta l'area dell'oggetto selezionato. Per cambiare il riempimento dell'area di un oggetto con un tratteggio (Figura 116) procedete come segue:

1) Selezionate l'oggetto che volete modificare.
2) Sulla barra degli strumenti Stile e riempimento selezionate **Tratteggio** dall'elenco a discesa.
3) Selezionate un riempimento tratteggiato dall'elenco a discesa.

Figura 116: riempimento area con un tratteggio

Riempimento area con immagine bitmap

Potete riempire un oggetto solo con un'immagine bitmap e non con un'immagine vettoriale. Per cambiare il riempimento dell'area di un oggetto sostituendolo con un'immagine bitmap (Figura 117) seguite questi passaggi:

1) Selezionate l'oggetto che volete modificare.
2) Sulla barra degli strumenti Stile e riempimento selezionate **Bitmap** dall'elenco a discesa.
3) Selezionate un riempimento bitmap dall'elenco a discesa.

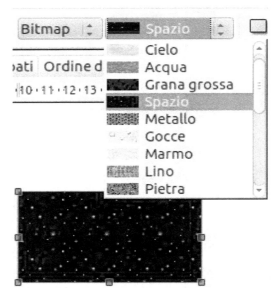

Figura 117: riempimento area con un'immagine bitmap

Uso della finestra di dialogo Area

Oltre a utilizzare la barra degli strumenti Stile e riempimento, è possibile ricorrere alla finestra di dialogo Area per applicare riempimenti d'area esistenti o creare il proprio riempimento d'area. Per aprirla, scegliete la voce **Formato > Area** dalla barra dei menu, o fate clic sull'icona Area 🎨 sulla barra degli strumenti Stile e riempimento, oppure ancora fate clic con il pulsante destro del mouse sull'oggetto e selezionate **Area**.

Potete utilizzare la scheda *Area* per applicare i riempimenti predefiniti, sia quelli forniti da LibreOffice che quelli da voi creati.

Usate le schede *Colori*, *Sfumature*, *Tratteggio* e *Bitmap* per definire nuovi riempimenti, come descritto in "Creazione di nuovi riempimenti d'area" a pagina 155. La scheda *Trasparenza* è discussa a pagina 164. Per fare in modo che l'oggetto proietti un'ombra, vedere pagina 163.

Per applicare un riempimento di area, prima selezionate nell'elenco a discesa in alto a sinistra il tipo di riempimento desiderato. La scheda cambia per mostrare nella sezione centrale l'elenco degli stili predefiniti per quel tipo di riempimento.

Nota	Nella finestra di dialogo Area, la scelta per non utilizzare alcun riempimento è *Nessuno* invece di *Invisibile*.

Quando si utilizza la scheda Area della finestra di dialogo Area, alcune opzioni aggiuntive potrebbero diventare disponibili dopo aver selezionato il tipo di riempimento e uno degli stili di riempimento disponibili.

- Per i riempimenti con il colore, selezionate **Colore** dall'elenco a discesa e poi selezionate il colore desiderato dalla lista dei colori disponibili. Fate clic sul pulsante **OK** e il colore di riempimento apparirà nella forma selezionata (Figura 118).

Figura 118: finestra di dialogo Area, con l'opzione Colore selezionata

- Per i riempimenti con una sfumatura, selezionate **Sfumatura** dall'elenco a discesa e poi selezionate la sfumatura desiderata dalla lista delle sfumature disponibili. Fate clic sul pulsante **OK** e la sfumatura di riempimento apparirà nella forma selezionata (Figura 119). È possibile cambiare il numero di passaggi (incrementi) da applicare alla transizione della sfumatura. Per fare ciò, deselezionate l'opzione **Automatico** nell'area *Incrementi* e poi inserite il numero di passaggi desiderati nella casella a destra.

Figura 119: finestra di dialogo Area, con l'opzione Sfumatura selezionata

- Per i riempimenti con un tratteggio, selezionate **Tratteggio** dall'elenco a discesa, quindi il tratteggio desiderato dalla lista dei tratteggi disponibili. Fate clic sul pulsante **OK** e il tratteggio di riempimento apparirà nella forma selezionata (Figura 120). È possibile applicare un diverso colore di sfondo selezionando l'opzione **Colore di sfondo** e scegliendo il colore dal menu a discesa.

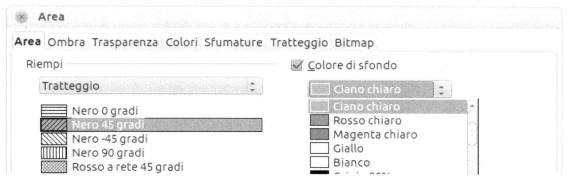

Figura 120: finestra di dialogo Area, con l'opzione Tratteggio selezionata

- Per i riempimenti con un'immagine bitmap, selezionate **Bitmap** dall'elenco a discesa, quindi l'immagine bitmap desiderata dalla lista di quelle disponibili. Fate clic sul pulsante **OK** e l'immagine bitmap di riempimento apparirà nella forma selezionata (Figura 121). Potete personalizzare un grande numero di parametri. Fate riferimento a "Lavorare con i riempimenti bitmap" a pagina 160 per ulteriori informazioni.

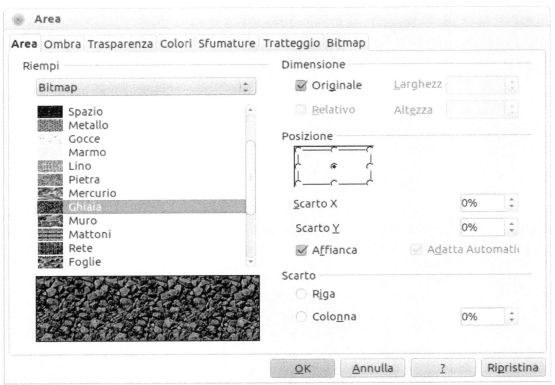

Figura 121: finestra di dialogo Area, con l'opzione Bitmap selezionata

Creazione di nuovi riempimenti d'area

Le seguenti sezioni descrivono come creare nuovi riempimenti e come applicarli.

Sebbene sia possibile modificare le caratteristiche di un riempimento esistente e poi fare clic sul pulsante **Modifica**, si raccomanda di creare nuovi riempimenti o modificare riempimenti personalizzati, piuttosto che alterare quelli predefiniti, poiché questi potrebbero essere ripristinati quando aggiornate LibreOffice.

Creare colori personalizzati

Nella scheda *Colori* (Figura 122), potete modificare colori esistenti o crearne di vostri. Potete inoltre specificare un nuovo colore sia come una combinazione dei tre colori primari rosso, verde e blu (notazione RGB), sia come percentuali di ciano, magenta, giallo e nero (notazione CMYK).

Per creare un nuovo colore:

1) Inserite il nome del colore nella casella *Nome*.
2) Scegliete se definire il colore in RGB o CMYK. Per RGB specificate le componenti di rosso (R), verde (G) e blu (B) in una scala da 0 a 255. Per CMYK specificate le componenti di ciano (C), magenta (M), giallo (Y) e nero (K) da 0% a 100%.
3) Fate clic sul pulsante **Aggiungi**. Il colore viene così aggiunto all'elenco a discesa *Colore*.

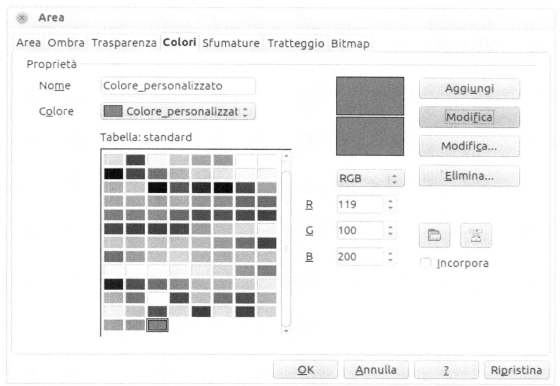

Figura 122: creazione di un nuovo colore

Per modificare un colore:

1) Selezionate il colore da modificare dall'elenco.
2) Inserite i nuovi valori che definiscono il colore in RGB o CMYK.
3) Modificate il nome come desiderate.
4) Fate clic sul pulsante **Modifica**.

In alternativa, per modificare un colore:

1) Fate clic sul pulsante **Modifica...** per aprire la finestra di dialogo Selettore di colore (Figura 123).
2) Modificate i componenti del colore come desiderate, utilizzando RGB, CMYK o HSB (Hue, Saturation, Brightness - Tonalità, Saturazione, Luminosità).
3) Fate clic su **OK** per uscire dalla finestra di dialogo Selettore di colore.
4) Fate clic sul pulsante **Modifica** nella scheda Colore, quindi fate clic sul pulsante **OK**.

Il nuovo colore creato è disponibile solo nel documento corrente. Se volete usare questo colore in altre presentazioni, fate clic sull'icona **Salva lista colori** 🖫 e digitate un nome di file univoco nella finestra di dialogo **Salva con nome** che si apre. La lista di colori salvata ha estensione file .soc.

Per utilizzare una lista di colori salvata precedentemente, fate clic sull'icona **Carica lista colori** 🗁 e selezionate il file dalla finestra di dialogo Apri file. Fate clic su **Apri** per caricare l'elenco di colori in Impress.

Suggerimento	Potete anche aggiungere colori personalizzati usando **Strumenti > Opzioni > LibreOffice > Colori**. Questo metodo rende il colore disponibile per tutti i componenti di LibreOffice, mentre i colori creati utilizzando **Formato > Area > Colori** sono disponibili solo per Impress.

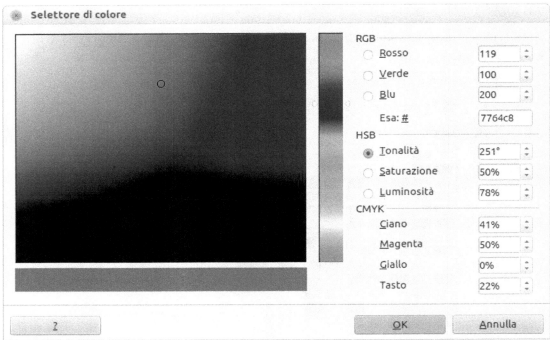

Figura 123: modifica di un colore

Creare sfumature personalizzate

Per creare una nuova sfumatura o per modificarne una esistente, selezionate la scheda Sfumature nella finestra di dialogo Area (Figura 124). Diversi tipi di sfumature sono predefiniti e nella maggior parte dei casi modificare i colori dagli elenchi a discesa *Da* e *A* sarà sufficiente per ottenere il risultato desiderato.

È opportuno creare una nuova sfumatura anche se volete solo cambiare i due colori, piuttosto che modificare quelli predefiniti, che dovrebbero essere usati solo come punto di partenza.

Per creare una nuova sfumatura:

1) Per prima cosa scegliete i colori dagli elenchi a discesa *Da* e *A*.
2) Scegliete poi un tipo di sfumatura dal menu a tendina: Lineare, Assiale, Radiale, Ellissoidale, Quadrato o Rettangolare.
3) Sotto l'elenco delle sfumature disponibili, al centro della finestra di dialogo, viene mostrata un'anteprima del tipo di sfumatura.
4) A seconda del tipo scelto alcune opzioni saranno disattivate. Impostate tutte le proprietà secondo le vostre esigenze (molto spesso i valori predefiniti andranno bene). Le proprietà da impostare per creare una sfumatura sono riassunte nella Tabella 8.
5) Fate clic sul pulsante **Aggiungi** per aggiungere la sfumatura appena creata all'elenco.

La nuova sfumatura creata è disponibile solo nel documento corrente. Se desiderate utilizzare

questa sfumatura in altre presentazioni, fate clic sull'icona **Salva lista sfumature** 📇 e digitate un nome di file univoco nella finestra di dialogo **Salva con nome** che si apre. La lista delle sfumature salvata ha estensione di file .sog.

Per utilizzare un elenco di sfumature precedentemente salvato, fate clic sull'icona **Carica lista sfumature** 📂 e selezionate il file dalla finestra di dialogo Apri file. Fate clic su **Apri** per caricare in Impress l'elenco sfumature salvato.

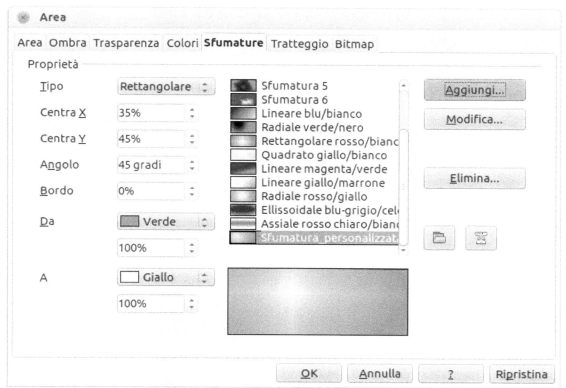

Figura 124: creazione di una nuova sfumatura

Tabella 8: proprietà sfumature

Proprietà	Significato
Centra X	Per sfumature Radiali, Ellissoidali, Quadrate e Rettangolari, modificate questi valori per impostare lo spostamento orizzontale del centro della sfumatura.
Centra Y	Per sfumature Radiali, Ellissoidali, Quadrate e Rettangolari, modificate questi valori per impostare lo spostamento verticale del centro della sfumatura.
Angolo	Per tutti i tipi di gradiente, specificate l'angolo dell'asse della sfumatura.
Bordo	Aumentate questo valore per rendere l'inizio della sfumatura più lontana dal bordo della forma.
Da	Il colore di partenza per la sfumatura. Nella casella di modifica sottostante immettete l'intensità del colore: 0% corrisponde al nero, 100% al colore pieno.
A	Il colore di arrivo per la sfumatura. Nella casella di modifica sottostante immettete l'intensità del colore: 0% corrisponde al nero, 100% al colore pieno.

Creare modelli di tratteggio personalizzati

Per creare nuovi modelli di tratteggio o modificare quelli esistenti, selezionate la scheda *Tratteggio* della finestra di dialogo Area (Figura 125). Come con le sfumature e i colori, è preferibile creare un nuovo modello di tratteggio anziché modificarne uno predefinito. Le proprietà che possono essere impostate per un modello di tratteggio sono mostrate nella Tabella 9.

Per creare un nuovo modello di tratteggio:

1) Selezionate come punto di partenza un modello simile a quello che verrà creato.
2) Modificate le proprietà delle linee che formano il modello. Nella finestra sottostante i modelli disponibili viene visualizzata un'anteprima.

3) Fate clic sul pulsante **Aggiungi** e scegliete un nome per il tratteggio appena creato.

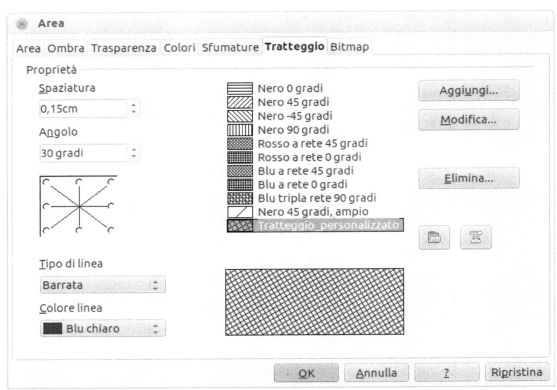

Figura 125: creazione di un nuovo modello di tratteggio

Tabella 9: proprietà dei modelli di tratteggio

Proprietà	Significato
Spaziatura	Consente di determinare la spaziatura tra due linee del modello. Non appena il valore cambia la finestra di anteprima viene aggiornata.
Angolo	Utilizzate la piccola mappa sotto il valore numerico per impostare rapidamente l'angolo formato dalla linea a multipli di 45 gradi. Se l'angolo desiderato non è un multiplo di 45 gradi, inserite solamente il valore desiderato nella casella di modifica.
Tipo di linea	Impostate una linea singola, barrata o tripla per lo stile del modello.
Colore linea	Utilizzate l'elenco per selezionare il colore delle linee che formeranno il modello.

Il nuovo modello di tratteggio creato è disponibile solo nel documento corrente. Se desiderate utilizzare questo modello in altre presentazioni, fate clic sull'icona **Salva lista tratteggi** ⊞ e digitate un nome di file univoco nella finestra di dialogo **Salva con nome** che si apre. La lista dei tratteggi salvata ha l'estensione di file .soh.

Per utilizzare un elenco di tratteggi precedentemente salvato, fate clic sull'icona **Carica lista tratteggi** ⌂ e selezionate il file dalla finestra di dialogo Apri file. Fate clic su **Apri** per caricare l'elenco di tratteggi in Impress.

Lavorare con i riempimenti bitmap

Nella scheda Area scegliete *Bitmap* dall'elenco a discesa. Selezionate dall'elenco di bitmap quella da utilizzare per riempire l'area. Notate che qualsiasi bitmap importata sarà disponibile nell'elenco.

Impostate le dimensioni, la posizione e i parametri di spostamento (a seconda dei casi) nel lato destro della scheda, poi fate clic su **OK** per chiudere la finestra di dialogo.

Come mostra la Figura 126, ci sono diversi parametri da configurare quando si utilizza un riempimento con bitmap. Questi sono descritti nella Tabella 10.

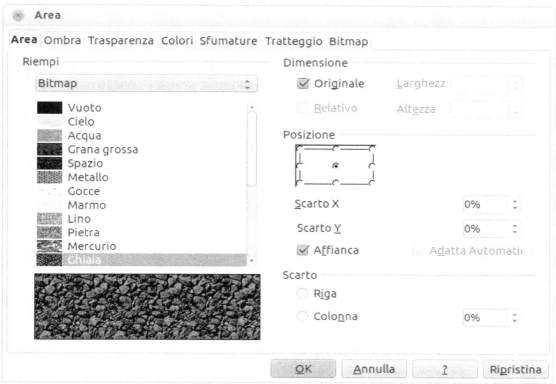

Figura 126: formattazione avanzata per riempimento con bitmap

Tabella 10: proprietà riempimento con bitmap

Proprietà	Significato
Dimensione – Originale	Selezionate questa casella per mantenere le dimensioni originali dell'immagine bitmap.
Dimensione – Relativa	Per ridimensionare l'oggetto deselezionate Originale e selezionate Relativo. Le caselle di modifica Larghezza e Altezza vengono abilitate.
Dimensione – Larghezza	Quando è selezionato Relativo, 100% significa che la larghezza originale dell'immagine bitmap verrà ridimensionata per occupare l'intera larghezza dell'area di riempimento, 50% significa che la larghezza dell'immagine bitmap sarà la metà di quella dell'area di riempimento.
Dimensione – Altezza	Quando è selezionato Relativo, 100% significa che l'altezza originale dell'immagine bitmap verrà ridimensionata per occupare l'intera altezza dell'area di riempimento, 50% significa che l'altezza dell'immagine bitmap sarà la metà di quella dell'area di riempimento.
Posizione – Mappa ancoraggio	Selezionate dalla mappa la posizione, all'interno dell'area, a cui l'immagine bitmap deve essere ancorata.

Proprietà	Significato
Posizione – Affianca	Quando questa opzione è selezionata, l'immagine bitmap verrà affiancata per riempire l'area. Le dimensioni dell'immagine bitmap utilizzata per l'affiancamento è determinata dalle impostazioni delle dimensioni.
Posizione – Scarto X	Quando l'opzione Affianca è abilitata, inserite in questa casella lo spostamento per la larghezza dell'immagine bitmap in valori percentuali. Uno scarto del 50% significa che Impress posizionerà la parte centrale dell'immagine bitmap nel punto di ancoraggio, iniziando l'affiancamento da tale punto.
Posizione – Scarto Y	Ciò avrà un effetto simile allo scarto X, ma influirà sull'altezza dell'immagine bitmap.
Posizione – Adatta automaticamente	Allunga l'immagine bitmap per riempire l'intera area. Selezionando questa opzione verranno disabilitate tutte le impostazioni delle dimensioni.
Scarto – Riga	Se l'opzione Affianca è abilitata, corregge le righe delle immagini bitmap affiancate della percentuale immessa nella casella, in modo che due righe successive non siano allineate.
Scarto – Colonna	Se l'opzione Affianca è abilitata, corregge le colonne delle immagini bitmap affiancate della percentuale immessa nella casella, in modo che due colonne successive non siano allineate.

Il modo migliore per comprendere il funzionamento di questi parametri è di usarli. La Figura 127 mostra alcuni esempi di riempimenti con immagini bitmap e i parametri utilizzati.

Figura 127: esempi di riempimento con immagini bitmap

Creare e importare immagini bitmap

È possibile aggiungere (importare) nuovi riempimenti con immagini bitmap o creare un proprio modello su una griglia 8x8 usando la scheda *Bitmap* della finestra di dialogo Area (Figura 128).

Per creare un riempimento con un'immagine bitmap:

1) Iniziate con il tipo di immagine bitmap **Vuoto** in cima all'elenco per attivare l'**Editor modello**.

2) Selezionate il **Colore in primo piano** e il **Colore di sfondo**.

3) Iniziate a creare il modello facendo clic con il pulsante sinistro del mouse sui quadrati (pixel) che volete nel colore di primo piano. Utilizzate il pulsante destro del mouse per applicare il colore di sfondo. Controllate la finestra di anteprima per vedere se state ottenendo l'effetto desiderato.

4) Quando avete terminato, fate clic su **Aggiungi** per salvare il modello.

Per importare un'immagine bitmap creata in Draw o in un altro programma:

1) Fate clic sul pulsante **Importa**.

2) Verrà visualizzata una finestra di selezione file che mostra un elenco di tipi di file compatibili. Passate alla cartella contenente il file dell'immagine bitmap e selezionatelo, quindi fate clic su **Apri**.

3) Digitate un nome per l'immagine bitmap importata e fate clic su **OK**.

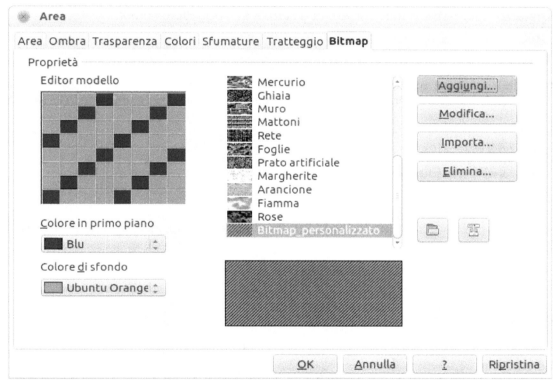

Figura 128: creazione di una nuova immagine bitmap

Nota	Le immagini bitmap in generale hanno estensione .bmp o .png. Per creare un'immagine bitmap con Draw, selezionate **File > Esporta**, scegliete **PNG** dall'elenco a discesa dei formati di file, date un nome al file e salvatelo.

La nuova immagine bitmap è disponibile solo nel documento corrente. Se desiderate usare questa immagine bitmap in altre presentazioni, fate clic sull'icona **Salva lista bitmap** e digitate un nome di file univoco nella finestra di dialogo **Salva con nome** che si apre. L'elenco di immagini bitmap salvato ha estensione file .sob.

Per utilizzare un elenco di immagini bitmap precedentemente salvato, fate clic sull'icona **Carica lista bitmap** e selezionate il file dalla finestra di dialogo Apri file. Fate clic su **Apri** per caricare l'elenco di immagini bitmap in Impress.

Formattazione delle ombre

L'ombreggiatura può essere applicata a linee, forme e testo.

Per applicare rapidamente un'ombreggiatura solamente a una linea o a una forma, selezionate prima la linea o la forma e poi fate clic sull'icona **Ombra** sulla barra degli strumenti Stile e riempimento. L'ombreggiatura applicata con questo metodo non può essere personalizzata; vengono applicate le impostazioni predefinite.

Per applicare un'ombreggiatura a una linea, forma o testo, selezionate prima l'oggetto, quindi selezionate il menu **Formato > Area** per aprire la finestra di dialogo Area. Fate clic sull'etichetta **Ombra** per aprire la scheda Ombra (Figura 129). Questo vi permetterà di impostare le seguenti proprietà per l'ombra.

- **Posizione**: consente di selezionare il punto che determina la direzione in cui l'ombra viene proiettata.
- **Distanza**: permette di determinare la distanza tra l'oggetto e l'ombra.
- **Colore**: permette di impostare il colore dell'ombra.
- **Trasparenza**: permette di determinare l'entità della trasparenza per l'ombra.

Un metodo alternativo per usare le ombre è quello di applicare uno stile che utilizza un'ombra. Vedete la sezione "Lavorare con gli stili grafici" a pagina 170 per ulteriori informazioni sull'utilizzo degli stili.

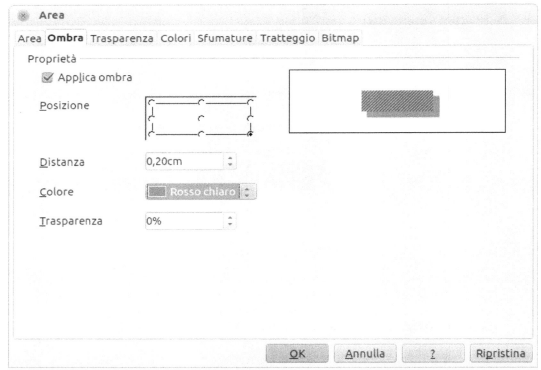

Figura 129: personalizzazione di un'ombra

Formattazione della trasparenza

La trasparenza è applicabile sia agli oggetti che alle ombre. Per applicare la trasparenza alle linee, fate riferimento alla sezione "Formattare le linee" a pagina 144; per le ombre, fate riferimento alla sezione "Formattazione delle ombre" a pagina 163.

Per applicare la trasparenza agli oggetti, selezionate l'oggetto e poi selezionate il menu **Formato > Area** per aprire la finestra di dialogo Area. Fate clic sull'etichetta **Trasparenza** per aprire la scheda Trasparenza (Figura 130).

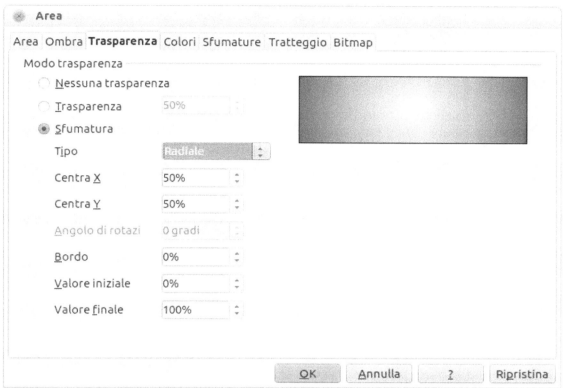

Figura 130: impostazione della trasparenza di un oggetto

Sono disponibili due tipi di trasparenza: *trasparenza uniforme* e *trasparenza sfumata*.

Per creare una trasparenza uniforme, selezionate **Trasparenza** e impostate poi la percentuale di trasparenza desiderata.

Per creare una trasparenza sfumata (in modo che l'area diventi gradualmente trasparente) selezionate **Sfumatura** e poi impostate i parametri della sfumatura. Fate riferimento alla Tabella 11 per una descrizione delle proprietà.

Potete trovare ulteriori informazioni sulla trasparenza sfumata, incluso un esempio di come combinare sfumature di colore con trasparenze sfumate, nella sezione "Controlli avanzati sulla sfumatura" a pagina 165.

Tabella 11: proprietà della trasparenza con sfumature

Proprietà	Significato
Centra X	Per le sfumature Radiale, Ellissoidale, Quadratico e Quadrato, cambiate questi valori per impostare lo spostamento orizzontale del centro della sfumatura.
Centra Y	Per le sfumature Radiale, Ellissoidale, Quadratico e Quadrato, cambiate questi valori per impostare lo spostamento verticale del centro della sfumatura.

Proprietà	Significato
Angolo	Per le sfumature Lineare, Assiale, Ellissoidale, Quadratico e Quadrato, permette di specificare l'angolo dell'asse della sfumatura.
Bordo	Aumentate questo valore per rendere l'inizio della sfumatura più lontana dal bordo dell'oggetto.
Valore iniziale	Valore di partenza per la sfumatura della trasparenza. 0% è completamente opaco, 100% significa completamente trasparente.
Valore finale	Valore di arrivo per la sfumatura della trasparenza. 0% è completamente opaco, 100% significa completamente trasparente.

Controlli avanzati sulla sfumatura

Come discusso nella sezione "Creare sfumature personalizzate" a pagina 157, le proprietà della sfumatura possono essere configurate usando le proprietà indicate nella finestra di dialogo mostrata nella Figura 124 e nella Tabella 8. Impress fornisce anche un'interfaccia grafica per la modifica dei parametri della sfumatura utilizzando solo il mouse.

Per utilizzare questo strumento, selezionate un oggetto con una sfumatura, poi fate clic sull'icona

Sfumatura  sulla barra degli strumenti **Modo** (Figura 131). Verrà così mostrata una linea tratteggiata che collega a dei quadrati. I colori sono gli stessi dei campi **Da** e **A**, usati per la sfumatura selezionata (Figura 132).

Figura 131: barra degli strumenti Modo

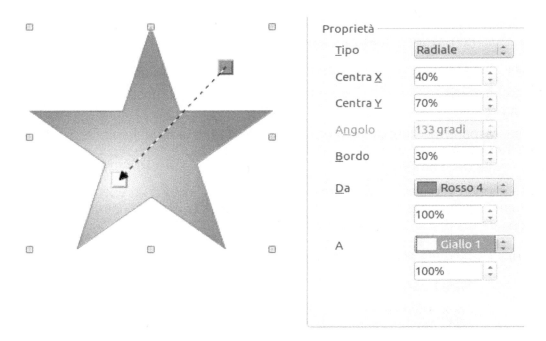

Figura 132: sfumatura da Rosso 4 a Giallo 1

- Per **sfumature lineari**: spostate il quadrato corrispondente al colore *Da* per cambiare il punto in cui inizia la sfumatura (valore bordo). Spostate il quadrato corrispondente al colore *A* per cambiare l'orientamento (valore angolo).

- Per **sfumature assiali**: potete spostare solo il colore *A* per modificare le proprietà sia di bordo che di angolo della sfumatura.

- Per **sfumature radiali**: spostate il colore *Da* per modificare la proprietà di bordo e impostare così la larghezza della sfumatura circolare. Spostate il colore *A* per cambiare il punto in cui termina la sfumatura (valori Centro X e Centro Y).

- Per **sfumature ellissoidali**: spostate il colore *Da* per modificare la proprietà di bordo e impostare così le dimensioni della sfumatura ellissoidale. Spostate il colore *A* per modificare l'angolo dell'asse dell'ellissoide e l'asse stesso.

- Per sfumature **quadrate e rettangolari**: spostate il colore *Da* per modificare il bordo e impostare così le dimensioni della sfumatura quadrata o rettangolare e l'angolo della forma della sfumatura. Spostate il colore *A* per cambiare il centro della sfumatura.

Nota	Spostando i quadrati si otterranno effetti diversi a seconda del tipo di sfumatura. Ad esempio, per una sfumatura lineare, i quadrati iniziale e finale della sfumatura saranno sempre situati su entrambi i lati del punto centrale dell'oggetto.

Formattazione del testo

Impress mette a disposizione due finestre di dialogo relative alla formattazione del testo: **Formato > Carattere** per singoli caratteri e **Formato > Testo** per intere parole, frasi o paragrafi.

Per modificare la formattazione come il tipo di carattere e gli effetti carattere, selezionate il testo all'interno della forma e poi andate su **Formato > Carattere** oppure **Formato > Testo**. Questa sezione riguarda la formattazione dell'intera forma di testo che viene aggiunta a un oggetto. Per ulteriori informazioni sulla formattazione del testo, consultate il Capitolo 3 (Aggiunta e formattazione del testo).

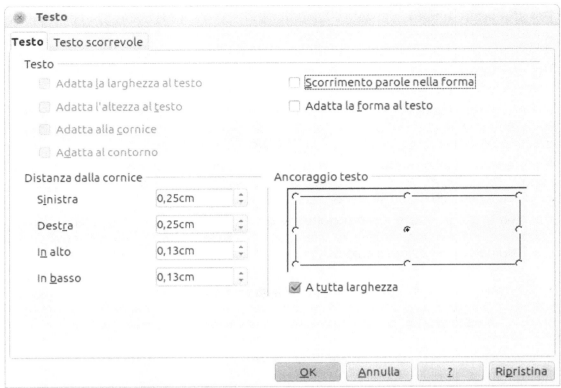

Figura 133: finestra di dialogo Testo

Per aggiungere testo a un oggetto:

1) Selezionate l'oggetto a cui verrà aggiunto il testo, in modo che vengano mostrate le maniglie di selezione.

2) Fate doppio clic sull'oggetto, cosicché il cursore si trasformi in una barra a I, ad indicare la modalità testo.

3) Digitate il vostro testo.

4) Al termine, fate clic all'esterno dell'oggetto oppure premete *Esc*.

Per formattare il testo in un oggetto:

1) Selezionate l'oggetto a cui è stato aggiunto il testo.

2) Selezionate la voce **Formato > Testo** oppure fate clic con il pulsante destro del mouse sulla forma e selezionate la voce **Testo** dal menu contestuale. Viene così mostrata la finestra di dialogo **Testo** (Figura 133).

L'area **Testo** della finestra di dialogo offre parecchie opzioni in forma di caselle di controllo. Alcune delle opzioni risulteranno disattivate, a seconda dell'oggetto a cui il testo è stato assegnato.

• **Adatta la larghezza al testo**: estende la larghezza dell'oggetto se il testo è troppo lungo per l'oggetto.

• **Scorrimento parole nella forma**: inizia una nuova riga automaticamente quando viene raggiunto il bordo dell'oggetto.

• **Adatta l'altezza al testo**: estende l'altezza dell'oggetto ogni volta che è più piccolo del testo (impostato in modo predefinito per le righe).

• **Adatta la forma al testo**: estende un oggetto personalizzato quando il testo inserito al suo interno è troppo grande.

• **Adatta alla cornice**: estende il testo, in modo che riempia tutto lo spazio disponibile.

• **Adatta al contorno**: permette al testo di seguire una linea curva.

Nell'area **Distanza dalla cornice** potete specificare lo spazio da lasciare tra i bordi dell'oggetto e il testo. Ciò è simile all'impostazione dell'indentazione e della spaziatura per i paragrafi.

L'area **Ancoraggio testo** è usata per ancorare il testo a un punto particolare all'interno dell'oggetto. L'opzione **A tutta larghezza** per l'ancoraggio centra il testo all'interno dell'oggetto e il testo sfrutterà l'intera larghezza dell'oggetto prima di scorrere.

Figura 134: finestra di dialogo Testo scorrevole

Animazione testo

La finestra di dialogo *Testo scorrevole* (Figura 134) permette di aggiungere effetti di animazione al testo. Selezionate una delle quattro opzioni dall'elenco a discesa. La direzione dell'animazione dell'effetto, se applicabile, viene selezionata utilizzando uno dei quattro pulsanti a freccia sulla destra. Gli effetti disponibili sono:

- **Nessun effetto**: impostazione predefinita.
- **Lampeggio**: il testo lampeggerà sullo schermo.
- **Scorrimento**: il testo si sposterà, entrando nell'oggetto e poi uscendone, seguendo la direzione selezionata.
- **Scorrimento in avanti e indietro**: il testo si sposterà prima nella direzione selezionata, poi rimbalzerà indietro fino al bordo dell'oggetto.
- **Scorrimento interno**: il testo scorrerà nella direzione selezionata, iniziando dal bordo dell'oggetto, e si fermerà al centro.

Le altre proprietà che possono essere impostate sono:

- **Testo visibile all'inizio**: quando selezionata, l'animazione inizierà dall'interno dell'oggetto.
- **Testo visibile alla fine**: selezionate questa opzione per visualizzare il testo in uscita.
- **Passaggi animazione**: selezionate **Continuo** oppure un determinato numero di cicli per l'animazione.

- **Incremento**: permette di impostare lo spostamento dell'animazione in **Pixel** oppure in una distanza specifica. Le unità di misura dipendono dalle impostazioni in **Strumenti > Opzioni > LibreOffice Impress > Generale**.

- **Ritardo**: permette di impostare la durata del ritardo **Automaticamente** oppure con una specifica lunghezza di tempo prima che l'animazione inizi.

Per vedere alcune delle animazioni in azione è necessario avviare la presentazione. Premete *F9* oppure selezionate **Presentazione > Presentazione** dal menu principale. Per ritornare alla modalità di modifica premete *Esc*.

Formattazione dei connettori

I connettori sono linee che uniscono due forme e iniziano sempre da, o terminano in, un punto di incollaggio su un oggetto. Fate riferimento al Capitolo 5 (Gestione degli oggetti grafici) per una descrizione dell'utilizzo dei connettori.

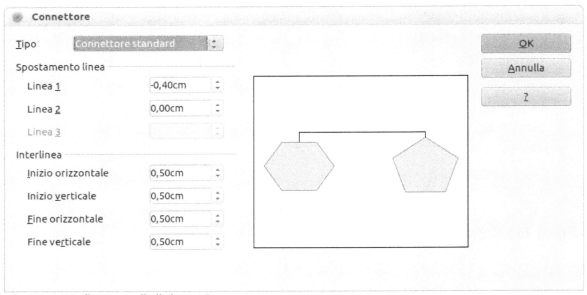

Figura 135: finestra di dialogo Connettore

È possibile accedere e modificare le proprietà del connettore in due modi:

- Fate clic con il pulsante destro del mouse sulla linea del connettore e selezionate la voce **Connettore** dal menu contestuale.

- Selezionate **Formato > Stili e formattazione** oppure premere il tasto **F11**, poi selezionate **Connettore > Modifica**.

Entrambi i metodi aprono la finestra di dialogo *Connettore* (Figura 135), dove potete impostare le proprietà dei connettori.

- **Tipo**: consente di impostare il tipo di connettore - Standard (impostazione predefinita), Lineare, Diretto e Curvo.

- **Spostamento linea**: usato per impostare la distanza tra le linee in caso si sovrappongano più connettori. Potete personalizzare la distanza tra quattro diverse linee.

- **Interlinea**: usata per impostare lo spazio orizzontale e verticale tra il connettore e l'oggetto ad ogni estremità del connettore.

Lavorare con gli stili grafici

Per ottenere consistenza di stile nelle diapositive di una presentazione, o di una raccolta di presentazioni, o per applicare la stessa formattazione a un gran numero di oggetti, l'approccio migliore è quello di utilizzare uno stile grafico.

Gli stili grafici sono simili agli stili di paragrafo per il testo. Uno stile grafico raggruppa tutte le proprietà di formattazione applicabili a un oggetto grafico e poi associa questo gruppo di proprietà a un nome. In tal modo uno stile grafico diviene nuovamente utilizzabile per altri oggetti grafici. Se uno stile grafico viene modificato (ad esempio, cambiando la trasparenza di un'area), le modifiche vengono applicate automaticamente a tutti gli oggetti che usano lo stesso stile grafico.

Figura 136: Stili grafici e formattazione

Se utilizzate Impress frequentemente, una libreria di stili grafici ben definiti è uno strumento prezioso per accelerare il processo di formattazione del lavoro, in base alle vostre esigenze oppure a linee guida di stile che potreste aver bisogno di seguire (colori aziendali, caratteri e così via).

Fate clic sull'icona Stili immagini ![icona] nella finestra di dialogo Stili e formattazione (Figura 136) per accedere agli stili grafici. Se la finestra di dialogo non è aperta, premete il tasto **F11**, oppure fate clic sull'icona **Stili e formattazione** ![icona] sulla barra degli strumenti Stile e riempimento, oppure ancora selezionate la voce **Formato > Stili e formattazione** dalla barra dei menu.

Stili grafici collegati

Gli stili grafici supportano l'ereditarietà; vale a dire, uno stile può essere collegato a un altro stile (genitore), in modo che erediti tutte le impostazioni di formattazione del genitore. È possibile utilizzare questa proprietà per creare "famiglie" di stili.

Ad esempio, se avete bisogno di più caselle che si differenziano per il colore, ma per il resto sono formattate in maniera identica, il modo migliore di procedere è quello di definire uno stile generico per la casella, inclusi i bordi, l'area di riempimento, il tipo di carattere, e così via, e poi una serie di stili gerarchicamente dipendenti che si differenziano solo per l'attributo del colore di riempimento. Se avete bisogno in seguito di modificare le dimensioni del carattere o lo spessore del bordo, sarà sufficiente cambiare lo stile principale (genitore) e tutti gli altri stili cambieranno di conseguenza.

Creare stili grafici

È possibile creare un nuovo stile grafico in due modi:

- Tramite la finestra di dialogo Stili e formattazione
- Tramite una selezione

Creare un nuovo stile grafico usando la finestra di dialogo Stili e formattazione

Fate clic sull'icona Stili immagini 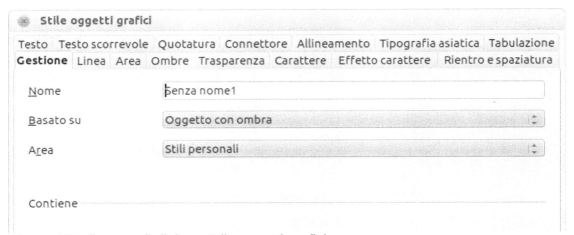 nella parte superiore della finestra Stili e formattazione.

Per collegare un nuovo stile con uno stile esistente:

1) Selezionate lo stile che volete usare nella finestra di dialogo Stili e formattazione (Figura 136).
2) Fate clic con il pulsante destro del mouse e selezionate **Nuovo** per aprire la finestra di dialogo Stile oggetti grafici (Figura 137).
3) Date al nuovo stile grafico un nome di file che possiate ricordare facilmente.
4) Potete utilizzare le diverse schede e caselle di testo nella finestra di dialogo Stile oggetti grafici per formattare e categorizzare il nuovo stile.
5) Quando avete finito fate clic sul pulsante **OK** per salvare il nuovo stile grafico.

Figura 137: finestra di dialogo Stile oggetti grafici

La finestra di dialogo Stile oggetti grafici è costituita da diverse schede che possono essere raggruppate come segue:

- La scheda Gestione contiene una sintesi dello stile e della sua posizione gerarchica.
- Le schede Carattere, Effetto carattere, Rientro e spaziatura, Allineamento, Tabulazione e Tipografia asiatica permettono di impostare le proprietà del testo inserito in una casella di testo o in un oggetto grafico.
- La scheda Quotatura viene utilizzata per impostare lo stile delle linee di quotatura.
- Le schede Testo, Testo scorrevole, Connettore, Linea, Area, Ombre e Trasparenza permettono di determinare la formattazione di un oggetto grafico e sono discusse altrove in questo capitolo.

Nota	Quando gli stili sono collegati, cambiando ad esempio il tipo di carattere verrà cambiato il tipo di carattere in tutti gli stili collegati. A volte ciò potrebbe essere esattamente ciò che si desiderate; altre volte potreste non volere che le modifiche vengano applicate a tutti gli stili collegati. Vale la pena di pianificare in anticipo tali necessità.

Creare un nuovo stile grafico da un oggetto selezionato

È possibile creare un nuovo stile da un oggetto che è già stato formattato. Potrebbe trattarsi di testo o di oggetti grafici:

1) Selezionate l'oggetto che volete usare per creare il nuovo stile.

2) Aprite la finestra di dialogo Stili e formattazione e fate clic sull'icona **Nuovo stile dalla selezione** (Figura 138).

3) Nella finestra di dialogo Crea stile (Figura 139) digitate un nome per il nuovo stile. L'elenco mostra gli stili personalizzati esistenti disponibili.

4) Fate clic su **OK** per salvare il nuovo stile.

Figura 138: nuovo stile da selezione

Figura 139: assegnazione di un nome a un nuovo stile creato da una selezione

Modificare uno stile grafico

Per modificare uno stile esistente, fate clic con il pulsante destro del mouse sullo stile nella finestra di dialogo Stili e formattazione e scegliete la voce **Modifica** dal menu a comparsa. La finestra di dialogo per la modifica di uno stile grafico è la stessa della finestra per la creazione di un nuovo stile grafico (Figura 137). Apportate le modifiche necessarie allo stile e poi fate clic su **OK** per salvarle.

Aggiornare uno stile grafico da una selezione

Per aggiornare uno stile da un oggetto selezionato:

1) Selezionate un oggetto che usa la formattazione che volete adottare come stile.

2) Nella finestra di dialogo Stili e formattazione selezionate lo stile che volete aggiornare, poi fate clic sull'icona **Aggiorna stile** (Figura 140).

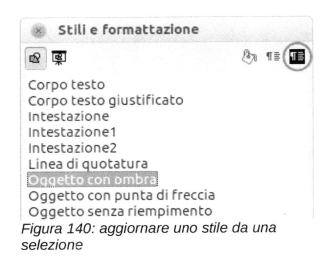

Figura 140: aggiornare uno stile da una selezione

Suggerimento	Ogni modifica apportata a uno stile avrà effetto solo nel documento su cui state lavorando e non cambierà il modello associato. Se desiderate applicare le modifiche a più di un documento, dovrete modificare il modello (a tal riguardo vedete il Capitolo 2).

Applicare gli stili grafici

È possibile applicare uno stile grafico in due modi utilizzando la finestra di dialogo Stili e formattazione. In primo luogo assicuratevi che gli stili grafici siano visualizzati (Figura 136), quindi effettuate una delle seguenti operazioni:

- Selezionate l'oggetto a cui desiderate applicare uno stile grafico e fate doppio clic sul nome dello stile che volete applicare.

- Fate clic sull'icona **Modo riempimento** e il puntatore del mouse assumerà la forma di questa icona. Posizionate l'icona sull'oggetto grafico a cui applicare lo stile e fate clic con il pulsante del mouse. Questa modalità rimane attiva fino a quando non la disattivate; in tal modo è possibile applicare lo stesso stile a più oggetti. Per disattivare la modalità riempimento, fate di nuovo clic sull'icona **Modo riempimento** oppure premete il tasto *Esc*.

- Quando la modalità riempimento è attiva, facendo clic con il pulsante destro del mouse in un qualsiasi punto del documento verrà annullata l'ultima operazione di riempimento. Fate quindi attenzione a non fare accidentalmente clic con il pulsante destro del mouse e annullare le operazioni che desiderate conservare.

Suggerimento	Nella parte inferiore della finestra Stili e formattazione è presente un elenco a comparsa. È possibile scegliere di visualizzare tutti gli stili o i gruppi di stili, come gli stili applicati, oppure, nel caso di stili grafici, gli stili personalizzati.

Eliminare gli stili grafici

Non è possibile eliminare nessuno degli stili predefiniti in Impress, anche se non li state usando. È solamente possibile eliminare gli stili personalizzati. Comunque, prima di eliminare uno stile personalizzato, assicuratevi che lo stile non sia in uso. Se uno stile non desiderato è in uso, sostituitelo con un altro stile.

Per eliminare gli stili personalizzati, fate clic con il pulsante destro del mouse su quelli da eliminare (uno alla volta) nella finestra Stili e formattazione, quindi fate clic su **Elimina** nel menu contestuale. Fate clic su **Sì** nel messaggio che compare.

Assegnare gli stili ai tasti di scelta rapida

LibreOffice offre un insieme di scorciatoie da tastiera predefinite che consentono di applicare rapidamente gli stili mentre si lavora con un documento. È possibile ridefinire queste scorciatoie o definirne di proprie, come descritto nell'Appendice A, Scorciatoie da tastiera.

Capitolo 7
Inserimento di fogli elettronici,
grafici e altri oggetti

Oggetti OLE

Il collegamento e l'incorporazione di oggetti (Object Linking and Embedding - OLE) è una tecnologia software che consente il collegamento e l'incorporamento dei seguenti tipi di file, o documenti, all'interno di una presentazione di Impress. Uno dei maggiori benefici offerti dagli oggetti OLE è che forniscono un metodo veloce e semplice per modificare l'oggetto stesso grazie a strumenti presenti nell'applicazione usata per creare l'oggetto.

- Fogli elettronici di LibreOffice
- Grafici di LibreOffice
- Disegni di LibreOffice
- Formule di LibreOffice
- Testi di LibreOffice

Questi tipi di file possono tutti essere creati utilizzando i vari moduli inclusi in LibreOffice.

Potete creare due tipi di oggetti OLE: nuovo e da file.

Inserimento di un nuovo oggetto OLE

Un nuovo oggetto OLE inserito nella presentazione è disponibile solo nella presentazione stessa e può essere modificato solo con Impress.

Per aggiungere un nuovo oggetto OLE alla vostra presentazione:

1) Accedete alla diapositiva in cui volete inserire l'oggetto OLE.
2) Selezionate la voce **Inserisci > Oggetto > Oggetto OLE** dalla barra dei menu.
3) Nella finestra di dialogo Inserisci oggetto OLE (Figura 141), selezionate **Crea nuovo**.

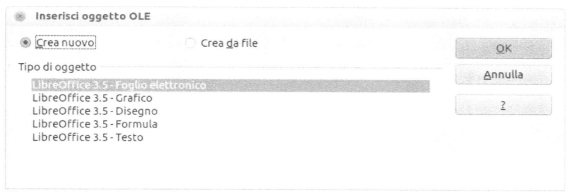

Figura 141: inserimento di un nuovo oggetto OLE

4) Selezionate il tipo di oggetto OLE che volete creare e fate clic su **OK**.
5) Nel centro della diapositiva viene inserito un nuovo oggetto OLE in modalità modifica. Le barre degli strumenti visibili in Impress cambieranno, fornendo gli strumenti necessari per la creazione del nuovo oggetto OLE.

Nota	Per i computer che usano Microsoft Windows è presente una ulteriore opzione, **Altri oggetti**. Facendo clic su questa opzione si aprirà la finestra di dialogo **Inserisci oggetto** che vi consente di creare un oggetto OLE utilizzando altri programmi compatibili con la tecnologia OLE. Questa opzione è disponibile per oggetti OLE nuovi e da file.

Inserimento di un oggetto OLE da un file

Quando inserite un file esistente nella diapositiva come oggetto OLE, per impostazione predefinita qualunque modifica successiva al file originale non verrà applicata alla copia del file inserita nella presentazione. Allo stesso modo, le modifiche apportate alla copia nella presentazione non avranno alcun effetto sul file originale. Se volete che le modifiche effettuate sul file, sia esso l'originale o quello nella presentazione, vengano applicate ad entrambe le versioni dovete scegliere di collegare il file originale con la presentazione all'atto dell'inserimento.

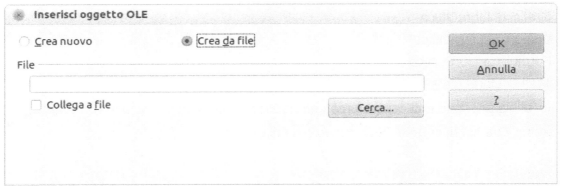

Figura 142: inserimento di un foglio elettronico

Per inserire un file nella presentazione come oggetto OLE:

1) Spostatevi sulla diapositiva in cui volete inserire il foglio elettronico.
2) Scegliete la voce **Inserisci > Oggetto > Oggetto OLE** dalla barra dei menu.
3) Nella finestra di dialogo Inserisci oggetto OLE selezionate **Crea da file**. La finestra di dialogo cambia, mostrando una casella di testo per il file (Figura 142).
4) Fate clic su **Cerca...** per visualizzare la finestra di dialogo Apri.
5) Localizzate il file che volete inserire e fate clic su **Apri**.
6) Selezionate l'opzione **Collega a file** se volete inserire il file come collegamento dinamico, in modo che qualunque modifica apportata sia sincronizzata tra il file originale e la presentazione.
7) Fate clic su **OK** per inserire il file come oggetto OLE.

Modifica di un oggetto OLE

Per modificare un oggetto OLE dopo la sua creazione o l'inserimento da file, fate doppio clic sull'oggetto OLE per aprire la modalità modifica (Figura 143). Le barre degli strumenti visibili in Impress cambieranno, fornendo gli strumenti necessari per la modifica dell'oggetto OLE.

Figura 143: oggetto OLE in modalità modifica

Fogli elettronici

Per includere un foglio elettronico in una diapositiva, potete inserire un file già esistente oppure creare un nuovo foglio elettronico come oggetto OLE. Fate riferimento alla sezione *Oggetti OLE* a pagina 176 per maggiori informazioni.

L'incorporamento di un foglio elettronico in Impress include la maggior parte delle funzionalità di un foglio di Calc, ed è, di conseguenza, possibile svolgere calcoli complessi e analisi dei dati. Se desiderate però utilizzare formule o dati particolarmente complessi, è consigliabile utilizzare un foglio elettronico di Calc separato e usare Impress solo per visualizzare il foglio incorporato con i risultati.

Potreste essere invogliati ad usare un foglio elettronico in Impress per creare tabelle complesse o presentare dati in forma tabellare. In realtà le funzioni di Struttura tabella (descritte nel Capitolo 3) sono spesso più indicate e più veloci per tale tipo di lavoro, a seconda comunque della complessità dei vostri dati.

Nella diapositiva viene inserito l'intero foglio elettronico. Se il foglio elettronico contiene più di un foglio, e quello che vi interessa non è visibile, fate doppio clic sull'oggetto e selezionate poi il foglio che desiderate visualizzare dalla sequenza di linguette in basso.

Modifica di un foglio elettronico

Quando un foglio elettronico viene inserito in una diapositiva, esso è in modalità modifica, pronto per l'inserimento o la modifica dei dati, o per la modifica del formato (Figura 143). Notate la cella attiva e le piccole maniglie di ridimensionamento sul bordo. Per maggiori informazioni fate riferimento alle sezioni *Inserimento dei dati* a pagina 180 e *Formattazione delle celle di un foglio elettronico* a pagina 181.

Quando modificate un foglio elettronico alcune delle barre degli strumenti cambiano per aiutarvi nel compito (Figura 144). Uno dei cambiamenti più importanti è la presenza della Barra di calcolo, appena sotto la barra degli strumenti Formattazione. La Barra di calcolo contiene (da sinistra a destra):

- Il riferimento alla cella attiva oppure il nome dell'intervallo selezionato
- Il pulsante Creazione guidata funzione
- I pulsanti Somma e Funzione *oppure* i pulsanti Annulla e Accetta (a seconda del contenuto della cella)
- Una lunga casella di testo per inserire o rivedere il contenuto della cella

Se avete familiarità con Calc, riconoscerete immediatamente gli strumenti e le voci di menu, poiché sono simili.

Figura 144: barre degli strumenti per la modifica di fogli elettronici

Ridimensionare e spostare un foglio elettronico

Quando ridimensionate o spostate un foglio elettronico, ignorate la prima riga e la prima colonna (facilmente riconoscibili grazie al loro sfondo più chiaro) e le barre di scorrimento orizzontale e verticale. Queste sono utilizzate solo per le modifiche e non saranno incluse nell'area visibile del foglio all'interno della diapositiva.

Per ridimensionare l'area occupata dal foglio elettronico:

1) Fate doppio clic per entrare in modalità modifica, se non è già attiva. Notate le maniglie di selezione che si trovano sul bordo intorno al foglio elettronico (Figura 143).

2) Portate il mouse su una delle maniglie. Il cursore cambia forma rappresentando graficamente gli effetti applicati all'area.

3) Fate clic con il pulsante sinistro del mouse e, tenendolo premuto, trascinate la maniglia. Le maniglie d'angolo cambiano altezza e larghezza contemporaneamente, mentre quelle laterali modificano una sola dimensione per volta.

Potete spostare il foglio elettronico (cambiandone la posizione all'interno della diapositiva) sia quando si trova in modalità modifica sia quando non si trova in tale modalità. In entrambi i casi:

1) Spostate il mouse sul bordo fino a quando il puntatore non assume la forma di una mano (la forma del cursore dipende comunque dalla configurazione del computer).

2) Fate clic con il pulsante sinistro del mouse e, tenendolo premuto, trascinate il foglio elettronico nella posizione desiderata.

3) Rilasciate il pulsante del mouse.

Quando selezionato, l'oggetto foglio elettronico si comporta come qualunque altro oggetto; di conseguenza il ridimensionamento ne cambia la scala invece che l'area. Ciò non è raccomandabile, poiché potrebbe distorcere le forme delle immagini e i caratteri.

Navigare nel foglio elettronico

Organizzazione di un foglio elettronico

Un foglio elettronico consiste di più tabelle, dette fogli, ognuno dei quali contiene delle celle. In Impress però solo uno di questi fogli può essere mostrato su una diapositiva in un determinato momento.

Un foglio elettronico incorporato in Impress ha, per impostazione predefinita, un singolo foglio chiamato *Foglio 1*, a meno che il foglio stesso non sia stato rinominato. Il nome del foglio è mostrato in basso (Figura 143).

Se necessario, potete aggiungere altri fogli facendo clic con il pulsante destro del mouse nell'area in basso, vicino alla linguetta esistente, e selezionando poi **Inserisci foglio** dal menu contestuale. In alternativa fate clic sul simbolo più, a destra delle linguette.

Proprio come in Calc, potete rinominare un foglio o spostarlo in una posizione differente usando il medesimo menu contestuale, oppure il menu **Inserisci** sulla barra dei menu principale.

Nota	Anche se avete svariati fogli all'interno del foglio elettronico incorporato, solo un foglio - quello attivo al momento di uscita dalla modalità modifica - viene mostrato sulla diapositiva.

Ogni foglio è organizzato in *celle*. Le celle sono l'unità elementare di un foglio elettronico. Esse sono identificate da un numero di riga (mostrato sulla sinistra) e da una lettera di colonna (mostrata nella riga più in alto). Per esempio, la cella in alto a sinistra è identificata come A1, mentre la terza cella della seconda riga corrisponde a C2. Tutti i dati, siano essi testo, numeri o formule, sono inseriti all'interno di celle.

Spostare il cursore in una cella

Per spostarvi all'interno di un foglio elettronico e selezionare una cella attiva potete:

- Usare i tasti freccia.
- Fare clic con il pulsante sinistro del mouse sulla cella desiderata.

- Usare il tasto *Invio* e la combinazione *Maiusc+Invio* per muovervi rispettivamente di una cella verso il basso o verso l'alto; il tasto di *Tabulazione* e la combinazione *Maiusc+Tabulazione* per spostarvi rispettivamente di una cella verso destra o verso sinistra.

Sono comunque disponibili altre scorciatoie da tastiera che vi permettono di spostarvi velocemente ad alcune celle specifiche del foglio elettronico. Fate riferimento al Capitolo 5 (Guida introduttiva a Calc) nella *Guida introduttiva* per maggiori informazioni.

Inserimento dei dati

L'inserimento dati via tastiera può avvenire solo quando la cella è *attiva*. Una cella attiva è riconoscibile dal bordo più spesso. Il riferimento della cella (o *coordinate*) viene mostrato anche all'estremità sinistra della Barra di calcolo.

Per inserire dei dati, prima selezionate la cella per renderla attiva, quindi iniziate a digitare. Notate che ciò che inserite viene mostrato anche nella parte principale della Barra di calcolo, dove la lettura del contenuto della cella potrebbe essere più semplice.

Impress cercherà di riconoscere automaticamente la tipologia di contenuto inserito nella cella (testo, numeri, date, orari, ecc...) e applicare la formattazione predefinita. Fate caso a come le icone della Barra di calcolo cambiano a seconda della tipologia di contenuto, mostrando le icone Accetta (✓) e Annulla (✗) quando il contenuto non è una formula. Utilizzate Accetta per confermare l'inserimento fatto in una cella o semplicemente selezionate una cella diversa, oppure ancora premete il tasto Invio.

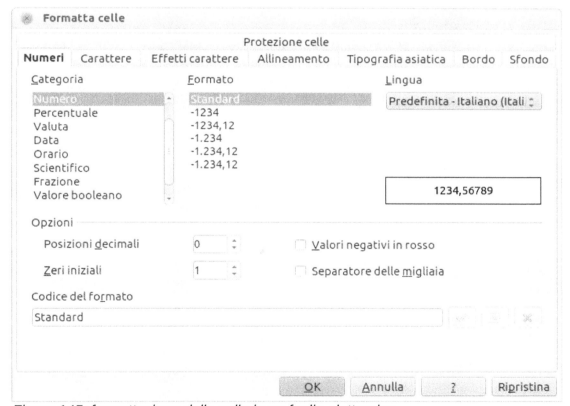

Figura 145: formattazione delle celle in un foglio elettronico

Se Impress non riesce a riconoscere il tipo di contenuto, selezionate la cella e poi cambiatene il formato tramite la voce **Formato > Celle** dalla barra dei menu, oppure fate clic con il pulsante destro del mouse sulla cella e scegliete **Formatta celle** dal menu a comparsa per aprire la finestra di dialogo Formatta celle (Figura 145).

Suggerimento	A volte è utile considerare i numeri come testo (ad esempio i numeri di telefono) per evitare che Impress rimuova gli zeri iniziali o allinei i numeri a destra. Per fare in modo che Impress consideri il valore inserito come testo digitate un apice (') prima del numero.

Formattazione delle celle di un foglio elettronico

Spesso, ai fini della presentazione, può essere necessario ingrandire le dimensioni dei caratteri in maniera considerevole, oppure adeguare il carattere allo stile usato nella presentazione.

Il modo più semplice per formattare un foglio elettronico incorporato è quello di utilizzare gli stili. Quando lavorate su un foglio incorporato, potete accedere agli stili di cella creati in Calc e utilizzarli. Comunque, un approccio migliore è quello di creare stili di cella specifici per i fogli elettronici da includere nelle presentazioni, poiché gli stili di cella di Calc potrebbero rivelarsi inadatti all'uso all'interno di Impress.

Per applicare uno stile a una cella oppure a un gruppo di celle simultaneamente (o cambiare manualmente i loro attributi), prima selezionate una cella o un intervallo di celle a cui volete applicare le modifiche. Un intervallo di celle è visualizzato come un'area rettangolare le cui celle sono ombreggiate. Per selezionare un intervallo di celle procedete in questo modo:

1) Fate clic sulla prima cella che appartiene all'intervallo (quella in alto a sinistra oppure quella in basso a destra dell'area rettangolare).

2) Mantenete premuto il pulsante sinistro del mouse spostate il cursore fino all'angolo opposto dell'area rettangolare che volete selezionare.

3) Rilasciate il pulsante del mouse.

Per aggiungere altre celle alla selezione mantenete premuto il tasto *Ctrl* e ripetete i passi da 1 a 3.

Suggerimento	Potete anche fare clic sulla prima cella nell'intervallo, tenere premuto il tasto *Maiusc* e poi fare clic sulla cella all'angolo opposto. Fate riferimento al Capitolo 5 (Guida introduttiva a Calc) della *Guida introduttiva* per maggiori informazioni sulla selezione di intervalli di celle.

Alcune scorciatoie da tastiera sono molto utili per velocizzare la selezione e sono di seguito elencate:

- Per selezionare l'intero foglio fate clic sulla cella vuota fra gli indici di riga e colonna, oppure premete *Ctrl+A*.
- Per selezionare una colonna fate clic sull'indice di colonna nella parte alta del foglio.
- Per selezionare una riga fate clic sull'indice di riga sul lato sinistro del foglio.

Dopo avere selezionato un intervallo, potete modificare la formattazione delle celle, come la dimensione del carattere, l'allineamento (incluso quello verticale), il colore del carattere, il formato dei numeri, il bordo, lo sfondo e così via. Per accedere a queste impostazioni scegliete la voce **Formato > Celle** dalla barra dei menu oppure fate clic con il pulsante destro del mouse e scegliete **Formatta celle** dal menu a comparsa per aprire la finestra di dialogo Formatta celle (Figura 145).

Se il testo non si adatta alla larghezza della cella, potete incrementarne la larghezza portando il mouse sopra la linea di separazione tra le due colonne nella riga di intestazione, in modo che il puntatore del mouse cambi in una freccia a due punte; fate quindi clic con il pulsante sinistro del mouse e trascinate la linea di separazione fino alla posizione desiderata. Una procedura simile può essere utilizzata per modificare l'altezza di una cella (o di un gruppo di celle).

Per inserire righe e colonne in un foglio elettronico, utilizzate il menu **Inserisci** oppure fate clic con il pulsante destro del mouse sull'intestazione di riga o di colonna e selezionate la voce appropriata dal menu contestuale. Per unire più celle tra di loro, selezionate le celle da unire e scegliete **Formato > Unisci celle** dalla barra dei menu. Per dividere un gruppo di celle, selezionate il gruppo e deselezionate **Formato > Unisci celle** (la voce avrà un segno di spunta nel momento in cui aprite il sottomenu).

Quando siete soddisfatti delle operazioni di formattazione e dell'aspetto della tabella uscite dalla modalità di modifica facendo clic all'esterno dell'area del foglio elettronico. Notate che Impress mostrerà esattamente la sezione del foglio elettronico che era visibile sullo schermo prima di lasciare la modalità di modifica. Ciò vi consente di nascondere dati aggiuntivi dalla visualizzazione, anche se potrebbe sembrare un'apparente perdita di righe e colonne. Sinceratevi quindi della parte di foglio elettronico che volete rimanga visibile prima di uscire dalla modalità di modifica.

Suggerimento	Per rientrare in modalità di modifica fate clic con il pulsante destro del mouse e selezionate **Modifica**.

Grafici

L'uso dei grafici è descritto in dettaglio nel Capitolo 3 (Creazione di grafici e diagrammi) della *Guida a Calc*.

Potete inserire un grafico nella vostra presentazione utilizzando gli strumenti presenti in Impress oppure come oggetto OLE. Vedete la sezione *Oggetti OLE* a pagina 176 per maggiori informazioni sull'inserimento di un grafico come oggetto OLE.

Per inserire un grafico usando gli strumenti di Impress selezionate l'icona **Inserisci grafico** dal layout diapositiva (Figura 146), oppure utilizzate **Inserisci > Grafico** dalla barra dei menu, oppure ancora fate clic sull'icona **Grafico** ▥ sulla barra degli strumenti Standard. Apparirà un grafico contente dati di esempio (Figura 147). Per inserire i vostri dati nel grafico fate riferimento alla sezione *Inserimento dei dati nel grafico* a pagina 185.

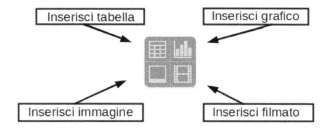

Fate clic per aggiungere un titolo

- Fate clic per aggiungere testo

Inserisci tabella

Inserisci grafico

Inserisci immagine

Inserisci filmato

Figura 146: inserimento di oggetti in una diapositiva

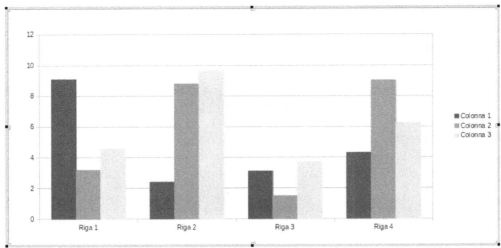

Figura 147: grafico con dati di esempio

Selezionare un tipo di grafico

I vostri dati possono essere presentati utilizzando diversi tipi di grafico; scegliete quello che meglio si adatta al messaggio che volete trasmettere al vostro pubblico (al riguardo vedete *Tipi di grafico* a pagina 184).

Per selezionare un tipo di grafico:

1) Assicuratevi che il grafico sia selezionato.

2) Fate clic sull'icona **Tipo di grafico** ⊞ oppure selezionate **Formato** > **Tipo di grafico**, oppure fate clic con il pulsante destro del mouse sul grafico e scegliete **Tipo di grafico** per aprire la finestra di dialogo Tipo di grafico (Figura 148).

3) Cambiando la selezione nell'elenco di sinistra cambieranno anche gli esempi dei grafici sulla destra. Se spostate la finestra di dialogo Tipo di grafico lateralmente potete vedere l'effetto direttamente sul vostro grafico.

4) Cambiando il tipo di grafico, altre selezioni diventeranno disponibili nella sezione di destra. Ad esempio, alcuni tipi di grafico hanno sia la variante bidimensionale che quella tridimensionale; i grafici in 3D hanno ulteriori opzioni di forma per le colonne e le barre.

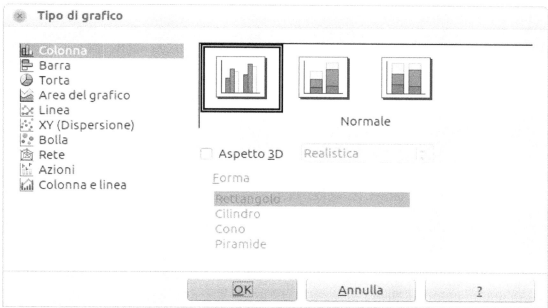

Figura 148: finestra di dialogo Tipo di grafico con grafici bidimensionali

5) Scegliete le caratteristiche del grafico che desiderate, e poi fate clic su **OK**. La finestra di dialogo Tipo di grafico si chiuderà e tornerete alla finestra di modifica.

Ora potete continuare a formattare il grafico, aggiungervi dei dati, oppure fare clic all'esterno del grafico per ritornare alla vista normale.

Tipi di grafico

Il seguente riassunto dei tipi di grafico disponibili vi aiuterà a scegliere quello più adatto ai vostri dati. Per maggiori dettagli, vedete il Capitolo 3 (Creazione di grafici e diagrammi), nella *Guida a Calc*. Grafici a colonne, a barre, a torta e ad area sono disponibili sia in 2D che in 3D.

Grafici a colonne

I *Grafici a colonne* permettono di visualizzare dati che mostrano delle tendenze nel tempo. Sono indicati per grafici che hanno un numero contenuto di dati (per serie temporali più ampie è preferibile un grafico a linea). È il tipo di grafico predefinito.

Grafici a barre

I *grafici a barre* forniscono un immediato riscontro visivo per il confronto di dati dove il tempo non è un fattore importante, ad esempio nel caso di dati relativi alla popolarità di alcuni prodotti di un mercato.

Grafici a torta

I *grafici a torta* sono indicati per mostrare un confronto di proporzioni, ad esempio i rapporti di spesa dei reparti; quanto viene speso dal singolo reparto per voci differenti, oppure quanto viene speso dai vari reparti. Sono più efficaci con intervalli di valori limitati, ad esempio sei o meno; al crescere dei valori il loro impatto visivo tende a ridursi.

Grafici ad area

I *grafici ad area* sono una variante di quelli a linee o a colonne. Sono utili quando volete enfatizzare il volume di cambiamento. I grafici ad area hanno un impatto visivo maggiore rispetto a quelli a linee, anche se dipende in ogni caso dai dati utilizzati. Potreste dover utilizzare le trasparenze per mostrare al meglio un grafico ad area.

Grafici a linee

I *grafici a linee* sono serie temporali con una progressione. Sono ideali per dati grezzi e particolarmente utili con dati che mostrano una tendenza o un cambiamento nel tempo, facendo risaltare una continuità temporale. Nei grafici a linee l'asse delle x è perfetto per rappresentare dati con serie temporali. Siccome le linee in 3D possono risultare poco leggibili, è consigliabile utilizzare una linea più spessa per ovviare al problema.

Grafici XY (Dispersione)

I *grafici XY (Dispersione)* sono ottimi per mostrare dati che non siete ancora riusciti ad analizzare; possono inoltre essere la soluzione migliore quando disponete di dati con un valore costante di riferimento: ad esempio dati sul tempo atmosferico, reazioni a differenti livelli di acidità, condizioni di altitudine o qualsiasi dato che si confronta con due serie numeriche. L'asse x normalmente traccia la variabile indipendente o il parametro di controllo (spesso una serie temporale).

Grafici a bolla

I *grafici a bolla* sono utilizzati per rappresentare tre variabili: due identificano la posizione del centro della bolla su un grafico cartesiano, mentre la terza variabile indica il raggio della bolla.

Grafici a rete

I *grafici a rete* sono simili ai diagrammi polari o radar, e sono utili per confrontare dati che non fanno parte di una serie temporale, ma in circostanze diverse, come le variabili in un esperimento scientifico. I raggi dei grafici a rete corrispondono all'asse y negli altri tipi di grafico. Normalmente la resa è migliore con un numero di assi compreso fra tre e otto; al di sopra di tale valore la leggibilità potrebbe ridursi.

Grafici a titoli

I *grafici a titoli* sono particolari grafici a colonne, specifici per titoli e azioni. Potete scegliere fra grafici con linee tradizionali, grafici a candela e grafici a due colonne. I dati per questo tipo di grafici sono specifici, con serie per i prezzi di apertura, per i prezzi di chiusura e per i prezzi massimo e minimo. L'asse x rappresenta una serie temporale.

Grafici a colonne e linee

I *grafici a colonne e linee* sono una combinazione di altri due altri tipi di grafico. Sono indicati per combinare due serie di dati distinte, ma correlate fra loro; ad esempio le vendite nel tempo (colonne) e l'andamento dei margini di profitto (linea).

Inserimento dei dati nel grafico

Aprire una finestra con i dati del grafico

1) Assicuratevi che il vostro grafico sia selezionato e di avere scelto il tipo di grafico.

2) Fate clic sull'icona **Tabella dei dati del grafico** ⊞, oppure selezionate il menu **Visualizza > Tabella dei dati del grafico**, oppure ancora fate clic con il pulsante destro del mouse sul grafico e scegliete **Tabella dei dati del grafico** per aprire la finestra di dialogo Tabella dati (Figura 149).

Suggerimento	Se spostate su un lato la finestra di dialogo Tabella dati, in modo che il grafico sia visibile, potete vedere immediatamente l'effetto di ogni cambiamento dopo aver fatto clic su una cella differente.

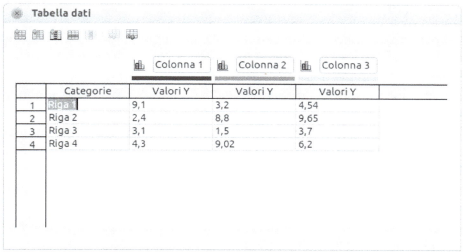

Figura 149: finestra di dialogo Tabella dati

Inserimento dei dati

Per inserire dei dati nella finestra di dialogo Tabella dati digitate o incollate i valori nelle celle delle righe e colonne desiderate.

Potete utilizzare le icone in altro a sinistra per fare modifiche su larga scala:

- Le tre icone *Inserisci* inseriscono righe, colonne (serie) e colonne di testo.
- Le due icone *Elimina* cancellano una riga selezionata o una colonna (serie) con i relativi dati.
- Le due icone *Sposta* muovono il contenuto della colonna selezionata a destra, oppure il contenuto della riga selezionata in basso.

Aggiungere o rimuovere elementi da un grafico

Il grafico predefinito include solo due elementi: la parete e la legenda. Potete aggiungere altri elementi sul grafico selezionato tramite il menu **Inserisci** (Figura 150). Ogni voce del menu permette di aprire una finestra di dialogo dove potete specificare molteplici opzioni.

Figura 150: menu Inserisci nel caso di grafico selezionato

Formattazione di un grafico

La formattazione del vostro grafico può essere modificata facendo clic sulla voce **Formato** nella barra dei menu (Figura 151), dove avete la possibilità di scegliere diverse opzioni per cambiare l'aspetto del grafico.

Le opzioni di formattazione disponibili dipendono dalla parte del grafico selezionata e sono di seguito elencate:

- *Formato selezione* apre una finestra di dialogo dove potete indicare il riempimento, i bordi, la trasparenza, i caratteri, gli effetti carattere e la posizione dell'elemento selezionato all'interno del grafico.

- *Posizione e dimensione* apre la finestra di dialogo Posizione e dimensione (vedete *Ridimensionare e spostare un grafico*).

- *Disposizione* offre due voci: **Porta avanti** e **Porta indietro**, solo una potrebbe essere attiva per alcuni elementi specifici. Utilizzate queste scelte per disporre serie di dati sovrapposte.

- *Titolo* consente di formattare il titolo e gli assi del grafico.

- *Legenda* permette di definire la posizione, i bordi, lo sfondo e il tipo di legenda.

- *Asse* riguarda il formato delle linee che creano il grafico, così come il tipo di carattere del testo che compare su entrambi gli assi X e Y.

- *Griglia* formatta le linee che creano la griglia del grafico.

Figura 151: menu Formato nel caso di grafico selezionato

- *Pareti, Pavimento* e *Area del grafico* vengono descritte nelle sezioni seguenti.

- *Tipo di grafico* permette di cambiare il tipo di grafico da visualizzare e se il grafico debba essere in 2D o in 3D.

- *Vista 3D* permette di formattare i diversi angoli di prospettiva di un grafico a tre dimensioni.

Nota	**Pavimento del grafico** e **Vista 3D** sono disponibili solo per grafici 3D. Se è selezionato un grafico in 2D queste opzioni non sono attive (in grigio).

Un grafico contiene due aree principali: l'area e le pareti. Queste controllano differenti impostazioni e attributi per il grafico. Conoscere la differenza è d'aiuto quando si deve formattare un grafico.

- *Pareti del grafico* permette di gestire la rappresentazione dei dati del grafico.

- *Area del grafico* è lo spazio circostante la visualizzazione grafica. Il titolo e la legenda del grafico (entrambi opzionali) si trovano nell'area del grafico.

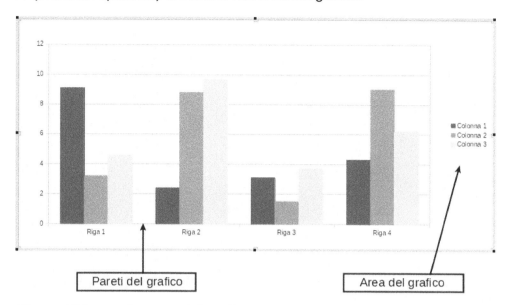

Figura 152: pareti e area del grafico

Nota	**Formato > Pavimento del grafico** è disponibile solo per grafici in 3D e ha le stesse opzioni di formattazione dell'**Area del grafico** e delle **Pareti del grafico**.

Ridimensionare e spostare un grafico

Potete ridimensionare o spostare tutti gli elementi di un grafico contemporaneamente, in modo interattivo, oppure usando la finestra di dialogo Posizione e dimensione. È ovviamente possibile utilizzare una combinazione di entrambi i metodi.

Per ridimensionare un grafico interattivamente:

1) Fate clic sul grafico per selezionarlo e far comparire le maniglie di selezione.
2) Per aumentare o diminuire le dimensioni fate clic e trascinate le maniglie agli angoli. Per preservare le proporzioni, tenete premuto il tasto *Maiusc* mentre fate clic e trascinate.

Per spostare un grafico interattivamente:

1) Fate clic sul grafico per selezionarlo e far comparire le maniglie di selezione.
2) Portate il puntatore del mouse in un qualunque punto sopra il grafico (tranne che sulle maniglie di selezione). Quando il puntatore cambia forma, fate clic e trascinate il grafico nella nuova posizione.
3) Rilasciate il pulsante del mouse quando l'elemento si trova nella posizione desiderata.

Per ridimensionare o spostare un grafico attraverso la finestra di dialogo Posizione e dimensione:

1) Fate doppio clic sul grafico per entrare in modalità di modifica.
2) Selezionate **Formato > Posizione e dimensione** dalla barra dei menu, oppure fate clic con il pulsante destro del mouse e poi selezionate **Posizione e dimensione** dal menu a comparsa, oppure ancora premete il tasto *F4* per aprire la finestra di dialogo Posizione e dimensione (Figura 153). Per maggiori informazioni su questa finestra di dialogo vedete il Capitolo 6 (Formattazione degli oggetti grafici).

Figura 153: finestra di dialogo Posizione e dimensione

Spostare un elemento del grafico

Potete spostare o ridimensionare singoli elementi di un grafico indipendentemente dagli altri elementi. Potete ad esempio spostare la legenda in una posizione differente. I grafici a torta consentono lo spostamento di singole fette, così come "l'esplosione" dell'intera superficie.

1) Fate doppio clic sul grafico per entrare in modalità di modifica.
2) Fate clic su qualunque elemento, titolo, legenda o grafico, per selezionarlo e far comparire le maniglie di selezione.
3) Portate il puntatore sopra l'elemento selezionato. Quando cambia forma, fate clic e trascinate per spostare l'elemento.
4) Rilasciate il pulsante del mouse quando l'elemento si trova nella posizione desiderata.

Nota	Se il vostro grafico è in 3D, appariranno delle maniglie di selezione arrotondate che controllano l'angolo tridimensionale del grafico. Non potete ridimensionare o spostare il grafico mentre le maniglie di selezione arrotondate sono visibili. Fate *Maiusc+Clic* per ripristinare le maniglie di ridimensionamento quadrate. Ora potete ridimensionare e spostare il vostro grafico 3D.

Suggerimento	Potete ridimensionare il grafico usando le maniglie di selezione quadrate (fate *Maiusc+Clic* e poi trascinate una maniglia d'angolo per mantenere le proporzioni). Non è comunque possibile ridimensionare il titolo o la legenda.

Modificare lo sfondo dell'area del grafico

L'area del grafico è lo spazio circostante la visualizzazione grafica e include il titolo e la legenda (opzionali).

1) Fate doppio clic sul grafico per entrare in modalità di modifica.

---

2) Selezionate il menu **Formato > Formato selezione** e scegliete la scheda **Area** dalla finestra di dialogo che si apre, oppure fate clic con il pulsante destro del mouse nell'area del grafico e selezionate la voce **Formato area del grafico**, oppure ancora fate doppio clic nell'area del grafico per aprire la finestra di dialogo **Area del grafico** (Figura 154).

3) Scegliete dall'elenco a discesa **Riempi** il tipo di riempimento desiderato per lo sfondo.

Figura 154: finestra di dialogo Area del grafico

Modificare lo sfondo delle pareti del grafico

Le pareti del grafico sono l'area che contiene la visualizzazione grafica.

1) Fate doppio clic sul grafico per entrare in modalità di modifica.

2) Selezionate il menu **Formato > Formato selezione** e scegliete la scheda **Area** dalla finestra di dialogo che si apre, oppure fate clic con il pulsante destro del mouse sulla parete del grafico e selezionate la voce **Formato muro**, oppure ancora fate doppio clic sulla parete del grafico per aprire la finestra di dialogo **Pareti del grafico**. Questa finestra di dialogo ha le stesse opzioni di formattazione descritte in *Modificare lo sfondo dell'area del grafico* a pagina 189.

3) Impostate le vostre preferenze e fate clic su **OK**.

Modificare gli elementi del grafico

Quando il grafico è selezionato ed è in modalità di modifica, i singoli elementi all'interno della visualizzazione grafica possono essere cambiati e riformattati. Fate clic con il pulsante destro del mouse su un elemento del grafico per aprire la relativa finestra di dialogo di formattazione. Per maggiori informazioni sulla modifica e formattazione dei grafici, consultate la *Guida a Calc*.

Filmati e suoni

Per inserire un filmato o un suono all'interno della vostra presentazione:

1) Fate clic sull'icona Inserisci filmato nel layout diapositiva (Figura 146) oppure selezionate la voce **Inserisci > Filmati e suoni** dalla barra dei menu per aprire la finestra di dialogo **Inserisci filmati e suoni** (Figura 155).

2) Selezionate il file che volete inserire e fate clic su **Apri** per inserire l'oggetto nella diapositiva.

Figura 155: finestra di dialogo Inserisci filmati e suoni

Suggerimento	Per vedere un elenco dei tipi di file audio/video supportati da Impress, aprite l'elenco a discesa dei tipi di file. Questo elenco ha come valore predefinito *Tutti i filmati e i suoni*, consentendovi di selezionare un tipo di file non supportato come .mov.

Per inserire un file multimediale direttamente dalla Galleria:

1) Se la Galleria non è già aperta, scegliete la voce **Strumenti > Galleria** dalla barra dei menu.

2) Passate a una categoria contenente file multimediali (ad esempio Suoni).

3) Fate clic sul filmato o suono da inserire e trascinatelo sull'area della diapositiva.

Figura 156: barra degli strumenti Riproduzione multimediale

La barra degli strumenti Riproduzione multimediale (Figura 156) viene automaticamente aperta alla selezione di un file multimediale. La posizione predefinita della barra è nella parte inferiore della schermata, al di sopra della barra degli strumenti Disegno. In ogni caso, questa barra degli strumenti può essere sganciata dalla sua posizione fissa e rimanere fluttuante sullo schermo. Se la barra degli strumenti non si dovesse aprire, selezionate il menu **Visualizza > Barre degli strumenti > Riproduzione multimediale**.

La barra degli strumenti Riproduzione multimediale contiene i seguenti strumenti, da sinistra a destra:

- *Filmati e suoni*: apre la finestra di dialogo **Inserisci filmati e suoni**, dove potete selezionare un file multimediale da inserire.

- *Riproduci*, *Pausa* e *Arresta*: permettono di controllare la riproduzione del contenuto.

- *Ripeti*: se premuto, la riproduzione del contenuto avverrà infinitamente, fino a quando questo strumento non viene deselezionato.
- *Cursore riproduzione*: permette di selezionare la posizione all'interno del file multimediale.
- *Timer*: mostra la posizione corrente e la lunghezza totale del file multimediale.
- *Muto*: quando selezionato, l'audio viene soppresso.
- *Cursore volume*: regola il volume di riproduzione.
- *Menu a discesa Visualizza*: (disponibile solo per i filmati) consente di scalare le dimensioni del filmato.

Il filmato verrà riprodotto non appena la diapositiva viene mostrata durante la presentazione.

Notate che Impress creerà solamente un collegamento al file multimediale, non lo incorporerà. Di conseguenza se la presentazione viene spostata su un computer diverso, il collegamento sarà interrotto e il filmato non sarà più riproducibile. Per evitare che ciò avvenga:

1) Posizionate il file multimediale, da includere nella presentazione, nella stessa cartella che contiene la presentazione.
2) Inserite il file nella presentazione.
3) Spostate sia la presentazione che il file multimediale nel computer che verrà utilizzato per la presentazione, assicurandovi che entrambi i file siano nella stessa cartella nel computer di destinazione.

Impress ha un suo riproduttore multimediale per consentire l'anteprima dei file multimediali da inserire in una presentazione. Per aprirlo selezionate **Strumenti > Lettore multimediale**; la sua barra degli strumenti è la medesima di quella della Riproduzione multimediale (Figura 156).

Formule

Usate il menu **Inserisci > Oggetto > Formula** per creare un oggetto Math in una diapositiva. Una formula può essere inserita in una presentazione anche come oggetto OLE; vedete *Oggetti OLE* a pagina 176 per maggiori informazioni.

Quando modificate una formula, il menu di Math diviene disponibile per creare o aggiornare la formula.

È consigliabile prestare attenzione alle dimensioni del carattere utilizzato, per renderle compatibili con quelle dei caratteri usati nella presentazione. Per cambiare gli attributi del carattere di un oggetto Math, selezionate la voce **Formato > Dimensioni carattere** dalla barra dei menu. Per cambiare il tipo di carattere, selezionate **Formato > Tipi di carattere** dalla barra dei menu.

Per ulteriori informazioni sulla creazione di formule, fate riferimento al Capitolo 9 (Introduzione a Math), nella *Guida introduttiva*, oppure alla *Guida a Math*.

Nota	A differenza di Writer, in Impress una formula è considerata come un oggetto; di conseguenza non verrà automaticamente allineata con il resto del testo. La formula può comunque essere spostata (ma non ridimensionata) come qualunque altro oggetto.

Disegni, file di testo, file HTML e altri oggetti

In una presentazione di Impress potete inserire disegni, file di testo e file HTML. Selezionate la voce **Inserisci > File** dal menu principale per aprire una finestra di selezione file. Nella presentazione verranno inseriti solo i tipi di file accettati da Impress.

Disegni, file di testo, file HTML e altri oggetti possono essere inclusi nella presentazione anche come oggetti OLE; vedete *Oggetti OLE* a pagina 176 per maggiori informazioni.

Per i computer che usano Microsoft Windows è presente un'ulteriore opzione di **Altri oggetti**. Facendo clic su questa opzione si aprirà la finestra di dialogo **Inserisci oggetto**, che vi permette di creare un oggetto OLE utilizzando altri programmi compatibili con la tecnologia OLE.

Capitolo 8
Aggiunta e formattazione di diapositive, note e stampati

Introduzione

Questo capitolo illustra come aggiungere nuove diapositive in una presentazione e come modificarne la formattazione. Spiega inoltre il procedimento di formattazione delle viste Note e Stampati. La funzione delle note solitamente è di fungere da traccia per il relatore della presentazione; gli stampati sono usati per fornire stampe delle diapositive al pubblico.

Due menu contestuali semplificano le operazioni sulle diapositive. Il primo compare facendo clic con il pulsante destro del mouse su una diapositiva nella visualizzazione Normale, quindi selezionando la voce **Diapositiva** (Figura 157). Il secondo compare facendo clic con il pulsante destro del mouse su una miniatura di una diapositiva nel riquadro **Diapositive** (Figura 158).

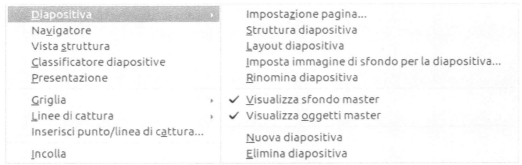

Figura 157: menu contestuale della voce Diapositiva

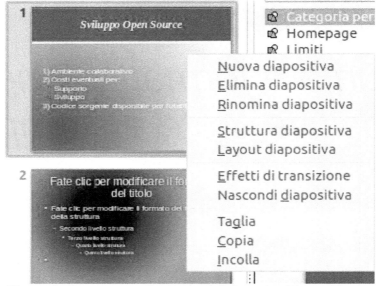

Figura 158: menu contestuale del riquadro Diapositive

Aggiungere, rinominare ed eliminare le diapositive

Aggiungere una nuova diapositiva

È possibile aggiungere una nuova diapositiva a una presentazione in diversi modi:

* Nella visualizzazione Normale, Struttura oppure Ordine diapositive, selezionate la voce **Inserisci > Pagina** dalla barra dei menu.
* Nella visualizzazione Normale, Struttura o Note, fate clic con il pulsante destro del mouse sul riquadro Diapositive e poi selezionate **Nuova diapositiva** dal menu contestuale.

- Nella modalità di visualizzazione Ordine diapositive, fate clic con il pulsante destro del mouse nell'area di lavoro principale e selezionate **Nuova diapositiva** dal menu contestuale.

- Nella modalità di visualizzazione Normale, fate clic con il pulsante destro del mouse nell'area di lavoro principale, quindi selezionate **Diapositiva > Nuova diapositiva**.

La nuova diapositiva verrà inserita dopo la diapositiva attiva oppure nel punto in cui avete fatto clic con il mouse.

Se nella presentazione vengono usati diversi master di diapositiva, alla nuova diapositiva verrà applicato il master della diapositiva immediatamente precedente nella sequenza.

Inserire una diapositiva da un'altra presentazione

Esistono tre modi per inserire diapositive da altre presentazioni:

- Accedendo al menu **Inserisci > File**. Con questo metodo potete opzionalmente *collegare* le diapositive invece di copiarle. In tal modo il file viene incorporato nella presentazione come oggetto OLE. Per ulteriori dettagli sull'uso degli oggetti OLE fate riferimento al *Capitolo 7 (Inserimento di fogli elettronici, grafici e altri oggetti)* di questa guida.

- Copiando e incollando.

- Usando il trascinamento per copiare o spostare le diapositive.

Inserimento da file

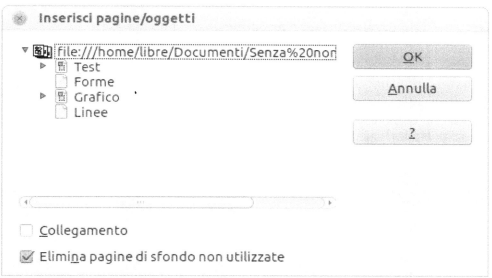

Figura 159: inserimento di diapositive da file

1) In visualizzazione Normale, selezionate la diapositiva dopo la quale volete inserire quella nuova, quindi scegliete la voce **Inserisci > File** dalla barra dei menu.

2) Nella finestra di esplorazione file, individuate il file che contiene la diapositiva da inserire e fate clic su **Inserisci**.

3) Nella finestra di dialogo Inserisci pagine/oggetti (Figura 159), fate clic sul piccolo triangolo vicino al nome del file per visualizzare l'elenco delle diapositive.

4) Selezionate quindi le diapositive da inserire nella presentazione.

5) Se necessario, selezionate l'opzione **Collegamento** per incorporare le diapositive come oggetti OLE.

6) Fate clic su **OK**. Le diapositive vengono inserite dopo la diapositiva selezionata nella presentazione.

Suggerimento	La Figura 159 evidenzia il vantaggio rappresentato dall'attribuire nomi descrittivi alle diapositive di una presentazione. Fate riferimento alla sezione "Rinominare una diapositiva" a pagina 199 per maggiori informazioni.

Copiare e incollare diapositive tra presentazioni

1) Aprite le presentazioni tra le quali effettuare l'operazione di copia-incolla.
2) Nella presentazione che contiene le diapositive da copiare, selezionate **Visualizza > Ordine diapositive**.
3) Selezionate le diapositive desiderate, poi andate su **Modifica > Copia** dal menu principale, oppure fate clic sull'icona **Copia** sulla barra degli strumenti standard, oppure ancora premete *Ctrl+C* (*Cmd+C* in Mac OS).
4) Passate alla presentazione in cui volete incollare le diapositive e selezionate **Visualizza > Normale**.
5) Selezionate la diapositiva alla quale accodare quelle copiate.
6) Selezionate **Modifica > Incolla** dal menu principale, oppure fate clic sull'icona **Incolla** sulla barra degli strumenti standard, oppure ancora premete *Ctrl+V* (*Cmd+V* in Mac OS).

Trascinamento delle diapositive tra presentazioni

1) Aprite le presentazioni tra le quali effettuare lo spostamento delle diapositive e disponete le finestre in modo da renderle entrambe visibili.
2) Selezionate **Visualizza > Ordine diapositive** in ciascuna finestra.
3) Nella presentazione contenente le diapositive da spostare o copiare, selezionate quelle desiderate.
4) Per **spostare** le diapositive, trascinatele nella presentazione di destinazione tenendo premuto il pulsante sinistro del mouse.
5) Per **copiare** le diapositive, trascinatele nella presentazione di destinazione tenendo premuto il pulsante sinistro del mouse e il tasto *Ctrl* (tasto *Cmd* in Mac OS).

Duplicare una diapositiva

La duplicazione rappresenta un metodo semplice per aggiungere diapositive con formato, layout e animazioni identici a quella selezionata. Per duplicare una diapositiva:

1) Passate alla visualizzazione Normale facendo clic sulla scheda **Normale** all'interno del riquadro Area di lavoro oppure selezionando **Visualizza > Normale** dal menu principale.
2) Assicuratevi che la diapositiva da duplicare si trovi nel riquadro dell'Area di lavoro.
3) Selezionate la voce **Inserisci > Duplica pagina** dal menu principale. La diapositiva duplicata verrà inserita dopo la diapositiva originale e visualizzata nel riquadro dell'Area di lavoro.

Suggerimento	La duplicazione è un metodo efficace per non riempire le diapositive di eccessive informazioni che renderebbero difficile la comprensione del contenuto per il pubblico. Se la diapositiva risulta troppo densa di informazioni provate quindi a duplicarla, suddividendo poi i punti informativi su due o più diapositive. Tutta la formattazione e gli sfondi saranno mantenuti in ogni diapositiva duplicata.

Rinominare una diapositiva

Per rinominare una diapositiva effettuate una delle seguenti operazioni:

1) Fate clic con il pulsante destro del mouse sulla miniatura della diapositiva nel riquadro Diapositive oppure nell'Area di lavoro e selezionate **Diapositiva > Rinomina diapositiva** dal menu contestuale.

2) In visualizzazione Ordine diapositive, fate clic con il pulsante destro del mouse sulla diapositiva e selezionate la voce **Rinomina diapositiva** dal menu contestuale.

3) Nella finestra di dialogo Rinomina pagina (Figura 160), digitate un nuovo nome per la diapositiva e fate clic su **OK**.

Figura 160: finestra di dialogo Rinomina pagina

Espandere una diapositiva

A volte può accadere che la diapositiva contenga troppe informazioni rispetto allo spazio disponibile. Invece di ridurre la dimensione dei caratteri o adottare altri metodi per stipare una maggiore quantità di testo all'interno dello spazio, sarebbe consigliabile suddividere il contenuto in due o più diapositive.

Come indicato nella sezione "Duplicare una diapositiva" a pagina 198, è possibile duplicare la diapositiva e suddividerne gli argomenti manualmente. In alternativa i contenuti di una diapositiva possono essere estesi come segue:

1) Se necessario, duplicate la diapositiva per poter rifare l'espansione in caso di errori.

2) Selezionate **Inserisci > Pagina da struttura** dal menu principale per creare una nuova diapositiva per ogni livello più alto della struttura. Il testo della struttura diventerà il titolo di ciascuna nuova diapositiva. I punti della struttura situati al di sotto del livello più alto nella diapositiva originale vengono spostati in alto di un livello nelle nuove diapositive.

3) Se necessario, ripetete i passaggi 2 e 3 per ogni diapositiva contenente voci di secondo livello della struttura, per espandere anche queste.

Figura 161 mostra una diapositiva contenente una struttura estesa mediante il comando **Pagina da struttura**. Il titolo di ciascuna diapositiva estesa è costituito dal testo contenuto in ogni punto di secondo livello nella diapositiva originale.

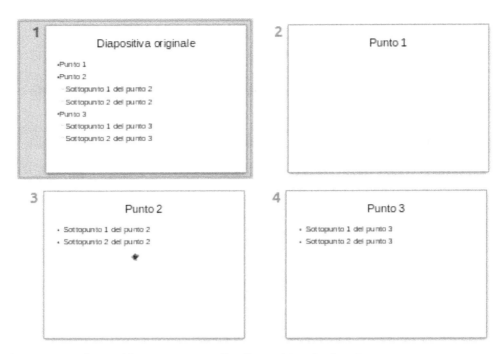

Figura 161: diapositiva 1 estesa alle diapositive 2, 3 e 4

 Attenzione

Il comando di estensione è disponibile solo se il layout della diapositiva contiene una sola casella di testo con Layout automatico. Se il layout della diapositiva non dovesse essere adatto all'espansione, la voce di menu comparirà in grigio.

Creare una diapositiva sommario

È anche possibile invertire il procedimento di espansione per creare dei sommari. Il comando per il sommario è utile per creare un'agenda della presentazione.

1) Selezionate la diapositiva che dovrà comparire per prima nel sommario, facendoci clic sopra all'interno del riquadro Diapositive o nella visualizzazione Ordine diapositive.

2) Selezionate **Inserisci > Pagina sommario** per creare, alla fine della presentazione, una nuova diapositiva (Figura 162), in cui tutti i titoli delle precedenti diapositive verranno riportati in forma di elenco puntato nel corpo della diapositiva.

3) Se necessario, potete spostare questa diapositiva in qualunque altro punto della presentazione.

Diapositiva sommario

- Diapositiva originale
- Punto 1
- Punto 2
- Punto 3

Figura 162: diapositiva sommario

Eliminare una diapositiva

Per eliminare una diapositiva attenetevi a uno dei seguenti metodi:

- In visualizzazione Normale, Struttura oppure Ordine diapositive selezionate una diapositiva, quindi selezionate **Modifica > Elimina diapositiva** dal menu principale, oppure premete il tasto *Canc*.

- Nel riquadro Diapositive, selezionatene una con il pulsante destro del mouse. Scegliete la voce **Elimina diapositiva** dal menu contestuale oppure premete il tasto *Canc*.

- In visualizzazione Normale, fate clic con il pulsante destro del mouse sulla diapositiva presente nel riquadro Area di lavoro, quindi selezionate **Diapositiva > Elimina diapositiva** dal menu contestuale.

Suggerimento	Se state lavorando in visualizzazione Ordine diapositive (**Visualizza > Ordine diapositive**) potete eliminare più diapositive contemporaneamente selezionandole e premendo il tasto *Canc*.

Creazione di diapositive da una struttura

In fase di pianificazione di una presentazione può essere utile sviluppare una struttura usando LibreOffice Writer. Una volta impostata la struttura, si possono creare diapositive da ogni titolo di primo livello della struttura nel modo seguente:

- Inviando la struttura da Writer a Impress per generare una nuova presentazione.

- Inviando un abstract automatico (sunto automatico) da Writer a Impress per generare una nuova presentazione.

- Copiando e incollando la struttura da Writer a Impress per aggiungerla a una presentazione esistente oppure a una presentazione vuota.

Utilizzare una struttura da Writer

Il documento di testo in Writer deve contenere intestazioni formattate con gli stili di paragrafo intestazione predefiniti.

1) Selezionate la voce **File > Invia > Struttura in presentazione** dal menu principale di Writer per creare una nuova presentazione contenente le intestazioni disposte in struttura.

2) La nuova presentazione si aprirà in Impress in visualizzazione Struttura (Figura 163).

3) Fate clic sulla scheda **Normale** per inserire le diapositive nel riquadro Diapositive.

È possibile che alcuni livelli di struttura contengano troppi punti per poter rientrare nello spazio di una sola diapositiva. In tal caso potete espandere la diapositiva (consultate la sezione "Espandere una diapositiva" a pagina 199) oppure duplicare la diapositiva e modificarne i contenuti manualmente (consultate la sezione "Duplicare una diapositiva" a pagina 198).

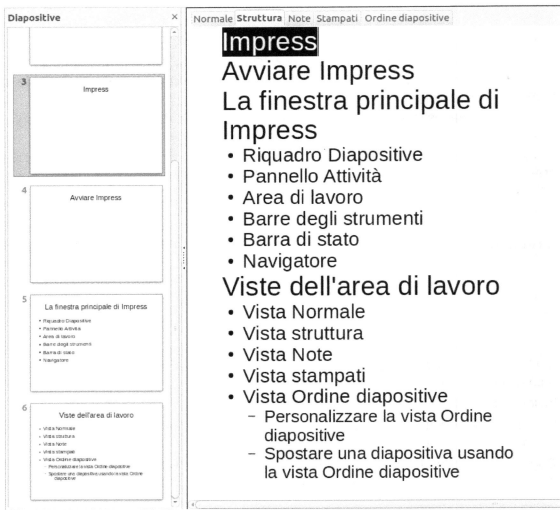

Figura 163: struttura generata a partire da un documento di LibreOffice Writer

Utilizzare un Abstract (sunto) automatico da Writer

Per inviare un abstract automatico da Writer a Impress il testo deve contenere intestazioni formattate con gli stili di paragrafo intestazione predefiniti. L'uso di un Abstract automatico per copiare le intestazioni e i paragrafi successivi in una nuova presentazione consente di indicare il numero di livelli di struttura e di paragrafi da visualizzare nel nuovo documento.

1) Selezionate la voce **File > Invia > Abstract automatico alla presentazione** dal menu principale di Writer per aprire la finestra di dialogo Crea un sommario automatico (Figura 164).

Figura 164: scelta dei livelli di struttura per un sommario automatico

2) Selezionate il numero di livelli di struttura da copiare nella presentazione dalla casella **Livelli di capitolo inclusi**. Per esempio, selezionando 4 livelli verranno trasferiti tutti i paragrafi formattati con livelli di intestazione da 1 a 4, inclusi i numeri di paragrafo specificati nella casella **Paragrafi per livello**.

3) La nuova presentazione si aprirà in Impress in visualizzazione Struttura. Fate clic sulla scheda **Normale** per inserire le diapositive nel riquadro Diapositive.

4) Se una struttura contiene troppi punti per potersi adattare ad una sola diapositiva espandete la diapositiva.

Copiare e incollare una struttura

Per copiare e incollare una struttura in una presentazione esistente o in una nuova procedete nel modo seguente:

1) In Writer evidenziate la struttura desiderata e selezionate **Modifica > Copia**, oppure fate clic con il pulsante destro del mouse sulla struttura e selezionate la voce **Copia** dal menu contestuale.

2) Create una nuova diapositiva e scegliete il layout **Titolo, Contenuto** (consultate la sezione "Scegliere il layout di una diapositiva" a pagina 206).

3) Incollate la struttura generata con LibreOffice Writer nell'area di testo della diapositiva, senza preoccuparvi dell'eventuale esiguità di spazio disponibile.

4) Se alcuni livelli di struttura contengono troppi punti per poter rientrare nello spazio di una sola diapositiva potete espanderla (vedete la sezione "Espandere una diapositiva" a pagina 199) oppure duplicarla e modificarne manualmente i contenuti (consultate la sezione "Duplicare una diapositiva" a pagina 198).

5) È possibile che l'ordinamento gerarchico della struttura non venga mantenuto nel testo copiato. Se necessario, servitevi delle icone **Un livello più alto/Un livello più basso** ⇐ ⇒ presenti sulla barra degli strumenti Formattazione del testo per ripristinare il corretto ordinamento gerarchico dei livelli di struttura.

Suggerimento	Per tenere sotto controllo il livello di struttura di ogni voce può essere utile aprire la finestra Stili e formattazione, scegliendo l'icona degli Stili di presentazione.

Modifica delle diapositive

Utilizzate i master di diapositiva per conferire alla presentazione un aspetto professionale ed evitare di dover modificare manualmente la formattazione di ogni singola diapositiva. Una presentazione può contenere più master di diapositiva in grado di dare il medesimo aspetto a gruppi di diapositive, evitando così la modifica della formattazione di singole diapositive all'interno di un gruppo. Consultate il *Capitolo 2 (Utilizzo di master di diapositiva, stili e modelli)* per ulteriori dettagli sull'uso dei master di diapositiva.

Formattazione dell'area diapositiva o pagina

Si può ricorrere alla finestra di dialogo Impostazione pagina (Figura 165) per impostare il layout di pagina in Impress per le visualizzazioni Normale, Note o Stampati.

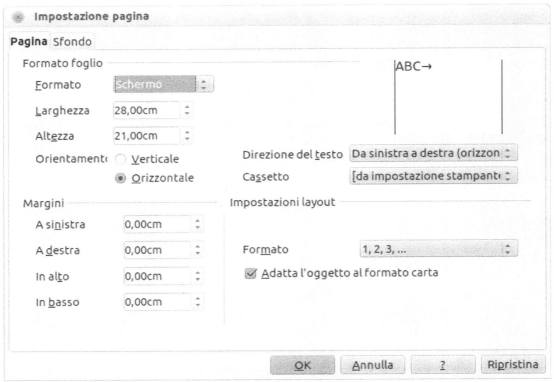

Figura 165: finestra di dialogo Impostazione pagina

Nota	Ogni modifica apportata al formato della pagina (dimensioni, margini, orientamento, ecc.) verrà applicata a *tutte* le diapositive della presentazione. In Impress è possibile definire un solo stile di pagina, mentre in Writer o Calc è possibile definirne diversi. È possibile modificare lo sfondo delle singole diapositive; a tale scopo consultate la sezione "Cambiare lo sfondo di una diapositiva" a pagina 205.

1) Cominciate facendo clic sulla scheda **Normale** all'interno del riquadro Area di lavoro oppure selezionando **Visualizza > Normale** dal menu principale.

2) Selezionate **Formato > Pagina** dal menu principale, oppure fate clic con il pulsante destro del mouse sulla diapositiva e scegliete **Diapositiva > Impostazione pagina** per aprire la finestra di dialogo Impostazione pagina (Figura 165).

La scheda Pagina presenta tre sezioni: **Formato foglio**, **Margini** e **Impostazioni layout**. La modifica di queste impostazioni interesserà tutte le diapositive della presentazione.

Nell'area **Formato foglio** selezionate il formato desiderato dall'elenco a discesa. Le dimensioni cambiano automaticamente quando si seleziona un formato standard. L'elenco a discesa contiene le opzioni appropriate sia per la visualizzazione su schermo che per la stampa delle diapositive.

I valori predefiniti delle impostazioni per lo schermo sono indicate per una presentazione su schermo con rapporto d'aspetto pari a 4:3. Per i monitor widescreen dovrete adattare manualmente i valori relativi a larghezza e altezza alle proporzioni di uno schermo con un fattore di forma 16:9.

Nell'area **Margini**, definite lo spazio da lasciare tra i bordi della pagina e il contenuto del documento.

Nell'area **Impostazioni layout**, selezionate il formato per il numero di pagina dall'elenco a discesa **Formato**. L'attivazione della casella di controllo **Adatta l'oggetto al formato carta** consente di ridimensionare gli oggetti e i caratteri della diapositiva per adattarli al formato del foglio selezionato.

Stampare le diapositive

È inoltre possibile selezionare l'orientamento della diapositiva o del foglio (verticale oppure orizzontale) e il cassetto della carta da utilizzare. In Impress potete specificare un solo cassetto della carta per la stampa dei documenti (diapositive). Potete in ogni caso specificare cassetti differenti per stampare tutte le diapositive, note e stampati su supporti di stampa diversi cambiando le impostazioni nella finestra di dialogo Impostazione pagina prima di stampare. Ciò è utile, ad esempio, per stampare diapositive su lucidi e stampati su carta. Per ulteriori informazioni sulla stampa delle presentazioni consultate il *Capitolo 10 (Stampa, invio come e-mail, esportazione e salvataggio di presentazioni)*.

Scegliere un master di diapositiva

Nel pannello delle Attività scegliete la scheda *Pagine master*. Per applicare uno dei master di diapositiva a *tutte le diapositive* contenute nella presentazione selezionatelo dall'elenco.

Per applicare un master di diapositiva differente a una o più diapositive selezionate procedete come segue:

1) Nel riquadro Diapositive, o anche in visualizzazione Ordine diapositive, selezionate le diapositive da modificare.

2) Nel pannello Attività, fate clic con il pulsante destro del mouse sul master di diapositiva che volete assegnare alle diapositive selezionate, quindi fate clic sulla voce **Applica alle diapositive selezionate** dal menu contestuale.

L'argomento relativo ai master di diapositiva (definiti anche diapositive master oppure pagine master) viene trattato approfonditamente nel *Capitolo 2 (Utilizzo di master di diapositiva, stili e modelli)*.

Cambiare lo sfondo di una diapositiva

Questa sezione illustra il procedimento per modificare lo sfondo di una singola diapositiva.

Suggerimento	Per una gestione più agevole, se dovete modificare gli sfondi delle diapositive è consigliabile creare master di diapositiva aggiuntivi.

Nota	Il procedimento per applicare uno sfondo a singole diapositive non è diverso da quello usato per riempire l'area di una forma. Consultate il *Capitolo 6 (Formattazione degli oggetti grafici)* per ulteriori informazioni.

Per modificare lo sfondo di una diapositiva:

1) Passate alla visualizzazione Normale facendo clic sulla scheda **Normale** nel riquadro Area di lavoro oppure selezionando la voce **Visualizza > Normale** dal menu principale.

2) Selezionate la diapositiva da modificare.

3) Selezionate **Formato > Pagina** dal menu principale, oppure fate clic con il pulsante destro del mouse e selezionate **Diapositiva > Impostazione pagina** per aprire la finestra di dialogo Impostazione pagina (Figura 165). Quindi fate clic sulla scheda **Sfondo**.

4) Attenetevi alle istruzioni fornite nella sezione *Formattare le aree* del *Capitolo 6 (Formattazione degli oggetti grafici)*.

5) Fate clic su **OK** per salvare le modifiche. Comparirà un messaggio che vi chiede se desiderate cambiare lo sfondo a tutte le diapositive. Per modificare solamente quella selezionata fate clic su **No**. Scegliendo **Sì** il nuovo sfondo sarà riportato in tutte le diapositive della presentazione.

Scegliere il layout di una diapositiva

Dopo aver creato una nuova diapositiva potete decidere quale layout sia più adatto ai contenuti e alla presentazione. Sono disponibili diversi tipi di layout predefiniti da applicare a una diapositiva (Figura 166).

Per applicare un layout a una diapositiva:

1) Nel pannello delle Attività, selezionate la scheda Layout per visualizzare i diversi layout di diapositiva disponibili. Se il pannello delle Attività non fosse visibile scegliete la voce **Visualizza > Pannello delle attività** dal menu principale.

2) Portando il puntatore del mouse sulla miniatura del layout comparirà un suggerimento contenente una sintesi del tipo di layout.

3) Fate clic sul layout selezionato per applicarlo alla diapositiva.

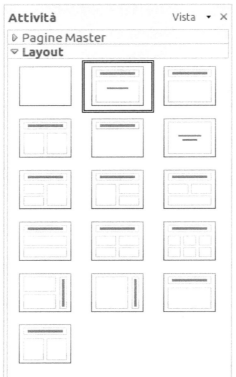

Figura 166: layout di diapositiva disponibili

Nota	Se il layout viene cambiato quando la diapositiva già presenta dei contenuti, Impress non eliminerà i contenuti, ma li ricollocherà in base al layout selezionato. Ciò potrebbe causare la sovrapposizione di alcuni elementi o uno spostamento dalla loro posizione originaria.

Se i layout disponibili non fossero adatti allo stile della presentazione, potete modificare la disposizione degli elementi in una singola diapositiva e duplicarli secondo necessità, copiandoli in un'altra presentazione oppure salvandola come modello.

Potete applicare tutte le tecniche per la gestione delle caselle di testo, illustrate nel *Capitolo 3 (Aggiunta e formattazione del testo)*, al titolo e agli elementi testuali di layout automatico della diapositiva. I segnaposto delle immagini possono essere spostati e ridimensionati; a questo scopo consultate il *Capitolo 4 (Aggiunta e formattazione di immagini)*. Il *Capitolo 7 (Inserimento di fogli elettronici, grafici e altri oggetti)* spiega come includere e modificare fogli elettronici, grafici e altri oggetti.

Aggiunta di commenti

Quando si crea una presentazione in un ambiente di gruppo è spesso utile aggiungere commenti alla presentazione, a beneficio dei collaboratori.

Per aggiungere un commento, passate alla visualizzazione Normale e selezionate la diapositiva in cui inserirlo. Selezionate **Inserisci > Commento** dal menu principale per visualizzare una casella di commento (Figura 167) nell'angolo superiore sinistro della diapositiva. Dopo aver inserito il commento, chiudete il commento facendo clic in un punto qualsiasi al suo esterno.

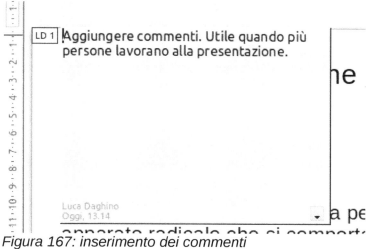

Figura 167: inserimento dei commenti

Ogni commento presenta un codice colore e un contrassegno, con le iniziali dell'autore e un numero sequenziale, visibili nell'angolo superiore sinistro della diapositiva in visualizzazione Normale. Facendo clic su una casella di commento è possibile visualizzarne l'intero testo. Le dimensioni della caselle sono fisse e, se necessario, compariranno delle barre di scorrimento.

Modificare, eliminare e rispondere ai commenti

È possibile modificare unicamente i propri commenti, tuttavia si può rispondere a un commento di un altro autore. Selezionate **Rispondi** dall'elenco a discesa all'interno del commento (Figura 168). Per fare comparire l'elenco a discesa fate clic sul piccolo triangolo visibile in basso a destra nel commento, oppure fate clic con il pulsante destro del mouse quando il cursore si trova sopra il commento.

Figura 168: elenco a discesa dei commenti

Facendo clic con il pulsante destro del mouse nella casella di commento si ottiene l'accesso a un numero limitato di opzioni per la formattazione del commento stesso. Utilizzate il menu contestuale per applicare uno o più attributi di carattere (grassetto, corsivo, sottolineato, barrato), oppure per incollare il contenuto precedentemente copiato negli appunti.

Utilizzate l'elenco a discesa nel commento (Figura 168) per eliminare il commento attivo, tutti i commenti creati dall'autore del commento selezionato, oppure tutti i commenti della presentazione. Se il commento aperto è stato aggiunto da un altro autore nell'elenco a discesa sarà presente l'opzione per rispondere al commento.

Aggiunta e formattazione delle note

La visualizzazione Note offre un metodo pratico per creare promemoria o inserire informazioni aggiuntive alle diapositive di una presentazione. Le note non saranno visibili al pubblico durante la presentazione; in ogni caso, in una postazione "dual monitor", saranno visualizzabili sul secondo schermo, fungendo da traccia per la presentazione. Le note si possono anche stampare e usare come stampati.

Nota	Proiettando regolarmente presentazioni in pubblico, potrebbe essere vantaggioso installare la Presenter Console, un'estensione che consente la visualizzazione su schermo delle note, della diapositiva successiva a quella attiva e di altre utili informazioni, mentre la proiezione riservata al pubblico sarà limitata alla visione della diapositiva attiva. L'estensione potrebbe già essere integrata nell'installazione di LibreOffice; in alternativa potete scaricarla dal sito http://extensions.libreoffice.org/.

Aggiungere note a una diapositiva

Per aggiungere note a una diapositiva:

1) Nel riquadro Diapositive selezionate la diapositiva alla quale volete aggiungere le note.
2) Passate alla visualizzazione Note (Figura 169) facendo clic sulla relativa scheda nel riquadro Area di lavoro oppure selezionando **Visualizza > Pagina note** dal menu principale.
3) Fate clic nella casella di testo che indica *Fate clic per aggiungere note* e digitate, oppure incollate, il testo o la grafica desiderati.
4) Per aggiungere note a un'altra diapositiva ripetete i passaggi da 1 a 3.
5) Una volta terminato di inserire le note, tornate alla visualizzazione Normale.

Figura 169: visualizzazione Note

Formattare le note

Si consiglia di fare uso dei Master per annotazioni e dello stile di presentazione Note per la formattazione delle note, anziché ricorrere alla formattazione per ogni singola diapositiva.

Tutte le linee guida relative alla formattazione presentate in questa sezione sono applicabili al Master per annotazioni e allo stile di presentazione Note.

Per aprire il Master per annotazioni, scegliete **Visualizza > Sfondo > Master per annotazioni** dal menu principale (Figura 170).

Figura 170: layout Master per annotazioni

Formattare la pagina Note

Per formattare la pagina Note:

1) Passate alla visualizzazione Note facendo clic sulla relativa scheda nel riquadro Area di lavoro, oppure selezionando **Visualizza > Pagina note**.

2) Selezionate **Formato > Pagina** dalla barra dei menu, oppure fate clic con il pulsante destro del mouse e scegliete **Diapositiva > Impostazione pagina** per aprire la finestra di dialogo Impostazione pagina (Figura 171).

3) Impostate i parametri secondo le vostre esigenze. La finestra di dialogo Impostazione pagina per le note è la stessa di quella per le diapositive. Fate riferimento alla sezione "Formattazione dell'area diapositiva o pagina" a pagina 203 per una descrizione della finestra di dialogo Impostazione pagina. L'unica differenza della pagina Note si riscontra

nelle impostazioni predefinite dell'orientamento, impostato su verticale, e del formato, impostato su A4.

4) Al termine dell'impostazione della pagina Note, fate clic su **OK** per chiudere la finestra di dialogo.

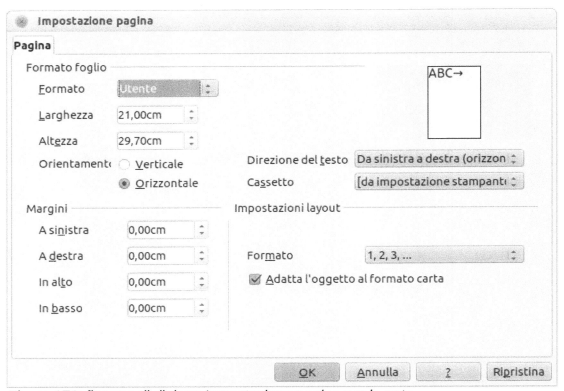

Figura 171: finestra di dialogo Impostazione pagina per le note

Impostare le opzioni di layout automatico

All'interno della visualizzazione Note sono visibili quattro aree in cui inserire informazioni relative alla presentazione:

- Area Intestazione
- Area Data e ora
- Area del piè di pagina
- Area Diapositiva o Numero di pagina

Per personalizzare questi campi procedete come segue:

1) Passate alla visualizzazione Note selezionando la scheda corrispondente nel riquadro Area di lavoro o scegliendo **Visualizza > Pagina note** dal menu principale, oppure aprite il Master per annotazioni andando su **Visualizza > Sfondo > Master per annotazioni** (Figura 170) dal menu principale.

2) Scegliete **Inserisci > Data e ora** per assegnare data e orario. Scegliete tra le opzioni **Fisso** per inserire data e orario da visualizzare oppure **Variabile** per inserire data e orario di creazione della diapositiva. Usate i due menu a discesa per selezionare il formato della data e la lingua.

3) Scegliete **Inserisci > Numero di pagina** dal menu principale per aprire la finestra di dialogo Intestazione e piè di pagina. Selezionate la scheda *Note e stampati* (Figura 172).

4) Selezionate le caselle di controllo per attivare la aree corrispondenti. Digitate il testo nei campi di modifica per Intestazione e Piè di pagina. Se la casella di controllo Numero di

pagina è attivata, per formattare il tipo di numerazione fate riferimento alla sezione "Formattare la pagina Note" a pagina 209.

5) Fate clic sul pulsante **Applica a tutto** per salvare le impostazioni e chiudere la finestra di dialogo.

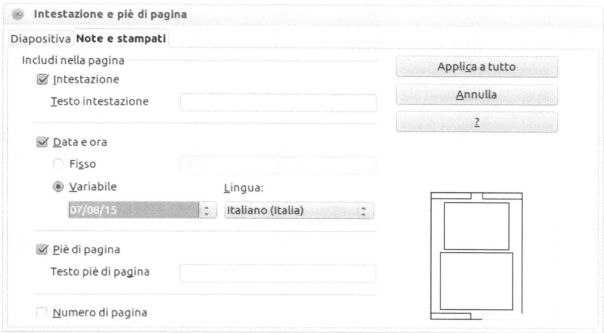

Figura 172: finestra di dialogo Intestazione e piè di pagina per le note

Formattazione del testo

Il contenuto inserito nella casella di testo delle Note viene automaticamente formattato nello stile Note predefinito, visualizzabile negli Stili di presentazione. Il metodo più pratico per formattare il testo delle note consiste nell'apportare modifiche a questo stile in base alle esigenze specifiche. Consultate il *Capitolo 2 (Utilizzo di master di diapositiva, stili e modelli)* per ulteriori dettagli.

Se si rendesse necessaria una formattazione manuale, ad esempio per evidenziare una particolare sezione delle note, fate riferimento al *Capitolo 3 (Aggiunta e formattazione del testo)* per ulteriori informazioni.

Formattazione avanzata delle note

È possibile introdurre altre modifiche alle pagine delle Note. Ad esempio potete:

- Spostare la casella di testo e l'immagine della diapositiva ovunque nella pagina.
- Ridimensionare l'immagine della diapositiva e la casella di testo (solo nella visualizzazione Master di diapositiva).
- Aggiungere ulteriori caselle di testo nella pagina.

Stampare le note

1) Scegliete la voce **File > Stampa** dal menu principale.
2) All'interno della finestra di dialogo Stampa, nell'area *Stampa* della scheda Generale (Figura 173), selezionate **Note** dall'elenco a discesa Documento.
3) Apportate tutte le modifiche desiderate e fate clic su **OK** per stampare.

Per ulteriori informazioni sulla stampa di diapositive, note e stampati consultate il *Capitolo 10 (Stampa, invio come e-mail, esportazione e salvataggio di presentazioni)*.

Figura 173: stampa delle note

Esportare le note in formato PDF

1) Selezionate la voce **File > Esporta nel formato PDF** dal menu principale.
2) Nella finestra di dialogo Opzioni PDF scegliete la scheda *Generale*.
3) All'interno dell'area *Generale*, assicuratevi che la casella di controllo **Esporta annotazioni** sia selezionata, quindi fate clic su **OK**.
4) Nella finestra di dialogo Esporta indicate un nome per il file, selezionate la cartella in cui salvarlo e fate clic su **Esporta**.

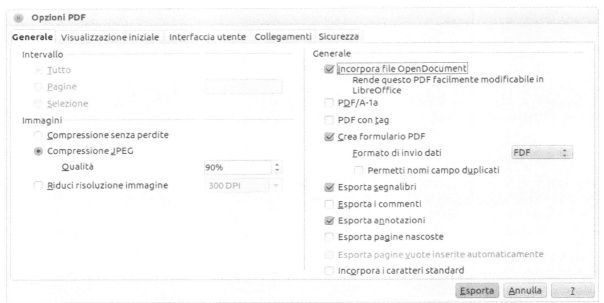

Figura 174: esportazione delle note in formato PDF

Nota	Se la presentazione contiene 10 diapositive, il PDF consisterà di 20 pagine: 10 pagine di singole diapositive seguite da altre 10 pagine di note in formato adatto al supporto cartaceo. Per mantenere solo le pagine delle note è necessario utilizzare un applicativo esterno che rimuova dal file PDF le pagine non volute delle diapositive.

Creazione di stampati

Uno stampato è una speciale visualizzazione della presentazione, adatta alla stampa e alla distribuzione al pubblico. Ogni pagina di stampato può contenere fino a nove miniature delle diapositive, utilizzabili dal pubblico come traccia e riferimento durante la presentazione. Questa sezione illustra il procedimento di personalizzazione della pagina stampati.

La visualizzazione Stampati è costituita da un'unica pagina, indipendentemente dal numero di diapositive della presentazione o dal numero di pagine che verranno stampate.

Modificare il layout

Prima di creare stampati dovrete stabilire quante miniature di diapositiva volete stampare in ogni pagina di stampato.

1) Selezionate la visualizzazione Stampati facendo clic sulla relativa scheda all'interno del riquadro Area di lavoro oppure scegliendo la voce **Visualizza > Pagina stampato** dal menu principale (Figura 175).

2) Se il pannello delle Attività non fosse visibile, selezionate **Visualizza > Pannello delle attività** dalla barra dei menu.

Suggerimento	Come per ogni altra barra degli strumenti, potete disancorare il Pannello delle attività con un doppio clic su un'area vuota del pannello mentre tenete premuto il tasto *Ctrl*.

Figura 175: esempio di stampato contenente sei miniature di diapositiva

Figura 176: layout per gli stampati

3) Nel pannello delle Attività selezionate la scheda *Layout* (Figura 176).

4) Selezionate il layout desiderato e l'area di lavoro principale cambierà riflettendo la selezione effettuata.

Formattare gli stampati

È possibile formattare diversi aspetti dello stampato, a partire dallo stile della pagina fino agli elementi che compaiono sulla pagina. Non è invece possibile modificare il formato di singole pagine dello stampato; ogni cambiamento viene applicato su tutti gli stampati contenuti nel file della presentazione.

Formattare la pagina

Per formattare le pagine dello stampato:

1) Assicuratevi di essere in visualizzazione Stampati. Fate clic sulla scheda Stampati nell'Area di lavoro oppure selezionate **Visualizza > Pagina stampato** dal menu principale.

2) Selezionate **Formato > Pagina** dal menu principale, oppure fate clic con il pulsante destro del mouse sullo stampato e selezionate **Diapositiva > Impostazione pagina** dal menu contestuale.

3) Nella finestra di dialogo Impostazione pagina (Figura 171) impostate il formato carta, l'orientamento (verticale oppure orizzontale), i margini e altri parametri. Fate clic su **OK**.

Impostare le opzioni di layout automatico

Nella visualizzazione Stampati, come nella visualizzazione Note, sono visibili quattro aree dove potete inserire informazioni sulla presentazione:

- Area Intestazione
- Area Data e ora
- Area del piè di pagina
- Area Diapositiva o Numero di pagina

Nota	Le informazioni presenti in queste aree non sono visibili in vista Stampati ma compaiono correttamente sulla stampa.

Le modalità di accesso e personalizzazione di queste aree sono identiche a quelle indicate per le Note e condividono la stessa finestra di dialogo. Fate riferimento alla sezione "Impostare le opzioni di layout automatico" a pagina 210 per ulteriori informazioni.

Spostare miniature e aggiungere elementi grafici

Negli stampati potete spostare (ma non ridimensionare) le miniature delle diapositive e inserire linee, caselle e altri elementi grafici. Consultate il Capitolo 5 (Gestione degli oggetti grafici) per istruzioni sull'uso degli strumenti grafici.

Suggerimento	Dopo la creazione di uno stampato, potete salvarlo come modello, così da poterlo riutilizzare a piacimento. Consultate la sezione "Lavorare con i modelli" nel Capitolo 2 (Utilizzo di master di diapositiva, stili e modelli) per istruzioni sul salvataggio dei modelli e sulla creazione di una nuova presentazione partendo da un modello.

Attenzione	Selezionando uno degli altri layout di stampato e tornando in seguito a quello precedentemente riformattato, le miniature di diapositiva riprenderanno la propria posizione di origine, anche se tutte le linee e gli elementi grafici inseriti conserveranno la disposizione assegnata. Sarà allora necessario spostare nuovamente le miniature nella posizione desiderata.

Stampare gli stampati

1) Scegliete **File > Stampa** dal menu principale.

Figura 177: scelta delle diapositive da stampare

2) Nella scheda Generale della finestra di dialogo Stampa, all'interno dell'area *Stampa*, selezionate **Stampati** dall'elenco a discesa Documento (Figura 174).

3) Indicate il numero di diapositive per ogni pagina e l'ordine di stampa di più diapositive. Per selezionare le diapositive da includere negli stampati, all'interno dell'area *Intervallo e copie* della scheda Generale, selezionate **Diapositive** e specificate i numeri di diapositiva da includere.

Per ulteriori informazioni sulla stampa di diapositive, note e stampati consultate il *Capitolo 10 (Stampa, invio come e-mail, esportazione e salvataggio di presentazioni)*.

Esportare gli stampati in formato PDF

Al momento non esiste la possibilità di esportare gli stampati in formato PDF; se provate a esportare otterrete solo le diapositive (una per pagina). Potete tuttavia stampare in formato PostScript, se disponete di driver per stampante PostScript, quindi utilizzare un applicativo di terze parti (come Ghostscript o Adobe Distiller) per generare un file PDF dal file PostScript.

Capitolo 9
Presentazioni

Transizioni, animazioni e altro

Organizzare una presentazione

LibreOffice Impress vi offre gli strumenti per organizzare ed eseguire una presentazione, inclusi i seguenti:

- Quali diapositive mostrare e in quale sequenza
- Se eseguire la presentazione automaticamente o manualmente
- Transizioni fra le diapositive
- Animazioni su singole diapositive
- Interazioni: quali azioni compiere quando fate clic su un pulsante o un collegamento

La maggior parte delle attività associate all'organizzazione di una presentazione possono essere svolte più agevolmente nella visualizzazione Ordine diapositive. Scegliete la voce **Visualizza > Ordine diapositive** dal menu principale oppure fate clic sulla scheda Ordine diapositive nella parte superiore dell'Area di lavoro. Tutte le vostre diapositive compariranno nello spazio di lavoro; potreste dover usare lo scorrimento per vederle tutte.

Impostazioni di base per una presentazione

Le impostazioni di base per una presentazione includono la definizione della diapositiva iniziale, l'avanzamento fra le diapositive, il tipo di presentazione e le opzioni del puntatore.

Selezionate **Presentazione > Impostazioni presentazione** dal menu principale per aprire la finestra di dialogo Presentazione (Figura 178).

Figura 178: impostazioni per la presentazione

Nell'area *Diapositive* selezionate le diapositive da includere nella presentazione:

- **Tutte le diapositive:** include tutte le diapositive, escluse quelle marcate come nascoste (vedete "Nascondere le diapositive" a pagina 220). Le diapositive vengono mostrate nella sequenza in cui si trovano nel file. Per cambiare la sequenza, potete disporre le diapositive diversamente nell'ordine diapositive oppure scegliere una presentazione personalizzata (vedere sotto).

- **A partire da:** inizia la presentazione da una diapositiva diversa dalla prima. Ad esempio, potreste disporre, all'inizio, di diverse diapositive introduttive che potreste voler escludere quando tenete la presentazione ai vostri colleghi.

- **Presentazione su schermo personalizzata:** mostra le diapositive in una sequenza differente precedentemente impostata. Questa impostazione non è disponibile se non avete creato una presentazione personalizzata (vedete "Mostrare le diapositive in un ordine diverso" a pagina 221). Potete impostare molteplici presentazioni personalizzate da un singolo set di diapositive; esse appariranno nel menu a discesa presente in questa opzione.

Nell'area *Tipo* selezionate la modalità di visualizzazione delle diapositive:

- **Predefinito:** mostra le diapositive a schermo intero, nascondendo i controlli di LibreOffice, e termina la presentazione dopo l'ultima diapositiva.

- **Finestra:** mostra le diapositive all'interno dell'applicazione LibreOffice e termina la presentazione dopo l'ultima diapositiva.

- **Automatico:** inizia nuovamente la presentazione dopo l'ultima diapositiva. Una diapositiva di separazione viene mostrata tra la diapositiva finale e quella iniziale. Premete il tasto *Esc* per fermare la presentazione. Nel riquadro potete specificare il tempo di attesa prima che la presentazione venga nuovamente avviata. Se lasciate il tempo a 0, la presentazione inizierà immediatamente, senza mostrare una diapositiva di separazione. L'opzione **Mostra logo** fa comparire il logo di LibreOffice nella diapositiva di separazione.

Nell'area *Opzioni*:

- **Avanzamento manuale:** impedisce il cambio diapositiva automatico anche se è stata impostata la transizione automatica.

- **Puntatore mouse visibile:** mostra il puntatore del mouse durante la presentazione. Se non disponete di un puntatore laser, o di un altro dispositivo per evidenziare elementi di interesse, questa opzione potrebbe essere utile.

- **Puntatore mouse come penna:** vi consente di scrivere o disegnare sulle diapositive durante la presentazione. Qualunque cosa scriviate con la penna non viene salvata al termine della presentazione. Il colore della penna non può essere cambiato.

- **Pulsanti di navigazione visibili:** mostra il Navigatore durante la presentazione. Per maggiori informazioni sul Navigatore, vedete il *Capitolo 1 (Introduzione a Impress)* di questa guida.

- **Permetti animazioni:** mostra le animazioni GIF presenti nel file. Se questa opzione non è selezionata, viene mostrato solo il primo fotogramma della GIF animata. Ciò non ha nulla a che vedere con le animazioni delle diapositive descritte nella sezione "Uso degli effetti di animazione delle diapositive" a pagina 226).

- **Cambio diapositiva dopo clic sullo sfondo:** avanza alla diapositiva successiva quando fate clic sullo sfondo di una diapositiva. Potete anche premere la barra spaziatrice sulla tastiera per proseguire alla diapositiva successiva.

- **Presentazione in primo piano:** impedisce a qualunque altra finestra di sovrapporsi alla presentazione.

Nell'area *Monitor multipli*:

- Potete selezionare quale schermo usare per proiettare la presentazione a schermo intero. Disponibile solo se il desktop attivo è mostrato su più di un monitor.

- Se il desktop è mostrato su un solo monitor, o se la visualizzazione multipla non è supportata dal sistema, non è possibile selezionare un altro monitor.

- Per impostazione predefinita la presentazione viene mostrata sul monitor primario.

Nota	L'impostazione monitor multipli non è salvata all'interno del documento, ma viene invece conservata come impostazione locale nella configurazione utente. Ciò significa che se aprite la presentazione su un computer diverso verranno applicate le impostazioni locali.

Nascondere le diapositive

Potreste non voler mostrare tutte le diapositive in una determinata presentazione. In tal caso potete nascondere alcune delle diapositive, oppure creare una presentazione personalizzata, qualsivoglia metodo si adatti meglio alle circostanze. Ad esempio, potreste avere delle bozze di diapositiva che non volete mostrare fino a quando non sono terminate, oppure alcune diapositive potrebbero contenere informazioni che volete mantenere riservate.

Per nascondere una diapositiva:

1) Nel riquadro Diapositive, o nella vista Ordine diapositive, selezionate le diapositive da nascondere.

2) Fate clic sull'icona **Nascondi diapositiva** ![icona] sulla barra degli strumenti Vista diapositiva (Figura 179), oppure fate clic con il pulsante destro del mouse e selezionate **Nascondi diapositiva** dal menu contestuale, oppure ancora selezionate **Presentazione > Nascondi diapositiva** dal menu principale. La diapositiva viene mostrata in grigio per indicare che è nascosta (Figura 180). La diapositiva non viene cancellata e rimane all'interno del file.

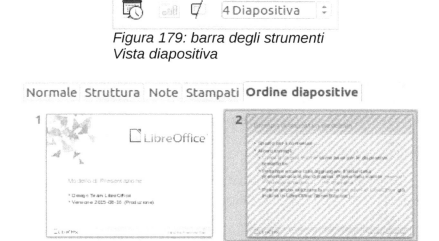

Figura 179: barra degli strumenti Vista diapositiva

Figura 180: diapositiva 2 nascosta

Per mostrare una diapositiva nascosta:

1) Nel riquadro Diapositive, oppure nella vista Ordine diapositive, selezionate le diapositive nascoste che volete mostrare.

2) Fate clic sull'icona **Mostra diapositiva** ![icona] sulla barra degli strumenti Vista diapositiva (Figura 179), oppure fate clic con il pulsante destro del mouse e selezionate **Mostra diapositiva** dal menu contestuale, oppure ancora selezionate **Presentazione > Mostra diapositiva** dal menu principale.

Mostrare le diapositive in un ordine diverso

Per mostrare le diapositive in un ordine differente potete sia disporle diversamente nell'ordine diapositive che impostare una presentazione personalizzata. Da un singolo set di diapositive è possibile creare molteplici presentazioni personalizzate.

In una presentazione personalizzata potete scegliere sia le diapositive includere che l'ordine nel quale devono comparire. Qualunque diapositiva marcata come *Nascosta* non apparirà in una presentazione personalizzata.

Impostare una presentazione personalizzata

Per impostare una nuova presentazione personalizzata:

1) Scegliete la voce **Presentazione > Presentazione personalizzata** dal menu principale per aprire la finestra di dialogo Presentazioni su schermo personalizzate (Figura 181).

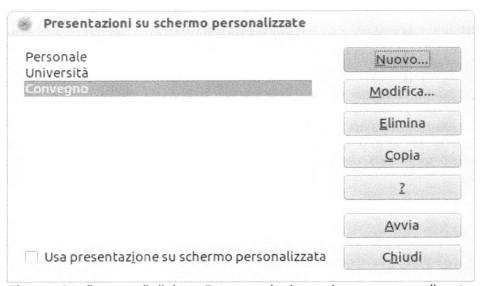

Figura 181: finestra di dialogo Presentazioni su schermo personalizzate

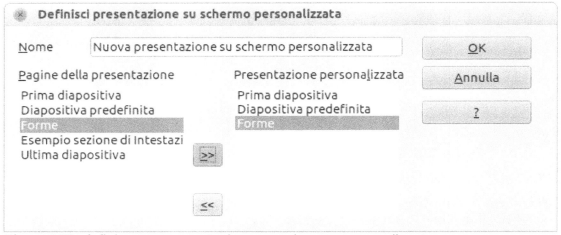

Figura 182: definire una presentazione su schermo personalizzata

2) Fate clic su **Nuovo** per aprire la finestra di dialogo Definisci presentazione su schermo personalizzata (Figura 182).

3) Digitate un nome per la nuova presentazione personalizzata nella casella di testo *Nome*.

4) Nell'elenco *Pagine della presentazione* selezionate le diapositive da includere nella presentazione personalizzata. Fate clic sul pulsante **>>** per includere le diapositive

nell'elenco *Presentazione personalizzata*. Nella Figura 182 sono state selezionate le prime tre diapositive.

5) Potete selezionare e includere diverse diapositive allo stesso tempo. Mantenete premuto il tasto *Maiusc* e fate clic sulla prima e sull'ultima diapositiva del gruppo per selezionare tale gruppo; oppure mantenete premuto il tasto *Ctrl* e fate clic sulle singole diapositive per selezionarle.

Nota	Se aggiungete diverse diapositive contemporaneamente, esse appariranno, all'interno dell'elenco *Presentazione personalizzata*, nello stesso ordine in cui si trovano nella presentazione, indipendentemente dall'ordine usato per selezionarle. Per ordinare diversamente le diapositive selezionate potete scegliere e includere ogni diapositiva singolarmente oppure fare clic sulla diapositiva e trascinarla verso l'alto o verso il basso nell'elenco Presentazione personalizzata. Potete anche usare la vista Ordine diapositive per riorganizzarne l'ordine prima di eseguire la selezione.

Suggerimento	Le diapositive vengono aggiunte all'elenco *Presentazione personalizzata* subito dopo la diapositiva correntemente selezionata nell'elenco. Se non è selezionata nessuna diapositiva, le nuove selezioni vengono aggiunte in coda all'elenco. Ad esempio in Figura 182, per aggiungere la diapositiva *Ultima diapositiva* dopo la *Diapositiva predefinita* e prima di *Forme*, assicuratevi che la *Diapositiva predefinita* sia evidenziata prima di spostare l'*Ultima diapositiva* nell'elenco *Presentazione personalizzata*.

6) Quando avete terminato di riordinare le diapositive, fate clic su **OK** per salvare la presentazione personalizzata e ritornare alla finestra di dialogo Presentazioni su schermo personalizzate.

7) Per attivare una presentazione personalizzata, selezionatela dalla lista presente nella finestra di dialogo Presentazioni su schermo personalizzate, quindi scegliete l'opzione **Usa presentazione su schermo personalizzata** in basso.

Modificare, eliminare o copiare una presentazione personalizzata

Per modificare una presentazione personalizzata (aggiungere, rimuovere o cambiare l'ordine delle diapositive, oppure cambiare il nome della presentazione), selezionatela nella finestra di dialogo Presentazioni su schermo personalizzate (Figura 181) e fate clic su **Modifica**.

Per eliminare una presentazione personalizzata, selezionatela nella finestra di dialogo Presentazioni su schermo personalizzate e fate clic su **Elimina**. La cancellazione è immediata, senza alcun messaggio di conferma.

Per fare una copia di una presentazione personalizzata, selezionatela nella finestra di dialogo Presentazioni su schermo personalizzate e fate clic su **Copia**. Potete poi modificare la copia: rinominarla e aggiungere, eliminare o cambiare l'ordine delle diapositive.

Potete eseguire o verificare la vostra presentazione personalizzata direttamente dalla finestra di dialogo Presentazioni su schermo personalizzate, se la casella di controllo *Usa presentazione su schermo personalizzata* è spuntata. Selezionate la presentazione dall'elenco e fate clic su **Avvia**.

Quando avete terminato di lavorare con le presentazioni personalizzate fate clic su **Chiudi** per salvare tutte le modifiche e chiudere la finestra di dialogo Presentazioni su schermo personalizzate.

Uso delle transizioni

Le transizioni fra le diapositive sono effetti visivi riprodotti durante passaggio da una diapositiva alla successiva; aggiungono uno stile dinamico alla presentazione, armonizzando la sequenza delle diapositive.

1) Nel pannello delle Attività, scegliete **Cambio diapositiva**.

2) Nel riquadro Diapositive o nella vista Ordine diapositive selezionate le diapositive alle quali volete applicare la transizione. Se volete che la transizione venga applicata a tutte le diapositive non selezionatene alcuna.

3) Selezionate una transizione dall'elenco **Applica alle diapositive selezionate**.

4) Modificate la transizione selezionata, variando la velocità o aggiungendo un suono, nella sezione **Modifica transizione**. Se decidete di riprodurre un suono durante il cambio diapositiva, selezionatelo dall'elenco **Suono**. L'opzione **Effettua ciclo fino al prossimo suono** diviene attiva. Selezionate questa casella se volete che il suono venga riprodotto ripetutamente fino all'inizio di un altro suono. Se non vi sono suoni successivi nella presentazione, il suono selezionato verrà riprodotto fino al termine della presentazione.

5) Scegliete come avanzare alla diapositiva successiva: manualmente (al clic del mouse) oppure automaticamente. Se scegliete l'avanzamento automatico, potete specificare per quanto tempo la diapositiva debba rimanere visibile prima di avanzare a quella successiva.

6) Se volete applicare la transizione a tutte le diapositive fate clic sul pulsante **Applica a tutte le diapositive**.

7) Per iniziare la presentazione dalla diapositiva corrente, così da poter controllare le transizioni, fate clic sul pulsante **Presentazione**.

8) Se la casella di spunta **Anteprima automatica** è selezionata, l'effetto della transizione scelta viene mostrato immediatamente nell'area di lavoro. È possibile rivedere l'effetto in qualunque momento premendo il pulsante **Riproduci**.

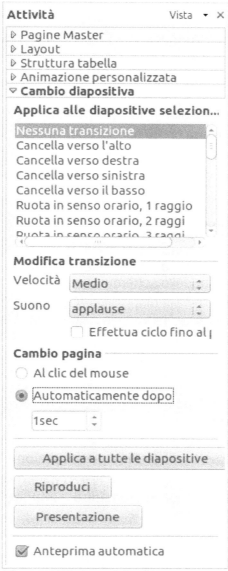

Figura 183: transizioni tra diapositive

Suggerimento	Potete applicare una singola transizione a tutte le diapositive nella presentazione, oppure applicarne una differente per ciascuna diapositiva, addirittura un cambio diapositiva distinto per ogni singola diapositiva. Sebbene l'utilizzo di svariati tipi di transizioni possa risultare divertente, potrebbe dare un aspetto poco professionale alla presentazione.

Suggerimento	Se volete che la maggior parte delle diapositive abbiano la stessa transizione e qualche altra diapositiva una transizione diversa, potrebbe risultare più semplice applicare una transizione a tutte le diapositive e poi cambiare solo quelle che volete siano differenti.

Impostare la durata del cambio automatico delle diapositive

Potete impostare una presentazione in modo che venga eseguita automaticamente, sia non presidiata, sia mentre parlate.

Per definire la durata predefinita di visualizzazione delle diapositive prima di passare alla successiva:

1) Accedete alla scheda Cambio diapositiva nel pannello delle Attività (Figura 183).
2) Lasciate **Nessuna transizione** come effetto selezionato.
3) Selezionate **Automaticamente dopo** nell'area *Cambio pagina*.
4) Impostate un tempo e fate clic sul pulsante **Applica a tutte le diapositive**.

Per variare la durata di alcune delle diapositive nella presentazione:

1) Selezionate la voce **Presentazione > Presentazione cronometrata** dal menu principale, oppure fate clic sull'icona **Presentazione cronometrata** sulla barra degli strumenti Vista diapositiva. La presentazione viene avviata a tutto schermo e un cronometro appare nell'angolo in basso a sinistra dello schermo.
2) Quando desiderate proseguire alla diapositiva successiva fate clic sul cronometro. Per mantenere le impostazioni predefinite per la diapositiva, fate clic sulla diapositiva invece che sul cronometro.
3) Procedete fino a quando non avete impostato la durata per tutte le diapositive nella presentazione. Impress memorizza il tempo di visualizzazione per ogni diapositiva. La volta successiva che osserverete la durata impostata nella casella **Automaticamente dopo**, vedrete che i tempi sono stati modificati per rispecchiare quelli impostati durante la presentazione cronometrata.
4) Per uscire dalla prova, premete il tasto **Esc** oppure fate clic con il pulsante destro del mouse sulla diapositiva e selezionate **Fine presentazione**.

Se volete che l'intera presentazione venga ripetuta ciclicamente, aprite la finestra di dialogo Presentazione (Figura 178) andando su **Presentazione > Impostazioni presentazione** dal menu principale. Fate clic su **Automatico** e poi su **OK**.

Riprodurre un suono durante la presentazione

Potete utilizzare il riquadro Cambio diapositiva per fare in modo che un suono venga riprodotto durante la presentazione.

1) Selezionate la diapositiva dalla quale volete che inizi la riproduzione del suono e andate sul riquadro Cambio diapositiva.
2) Nell'area *Modifica transizione* selezionate **Altro suono** dall'elenco a discesa *Suono*.
3) Selezionate la casella di controllo **Effettua ciclo fino al prossimo suono** se volete che il suono venga riavviato quando finisce.

Attenzione ⚠	Non fate clic sul pulsante **Applica a tutte le diapositive** altrimenti il suono ripartirà dall'inizio ad ogni singola diapositiva.

Nota	Il file sonoro è collegato alla presentazione invece che incorporato; di conseguenza, se pensate di eseguire la presentazione su un computer diverso, sinceratevi di avere il file disponibile sul computer dove la presentazione verrà avviata, e di ricreare il collegamento al file audio locale prima di avviare la presentazione.

Rimuovere un effetto di transizione

1) Scegliete le diapositive desiderate.
2) Scegliete **Nessuna transizione** dall'elenco nella scheda *Cambio diapositiva* del pannello delle Attività.

Uso degli effetti di animazione delle diapositive

Le animazioni delle diapositive sono simili alle transizioni, ma vengono applicate a elementi individuali su una singola diapositiva: titolo, grafico, forma o singolo punto di un elenco. Le animazioni possono rendere una presentazione più viva e memorabile. Esattamente come per le transizioni, un uso smodato delle animazioni, sebbene possa essere divertente, può distrarre il pubblico e anche infastidirlo.

Gli effetti di animazione devono essere applicati dalla visualizzazione Normale, in modo che sia possibile selezionare i singoli oggetti sulla diapositiva.

Nota	Al momento non è possibile applicare effetti di animazione a elementi del master di diapositiva. Ciò significa che se volete visualizzare gli elementi di una casella di testo uno a uno, e usare la medesima animazione su più diapositive, dovete applicare gli effetti a ogni diapositiva, oppure, in alternativa, copiare la casella di testo da una diapositiva all'altra.

Applicare un effetto di animazione

Nella vista normale, visualizzate la diapositiva desiderata e poi selezionate il testo o l'oggetto a cui volete applicare l'animazione. Un oggetto grafico o una casella di testo mostreranno le maniglie di selezione quando selezionati. Se scegliete solo una porzione del testo presente in una casella, potreste non vedere alcuna maniglia di selezione.

Figura 184: Animazione personalizzata nel pannello delle Attività

1) Nel pannello delle Attività selezionate **Animazione personalizzata** (Figura 184).

2) Fate clic su **Aggiungi** per aprire la finestra di dialogo Animazione personalizzata (Figura 185).

3) Selezionate un effetto fra quelli disponibili nelle diverse schede della finestra di dialogo, e scegliete la velocità o durata dell'effetto stesso.

4) Selezionate un'animazione dalla scheda *Entrata*, quando un oggetto viene posizionato sullo schermo.

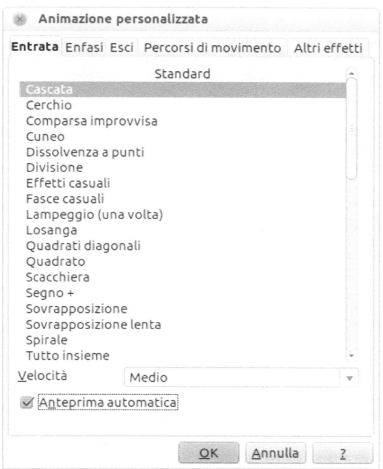

Figura 185: finestra di dialogo Animazione personalizzata

5) Usate la scheda *Enfasi* per applicare semplici effetti di risalto a un oggetto, quali cambio di colore del testo, o testo lampeggiante.

6) La scheda *Esci* contiene effetti per oggetti che lasciano la diapositiva.

7) Per far spostare un oggetto lungo una linea o curva, selezionate un'animazione dalla scheda *Percorsi di movimento*. Un esempio di questo tipo di animazione è mostrato nella sezione "Esempio: impostare un percorso di movimento" a pagina 231.

8) Se necessario, cambiate la velocità di un effetto dall'elenco a discesa *Velocità* prima di spostarvi su un'altra scheda.

9) Selezionate Anteprima automatica per vedere come appare l'effetto senza dover avviare la presentazione.

10) Fate clic su **OK** per salvare gli effetti di animazione e tornare alla scheda *Animazione personalizzata* nel pannello delle Attività. Qui potete scegliere come avviare l'animazione, cambiare la velocità complessiva e modificare alcune proprietà aggiuntive dell'effetto.

Avviare un effetto di animazione

Dall'elenco a discesa *Avvio* sono disponibili tre opzioni per iniziare un effetto di animazione:

Al clic – l'animazione non si avvia fino a quando non premete il pulsante del mouse.

Con precedente – l'animazione parte insieme a quella precedente.

Dopo precedente – l'animazione comincia non appena termina la precedente.

Scegliere proprietà aggiuntive di un effetto di animazione

Molte animazioni hanno un insieme di proprietà che potete impostare o variare. Ad esempio, per l'effetto Cambia colore carattere nella scheda *Enfasi* potete specificare il colore del carattere. Scegliendo Sovrapposizione nella scheda *Entrata* potete specificare da quale direzione arriva l'oggetto.

L'etichetta nella sezione Proprietà dell'*Effetto* cambia in funzione dell'effetto selezionato. Allo stesso modo, anche le opzioni disponibili in questa sezione cambiano a seconda dell'effetto selezionato. Ad esempio, l'effetto Sovrapposizione ha un'opzione etichettata *Direzione* mentre l'effetto Cambia colore carattere ha un'opzione etichettata *Colore carattere*.

Facendo clic sul pulsante **...** si apre la finestra di dialogo Opzioni effetto, che fornisce ulteriori possibilità di personalizzare l'effetto di animazione selezionato. Un esempio di questa finestra di dialogo è mostrato in Figura 186.

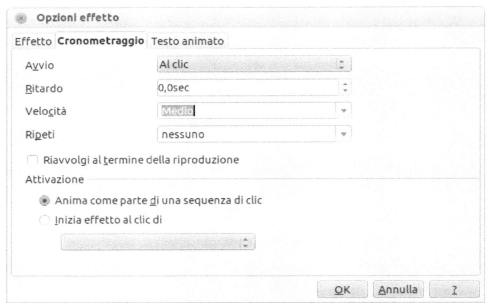

Figura 186: esempio della finestra di dialogo Opzioni effetto

Esempio: usare più effetti di animazione

Per illustrare come impostare effetti di animazione multipli, verrà usata un'animazione comune: elementi di una lista compaiono scorrendo dal fondo della diapositiva, e all'apparire di un nuovo elemento il precedente cambia colore. Ecco un esempio di come creare questi effetti:

Passaggio 1. Applicare l'effetto *Sovrapposizione* a tutti gli elementi.

1) Visualizzate la scheda *Animazione personalizzata* nel pannello delle Attività.
2) Create una diapositiva con diversi elementi in un elenco puntato.
3) Selezionate tutti gli elementi. Fate clic su **Aggiungi** all'interno della scheda Animazione personalizzata, nel pannello delle Attività.

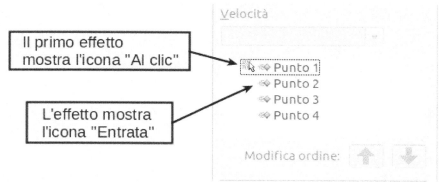

Figura 187: esempio di punti animati

4) Dalla scheda *Entrata* della finestra di dialogo Animazione personalizzata selezionate **Sovrapposizione**, cambiate la Velocità in **Media**, e fate clic su **OK**.

5) I quattro effetti di animazione impostati sono elencati nella scheda *Animazione personalizzata* (Figura 187).

Passaggio 2. Applicare l'effetto *Cambia colore carattere* ad alcuni elementi.

Ora i primi tre elementi della lista devono cambiare colore quando l'elemento successivo compare sulla diapositiva. Per eseguire questa operazione:

1) Selezionate i primi tre elementi sulla diapositiva (non nella lista animazioni) e fate clic su **Aggiungi** nella scheda Animazione personalizzata.

2) Accedete alla scheda *Enfasi* della finestra di dialogo Animazione personalizzata e selezionate **Cambia colore carattere.** Fate clic su **OK** per salvare questo effetto.

3) Notate che in fondo alla lista delle animazioni sono elencate tre nuove animazioni e la relativa icona è differente da quella dei primi quattro effetti (Figura 188).

4) È possibile, se lo desiderate, selezionare uno qualunque degli ultimi tre elementi della lista e scegliere un diverso colore dall'elenco *Colore carattere* nella scheda Animazione personalizzata.

5) Usate il pulsante **Modifica ordine:** con la freccia verso l'alto per spostare ciascuno dei tre elementi in cima alla lista, in modo che si trovino sotto l'altro elemento con lo stesso nome.

Figura 188: aggiunta della seconda animazione

Passaggio 3. Cambiare la durata di alcuni elementi nella lista da Con precedente a Al clic.

Tutti gli elementi nella lista animazioni (eccetto i due "Punto uno") sono impostati per iniziare nello stesso momento del precedente. Probabilmente è opportuno che al clic compaia il punto successivo e il punto precedente venga sfumato. È quindi necessario impostare il cambiamento del colore del punto precedente e l'ingresso del nuovo punto in modo che avvengano simultaneamente al clic del mouse.

1) A tal fine selezionate le animazioni cambia colore e scegliete **Al clic** dall'elenco *Avvio*, quindi selezionate le animazioni di ingresso (esclusa la prima) e scegliete **Con precedente** dall'elenco *Avvio*.

2) Provate queste animazioni facendo clic sul pulsante **Presentazione**.

Esempio: impostare un percorso di movimento

L'effetto *Percorsi di movimento* sposta un oggetto lungo un tracciato costituito da una combinazione di linee rette e curve. In LibreOffice sono presenti diversi percorsi predefiniti, ma non è difficile crearne di nuovi. Iniziate selezionando l'oggetto che volete animare e scegliendo uno dei percorsi di movimento predefiniti simile all'effetto che desiderate ottenere. In alternativa usate le animazioni *Poligono* o *Curva* per creare un nuovo percorso.

Selezionate l'oggetto che seguirà il percorso di animazione, il quale viene mostrato come una sottile linea grigia con un triangolo al punto di inizio e uno al termine. Fate clic su qualunque punto sulla linea, cosicché vengano mostrate le maniglie di selezione. Quando le maniglie di selezione sono visibili potete spostare o ridimensionare il percorso, nello stesso modo in cui fareste per un oggetto grafico.

Nota	Quando si sposta un percorso conviene spostare anche l'oggetto al nuovo inizio del percorso; in caso contrario l'animazione inizierà con un salto. Attualmente non è possibile ruotare un percorso.

Se volete invece modificare i singoli punti della linea, selezionate l'icona **Punti** dalla barra degli strumenti Disegno mentre il percorso è attivo. Viene così visualizzata la barra degli strumenti Modifica punti (Figura 189); altrimenti selezionatela usando **Visualizza > Barre degli strumenti > Modifica punti**. Il numero di icone disponibili nella barra degli strumenti Modifica punti dipende dal tipo di percorso di movimento e dall'oggetto selezionati.

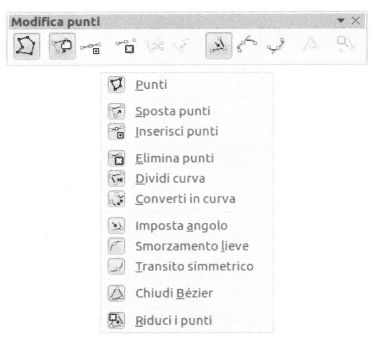

Figura 189: barra degli strumenti Modifica punti e relative icone

Una volta che un punto è selezionato, potete aggiungerne di nuovi, cancellarlo, spostarlo e così via. Per una spiegazione dettagliata su come manipolare i punti su una curva vedete la *Guida a*

Draw. Quando siete soddisfatti con la forma della curva e la sua velocità, fate clic ovunque sullo schermo per deselezionare l'oggetto e proseguire nelle normali modifiche.

È possibile combinare un percorso di movimento con altri effetti come la rotazione o il cambio di dimensioni o colore per creare effetti di forte impatto grafico.

Effetti di animazione avanzati

Fate clic sul pulsante Opzioni effetti [...], a fianco dell'elenco a discesa Proprietà, per visualizzare la finestra di dialogo Opzioni effetto (Figura 186 a pagina 229).

Ciò che compare nella finestra di dialogo Opzioni effetto dipende dal tipo di oggetto selezionato. Quando si tratta di un oggetto di testo la finestra di dialogo ha tre schede: Effetto, Cronometraggio e Testo animato. Quando invece è un oggetto grafico la finestra di dialogo ha solo due schede: Effetto e Cronometraggio.

Le opzioni disponibili sulla scheda Effetto variano anche in funzione del tipo di oggetto e di animazione selezionati, quali un effetto di direzione o di colore carattere. Per gli oggetti grafici la scheda Testo animato non è disponibile.

Sulla scheda *Effetto* potete selezionare un suono da riprodurre, potete scegliere se sfumare o nascondere un oggetto dopo l'animazione e, in caso di oggetti di testo, se animare il testo nella sua interezza oppure parola per parola o carattere per carattere.

Sulla scheda *Testo animato* della finestra di dialogo Opzioni effetto (Figura 190), potete raggruppare il testo come un singolo oggetto, tutti i paragrafi in una volta, oppure per paragrafi di primo livello (ovvero un elemento dell'elenco insieme a tutti i sotto-elementi, se presenti).

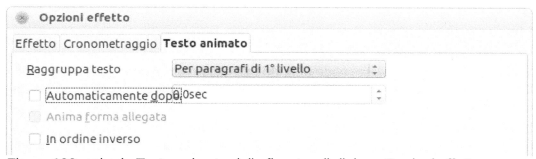

Figura 190: scheda Testo animato della finestra di dialogo Opzioni effetto

Sulla scheda *Cronometraggio* della finestra di dialogo Opzioni effetto (Figura 191) potete cambiare la velocità, il ritardo e altri aspetti relativi alla durata dell'effetto.

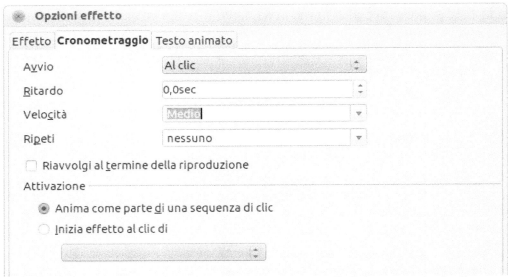

Figura 191: scheda Cronometraggio della finestra di dialogo Opzioni effetto

Eliminare effetti di animazione

1) Sulla scheda *Animazione personalizzata* del pannello delle Attività selezionate l'oggetto desiderato.

2) Fate clic sul pulsante **Rimuovi**.

Uso delle interazioni

Per interazione si intende ciò che succede quando fate clic su un oggetto in una diapositiva. Normalmente le interazioni sono usate con pulsanti o immagini, ma anche gli oggetti di testo possono avere interazioni.

Per applicare un'interazione a un oggetto (o modificarne una già esistente), fate clic con il pulsante destro del mouse e scegliete **Interazione** dal menu contestuale per aprire la finestra di dialogo Interazione (Figura 192). Selezionate un'interazione dall'elenco a discesa **Azione al clic del mouse**. A seconda dell'interazione selezionata la finestra di dialogo Interazione cambia mostrando più opzioni.

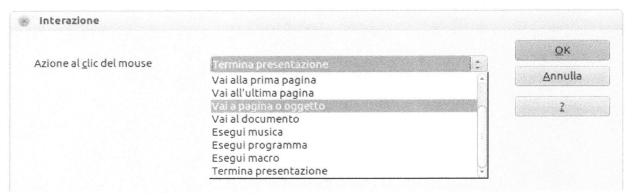

Figura 192: finestra di dialogo Interazione

Suggerimento	Potete applicare un'interazione sonora anche usando la finestra di dialogo Opzioni effetto (Figura 186 a pagina 229).

Eseguire una presentazione

Per avviare una presentazione, effettuate una delle seguenti scelte:

- Premete *F5*.
- Fate clic su **Presentazione > Presentazione** nel menu principale.
- Fate clic sull'icona **Presentazione** sulla barra degli strumenti Presentazione o sulla barra Ordine diapositive.

Se il cambio diapositiva è impostato su *Automaticamente dopo x secondi*, lasciate scorrere la presentazione.

Se il cambio diapositiva è impostato su *Al clic del mouse*, eseguite una delle seguenti azioni per avanzare alla diapositiva successiva.

- Premete il tasto *freccia in basso*, il tasto *freccia a destra*, oppure il tasto *Pagina giù* sulla tastiera.
- Fate clic con il pulsante sinistro del mouse.
- Premete la *barra spaziatrice*.

Per tornare indietro di una diapositiva all'interno della presentazione premete il tasto *freccia in alto*, il tasto *freccia a sinistra*, oppure il tasto *Pagina su*. Per una navigazione più articolata usate il pulsante destro del mouse (vedere la sezione "Navigare usando il menu contestuale").

Le animazioni personalizzate presenti su una diapositiva sono avviate nell'ordine specificato quando viene eseguita una delle azioni sopra riportate.

Quando superate l'ultima diapositiva compare il messaggio **Fai clic per terminare la presentazione...** . Fate clic con il pulsante sinistro del mouse oppure premete qualsiasi tasto per uscire dalla presentazione.

Per uscire dalla presentazione e tornare allo spazio di lavoro di Impress in qualunque momento, oltre che alla fine, premete il tasto *Esc*.

Navigare usando il menu contestuale

Se la presentazione è formata da più di una diapositiva, il clic con il pulsante destro fa comparire un menu. Le scelte sono:

- **Successiva:** prosegue alla diapositiva che segue nella sequenza.
- **Precedente:** torna alla diapositiva precedente nella sequenza.
- **Vai alla diapositiva:** mostra un sottomenu che consente di navigare velocemente attraverso la presentazione. Le opzioni disponibili includono **Prima diapositiva**, **Ultima diapositiva**, o qualunque diapositiva nella sequenza. Per facilitare la scelta della diapositiva da visualizzare conviene assegnare dei nomi descrittivi alle diapositive, invece di lasciare i predefiniti Diapositiva 1, Diapositiva 2 e così via.
- **Schermo:** mostra un sottomenu con due opzioni. Entrambe svuotano lo schermo, mostrandolo completamente nero o bianco. Ciò può essere utile se volete mettere in pausa la presentazione, magari durante un'interruzione, per dimostrare qualcosa altrove o per riportare l'attenzione su di voi.
- **Fine presentazione:** termina la presentazione e ritorna allo spazio di lavoro di Impress. Ciò equivale a premere il tasto *Esc*.

Controllare una presentazione tramite Presenter Console

Nella maggior parte delle installazioni di LibreOffice Impress è integrata l'estensione Presenter Console. Qualora non sia inclusa è possibile ottenere l'estensione e installarla, come descritto nel *Capitolo 11 (Configurazione e personalizzazione di Impress)*.

La Presenter Console fornisce un controllo aggiuntivo sulla presentazione, mostrando due visualizzazioni diverse sullo schermo visto dal pubblico e quello visto dal presentatore. Lo schermo di chi presenta mostra la diapositiva corrente, quella successiva, le note e il cronometro della presentazione.

Nota	La Presenter Console funziona esclusivamente su sistemi operativi che supportano due schermi, e solo quando due schermi sono collegati (uno potrebbe essere quello del portatile).

La Presenter Console fornisce tre viste differenti facilmente intercambiabili:

- La prima vista mostra la diapositiva corrente, con i relativi effetti, e quella successiva.
- La seconda mostra le note per l'oratore in caratteri grandi, ridimensionabili, insieme alle diapositive corrente e successiva.
- La terza vista è simile alla vista ordine diapositive, con le miniature delle diapositive che possono essere selezionate per passare da una diapositiva all'altra all'interno della presentazione.
- Infine il presentatore può vedere una pagina della Guida con i riferimenti ai tasti utilizzabili durante la presentazione e altre informazioni.

Capitolo 10
Stampa, invio come e-mail,
esportazione e salvataggio di
presentazioni

Introduzione

Questo capitolo fornisce informazioni sulla stampa, l'esportazione e l'invio tramite e-mail dei documenti in LibreOffice Impress.

Stampa rapida

Fate clic sull'icona **Stampa direttamente il file** ⎙ sulla barra degli strumenti Standard per inviare l'intero documento alla stampante predefinita del computer.

Nota	È possibile modificare l'azione associata all'icona **Stampa direttamente il file** per stampare sulla stampante predefinita del documento invece che sulla stampante predefinita del computer. Accedete alla voce **Strumenti > Opzioni > Carica/Salva > Generale** e selezionate l'opzione **Carica le impostazioni della stampante assieme al documento**.

Controllo della stampa

Impress fornisce svariate opzioni per stampare una presentazione: con più diapositive per pagina, con una singola diapositiva per pagina, con le note, come struttura, con data e ora, con il nome della pagina e altro ancora.

Per esercitare un maggiore controllo sulla stampa della presentazione, scegliete la voce **File > Stampa** per visualizzare la finestra di dialogo Stampa (Figura 193). La finestra di dialogo Stampa ha quattro schede, tramite le quali potete scegliere diverse opzioni, come descritto nelle sezioni seguenti.

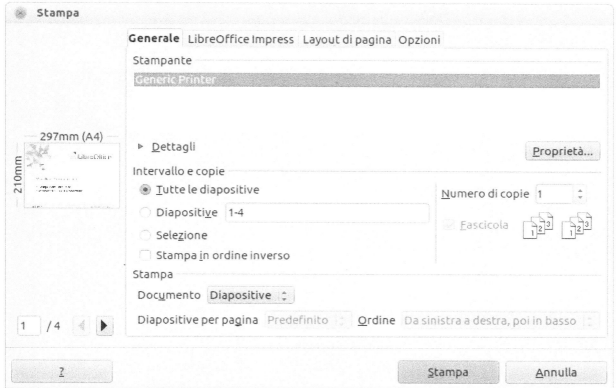

Figura 193: finestra di dialogo Stampa

Nota	Le opzioni selezionate nella finestra di dialogo Stampa vengono applicate solo alla stampa del documento corrente. Per specificare impostazioni di stampa predefinite andate su **Strumenti > Opzioni > LibreOffice – Stampa** e **Strumenti > Opzioni > LibreOffice Impress – Stampa**.

Opzioni generali per la stampa

Nella scheda *Generale* della finestra di dialogo Stampa (Figura 193), potete selezionare:

- La **stampante** tra quelle disponibili.
- Quali **diapositive** stampare, il numero di copie, se fascicolare copie multiple usando la sezione *Intervallo e copie*.
- Se stampare diapositive, note, stampati o la struttura della presentazione, usando l'elenco a tendina Documento, nella sezione *Stampa*.
- Per gli stampati, quante diapositive per pagina e in che ordine (per dettagli vedete "Stampa di stampati, note o strutture" a pagina 242).

Fate clic sul pulsante **Proprietà** per visualizzare una finestra di dialogo (Figura 194) in cui potete scegliere l'orientamento verticale oppure orizzontale, quale cassetto della carta utilizzare, e le dimensioni della carta su cui stampare.

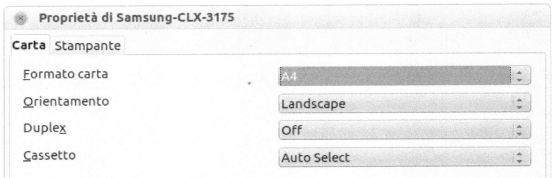

Figura 194: finestra di dialogo Proprietà relativa alla scheda Generale, nella finestra di dialogo Stampa

La scheda *Opzioni* della finestra di dialogo Stampa fornisce ulteriori opzioni di stampa della presentazione, come mostrato in Figura 195.

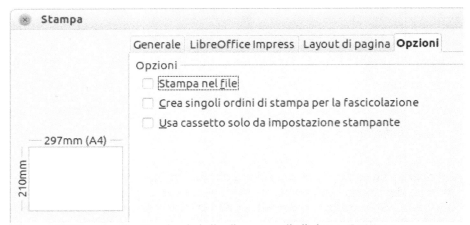

Figura 195: scheda Opzioni della finestra di dialogo Stampa

Stampa di più pagine su foglio singolo

Potete stampare più pagine di un documento su un unico foglio di carta. Per eseguire questa operazione procedete come segue:

3) Nella finestra di dialogo Stampa, selezionate la scheda *Layout di pagina* (Figura 196).

4) Nella sezione *Layout*, selezionate dall'elenco a tendina il numero di pagine da stampare per foglio. Il pannello di anteprima sulla sinistra della finestra di dialogo Stampa mostra come verrà stampato il documento.

5) Quando si stampano più di due pagine per foglio, è possibile scegliere l'ordine verticale e orizzontale in cui le pagine verranno stampate sul foglio.

6) Nella sezione *Lati della pagina* selezionate se stampare tutte o solamente alcune pagine.

7) Fate clic sul pulsante **Stampa**.

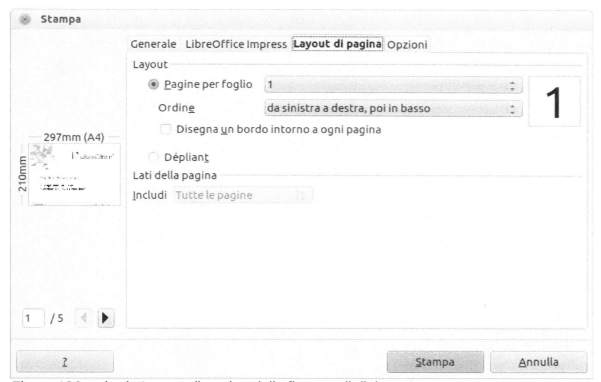

Figura 196: scheda Layout di pagina della finestra di dialogo Stampa

Selezione delle diapositive da stampare

Oltre a stampare una intera presentazione, potete scegliere di stampare singole diapositive, intervalli di diapositive, o una selezione di diapositive, tramite l'area *Intervallo e copie* nella scheda *Generale* della finestra di dialogo Stampa (Figura 197). Accertatevi che l'opzione **Diapositive** sia selezionata nella casella *Documento* dell'area *Stampa*.

Figura 197: sezione Intervallo e copie della finestra di dialogo Stampa

Per stampare una diapositiva singola o un insieme di diapositive, effettuate una delle seguenti operazioni:

- Aprite la finestra di dialogo Stampa, selezionate l'opzione **Diapositive** nell'area *Intervallo e copie*, immettete il numero di diapositiva, e fate clic su **Stampa**. Un insieme di diapositive può essere espresso da una lista (per esempio 1,3,7,11) o da un intervallo (per esempio 1-4).

- Selezionate la diapositiva nel *riquadro Diapositive* o nella vista *Ordine diapositive*, poi aprite la finestra di dialogo Stampa e selezionate **Selezione** nell'area *Intervallo e copie*, infine fate clic su **Stampa**.

Selezionare altre informazioni da stampare

Nella scheda *LibreOffice Impress* della finestra di dialogo Stampa (Figura 198) potete selezionare:

- Cosa stampare oltre alle diapositive: nome della diapositiva, data e ora e le pagine (diapositive) nascoste.
- Se stampare con i colori originali, in toni di grigio o in bianco e nero (su una stampante a colori).
- In quale dimensione stampare le diapositive.

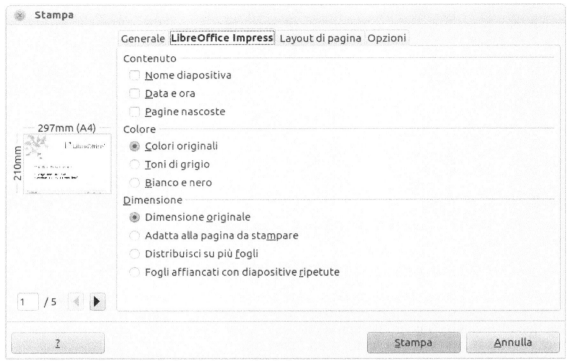

Figura 198: selezione di altre informazioni da stampare

Stampa di stampati, note o strutture

Anche la sezione Stampa della finestra di dialogo Stampa (Figura 199) fornisce l'opzione di stampare diapositive, stampati, note o la struttura.

- Con l'opzione *Stampati* vengono stampate le diapositive in dimensione ridotta nella pagina, da una a nove diapositive per pagina. Le diapositive possono essere stampate sulla pagina con orientamento orizzontale o verticale.
- Con l'opzione *Note* viene stampata una singola diapositiva per pagina, insieme alle note che sono state inserite per la diapositiva in visualizzazione Note.
- Con l'opzione *Struttura* vengono stampati titolo e intestazioni di ciascuna diapositiva nel formato struttura.

Figura 199: stampa di stampati

Per stampare stampati, note o strutture effettuate le seguenti operazioni:

1) Scegliete **File > Stampa** dal menu principale.

2) Nella sezione *Stampa* della finestra di dialogo Stampa selezionate l'opzione desiderata dall'elenco a discesa *Documento*.

3) Per gli stampati potete scegliere il numero di diapositive da stampare per pagina e l'ordine con il quale devono essere stampate.

4) Fate clic sul pulsante **Stampa**.

Selezione delle opzioni di stampa predefinite

Le selezioni effettuate nella finestra di dialogo Stampa prevalgono su qualsiasi impostazione predefinita. Per specificare impostazioni di stampa predefinite andate su **Strumenti > Opzioni > LibreOffice Impress > Stampa**.

Altre impostazioni di stampa si trovano in **Strumenti > Opzioni > LibreOffice > Stampa**. Usate queste impostazioni per specificare le opzioni relative alla qualità della stampa e se Impress deve segnalare quando le dimensioni della carta o l'orientamento del documento non corrispondono alle impostazioni della stampante. Vedete *il Capitolo 11 (Configurazione e personalizzazione di Impress)* per i dettagli.

Stampa di un dépliant

Potete stampare una presentazione con due diapositive su ciascun lato del foglio, disposte in modo tale che, quando le pagine stampate vengono ripiegate a metà, le diapositive saranno nell'ordine corretto per formare un libretto o un dépliant.

Per stampare un dépliant su una stampante priva della funzione fronte-retro:

1) Scegliete **File > Stampa**.

2) Nella finestra di dialogo Stampa fate clic su **Proprietà**.

3) Controllate che l'impostazione dell'orientamento (verticale o orizzontale) della stampante sia la stessa specificata nelle impostazioni di pagina del documento. Normalmente l'orientamento non è rilevante, ma lo è nel caso dei dépliant. Fate clic su **OK** per ritornare alla finestra di dialogo Stampa.

4) Selezionate la scheda *Layout di pagina* nella finestra di dialogo Stampa (Figura 196 a pagina 241).

5) Selezionate l'opzione **Dépliant**.

6) Nella sezione *Lati della pagina* selezionate l'opzione *Retro / pagine sinistre* dall'elenco a discesa.

7) Fate clic sul pulsante **Stampa**.

8) Estraete le pagine stampate dalla stampante, capovolgetele, e inseritele nuovamente nella stampante, con l'orientamento corretto per stampare sul lato vuoto. Potreste aver bisogno di eseguire più prove per trovare la disposizione corretta per la vostra stampante.

9) Nella finestra di dialogo Stampa, nella sezione *Lati della pagina*, selezionate l'opzione *Fronte / pagine destre* dall'elenco a discesa Includi. Fate clic sul pulsante **Stampa**.

Per stampare un dépliant su una stampante che può stampare fronte-retro:

1) Scegliete **File > Stampa**.

2) Nella finestra di dialogo Stampa fate clic su **Proprietà**.

3) Controllate che l'impostazione dell'orientamento (verticale o orizzontale) della stampante sia la stessa specificata nelle impostazioni di pagina del documento. Normalmente l'orientamento non è rilevante, ma lo è nel caso dei dépliant. Fate clic su **OK** per ritornare alla finestra di dialogo Stampa.

4) Selezionate la scheda *Layout di pagina* nella finestra di dialogo Stampa (Figura 196 a pagina 241).

5) Selezionate l'opzione **Dépliant**.
6) Nella sezione *Lati della pagina* selezionate l'opzione *Tutte le pagine* dall'elenco a discesa.
7) Fate clic sul pulsante **Stampa**.

Esportazione in PDF

Impress può esportare presentazioni in PDF (Portable Document Format). Questo formato file standard è ideale per l'invio di file che potranno essere aperti usando Adobe Acrobat Reader o altri visualizzatori PDF.

Esportazione veloce in PDF

Fate clic sull'icona **Esporta direttamente come file PDF** ![icona] sulla barra degli strumenti Standard per esportare l'intera presentazione usando le impostazioni PDF predefinite. Vi verrà chiesto di inserire il nome e il percorso per il file PDF, ma non avrete la possibilità di scegliere un intervallo di pagine, la compressione dell'immagine, o altre opzioni.

Controllo del contenuto e della qualità del PDF

Per un maggior controllo sul contenuto e sulla qualità del PDF risultante utilizzate **File > Esporta nel formato PDF** per aprire la finestra di dialogo Opzioni PDF (Figura 200). Questa finestra di dialogo presenta cinque schede, descritte in questa sezione. Effettuate le vostre selezioni e fate poi clic su **Esporta**. Vi verrà quindi richiesto di specificare la posizione e il nome del file PDF che deve essere creato. Fate clic su **Salva** per esportare il file.

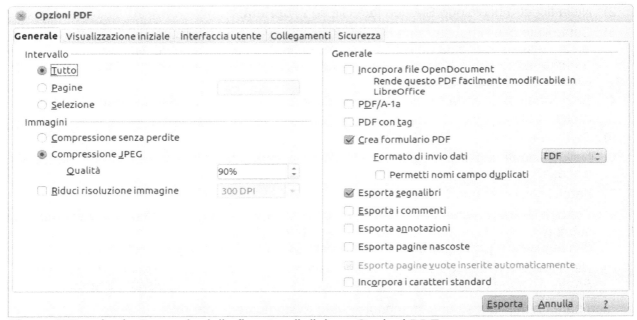

Figura 200: scheda Generale della finestra di dialogo Opzioni PDF

Scheda Generale della finestra di dialogo Opzioni PDF

Nella scheda Generale potete specificare quali pagine (diapositive) includere nel PDF, il tipo di compressione da usare per le immagini (questa opzione incide sulla qualità delle immagini nel PDF) e altre opzioni.

Sezione Intervallo

- **Tutto**: esporta l'intero documento.

- **Pagine**: esporta un intervallo di diapositive. Ad esempio, usate il formato **3-6** per esportare un intervallo di pagine. Usate il formato **7;9;11** per esportare delle singole diapositive. Potete anche esportare una combinazione di intervalli e di singole diapositive, usando un formato del tipo **3-6;8;10;12**.

- **Selezione**: esporta tutto il materiale selezionato.

Sezione Immagini

- **Compressione senza perdite**: le immagini vengono salvate senza perdita di qualità. Tende a creare file di grandi dimensioni quando il documento contiene fotografie e non è consigliato per questo tipo di file grafici.

- **Compressione JPEG**: consente di variare il livello di qualità. L'impostazione 90% è adatta alle fotografie (file di piccole dimensioni, perdita di qualità appena percettibile).

- **Riduci risoluzione immagine**: le immagini con un numero inferiore di dpi (dots per inch - punti per pollice) sono di qualità più scarsa. Per la visualizzazione a schermo generalmente è sufficiente una risoluzione di 72dpi (per Windows) o 96dpi (per GNU/Linux e MacOS). Per la stampa è normalmente preferibile usare almeno 300 o 600 dpi, a seconda delle caratteristiche della stampante. Con valori di dpi più elevati le dimensioni del file esportato aumentano.

Nota	Le immagini EPS (Encapsulated PostScript) con anteprima incorporata sono esportate solo come anteprime. Le immagini EPS senza anteprima incorporata vengono esportate come segnaposti vuoti.

Sezione Generale

- **Incorpora file OpenDocument**: permette di esportare il file PDF in modo che contenga due formati di file: PDF e ODF. Il formato PDF permette di aprire il file con un programma di visualizzazione PDF. Il formato ODF permette di modificare facilmente il file usando LibreOffice.

- **PDF/A-1a**: è uno standard ISO per la conservazione dei documenti per lunghi periodi. Esso incorpora tutte le informazioni necessarie per una riproduzione fedele (come i tipi di carattere), mentre altri elementi, come i formulari, la sicurezza e la crittografia, vengono tralasciati. I tag PDF vengono scritti. Selezionando PDF/A-1a gli elementi non permessi appariranno in grigio (non disponibili).

- **PDF con tag**: un PDF con tag contiene informazioni relative alla struttura dei contenuti del documento. Ciò può essere utile per la visualizzazione del documento su dispositivi con schermi differenti, e se vengono usati software appositi per la lettura dello schermo. Alcuni dei tag esportati sono l'indice, i collegamenti ipertestuali e i controlli. Questa opzione può far aumentare in modo significativo le dimensioni del file.

- **Crea formulario PDF - Formato di invio dati:** selezionate il formato per l'invio dei formulari dal file PDF. Questa impostazione consente di ignorare la proprietà URL del controllo che avete inserito nel documento. È disponibile una sola impostazione comune valida per l'intero documento PDF: PDF (invia l'intero documento), FDF (invia i contenuti del controllo), HTML e XML. Il formato PDF è la scelta più comune.

- **Esporta segnalibri:** esporta i nomi delle diapositive come segnalibri (una lista indice viene visualizzata da alcuni lettori PDF, incluso Adobe Reader).

- **Esporta i commenti**: esporta i commenti come note PDF.

- **Esporta annotazioni:** esporta un insieme di note come pagine dopo l'insieme delle diapositive.

- **Esporta pagine vuote inserite automaticamente**: opzione non usata in Impress e normalmente non attiva.

- **Incorpora i caratteri standard:** normalmente i 14 tipi di carattere PostScript standard non vengono incorporati in un file PDF, in quanto i software per la lettura dei PDF li contengono già. Potete comunque scegliere di incorporare questi tipi di carattere in tutti i documenti PDF creati con LibreOffice per aumentare l'accuratezza della visualizzazione del documento con i lettori di file PDF. L'incorporamento dei caratteri potrebbe anche essere richiesto da alcuni modelli di stampante.

Scheda Visualizzazione iniziale della finestra di dialogo Opzioni PDF

Nella scheda Visualizzazione iniziale (Figura 201) potete scegliere la modalità predefinita di apertura del file PDF in un visualizzatore PDF. Le selezioni sono autoesplicative.

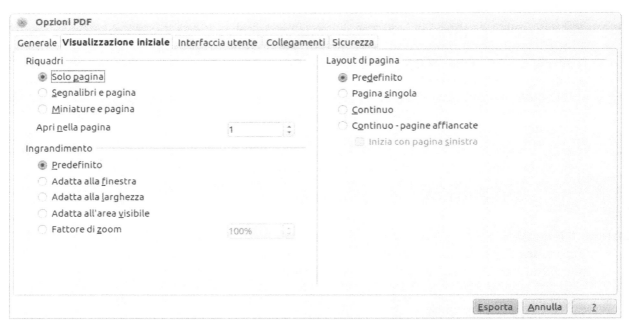

Figura 201: scheda Visualizzazione iniziale della finestra di dialogo Opzioni PDF

Se avete abilitato la Disposizione testo complesso (in **Strumenti > Opzioni > Impostazioni della lingua > Lingue**), sarà disponibile un'ulteriore opzione al di sotto di *Continuo - pagine affiancate*: **Inizia con pagina sinistra**. Normalmente, quando si usa l'opzione *Continuo - pagine affiancate* la prima pagina si trova sulla destra.

Nella scheda Interfaccia utente (Figura 202) potete scegliere diverse opzioni per controllare il modo in cui il visualizzatore PDF mostra il file. Alcune di queste scelte sono particolarmente utili se state creando un PDF da usare come presentazione o da visualizzare in uno schermo tipo chiosco.

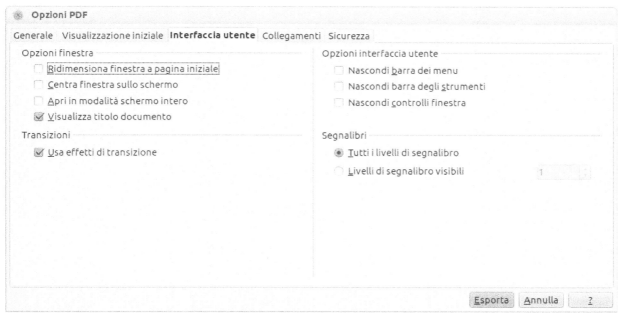

Figura 202: scheda Interfaccia utente della finestra di dialogo Opzioni PDF

Sezione Opzioni finestra

- **Ridimensiona finestra a pagina iniziale.** Fa sì che il visualizzatore di PDF ridimensioni la finestra adattandola alla prima pagina del file PDF.

- **Centra finestra sullo schermo.** Fa sì che il visualizzatore di PDF centri la finestra sullo schermo.

- **Apri in modalità schermo intero.** Fa sì che il visualizzatore di PDF apra a pieno schermo invece che in una finestra più piccola.

- **Visualizza titolo documento.** Fa sì che il visualizzatore di PDF mostri il titolo del documento nella barra del titolo.

Sezione Opzioni Interfaccia utente

- **Nascondi barra dei menu.** Fa sì che il visualizzatore di PDF nasconda la barra dei menu.

- **Nascondi barra degli strumenti.** Fa sì che il visualizzatore di PDF nasconda la barra degli strumenti.

- **Nascondi controlli finestra.** Fa sì che il visualizzatore di PDF nasconda tutti gli altri controlli della finestra.

Sezione Transizioni

- **Usa effetti di transizione**: include gli effetti di transizione delle diapositive come effetti PDF.

Sezione Segnalibri

- **Tutti i livelli di segnalibro**: visualizza tutti i segnalibri creati nella presentazione se l'opzione *Esporta segnalibri* è selezionata nella scheda Generale.

- **Livelli di segnalibro visibili**: permette di selezionare quanti livelli di intestazione vengono visualizzati come segnalibri se l'opzione *Esporta segnalibri* è selezionata nella scheda Generale.

Scheda Collegamenti della finestra di dialogo Opzioni PDF

Nella scheda Collegamenti (Figura 203) potete scegliere come esportare i collegamenti in PDF.

Figura 203: scheda Collegamenti della finestra di dialogo Opzioni PDF

Esporta segnalibri come segnaposto PDF
Se avete definito dei segnalibri in Writer, nomi di diapositive in Impress o in Draw, o nomi di fogli in Calc, questa opzione vi permette di esportarli come "segnaposto", a cui possono essere collegati pagine Web e documenti PDF.

Converti i segnalibri secondo il formato PDF
Se avete definito dei collegamenti ad altri documenti con estensione OpenDocument (come .ODT, .ODS e .ODP), questa opzione converte le estensioni dei nomi dei file in .PDF nel documento PDF esportato.

Esporta URL relativamente al file system
Se avete definito dei collegamenti relativi in un documento, questa opzione esporta questi collegamenti nel PDF.

Collegamenti incrociati a un documento
Definisce il comportamento dei collegamenti su cui si fa clic nei file PDF.

Scheda Sicurezza della finestra di dialogo Opzioni PDF

Nella scheda Sicurezza (Figura 204) potete impostare le opzioni di esportazione PDF per criptare un file PDF, in modo che possa essere aperto solo usando una password, e anche per applicare le funzionalità relative alla gestione dei diritti digitali (DRM). Fate clic sul pulsante **Imposta password** per aprire la finestra di dialogo **Imposta le password** (Figura 205).

Nota	Le impostazioni di sicurezza funzionano solo se il visualizzatore di file PDF dell'utente rispetta tali impostazioni.

- Impostando una **password di apertura** (Figura 205) il PDF potrà essere aperto solamente fornendo tale password. Una volta aperto, non ci sono restrizioni sull'uso che l'utente può fare del documento (per esempio stamparlo, copiarlo o modificarlo).

- Impostando una **password di autorizzazione** (Figura 205) il PDF può essere aperto da chiunque, ma i relativi permessi possono essere limitati usando le opzioni mostrate in Figura 204. Questi permessi divengono disponibili solo quando questa password viene impostata. Le selezioni sono autoesplicative.

- Con entrambe le password impostate, il PDF può essere aperto solo fornendo la password corretta, e i relativi permessi possono essere limitati.

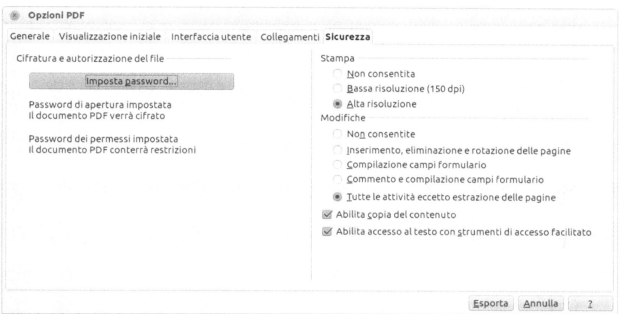

Figura 204: scheda Sicurezza della finestra di dialogo Opzioni PDF

Figura 205: impostazione delle password per crittografare un file PDF

Esportazione in formato Flash

Il formato file Macromedia Flash (.swf) è stato creato per contenere animazioni per le pagine web. Essendo la maggior parte dei browser in grado di eseguire filmati Flash, questi file possono essere visti dalla maggioranza degli utenti. Se un browser non può eseguire un filmato Flash, è possibile scaricare gratuitamente il software Adobe Flash Player dal sito di Adobe: http://www.adobe.com/products/flashplayer/.

Nota	Salvando in formato Flash non vengono mantenute la animazioni e le transizioni delle diapositive.

Usando LibreOffice potete esportare la vostra presentazione come file Flash nel formato .swf seguendo queste istruzioni:

1) Scegliete **File > Esporta.**
2) Selezionate la posizione in cui desiderate salvare il file e digitate un nome per il file.
3) In **Formato file** scegliete **Macromedia Flash (SWF) (.swf)** e fate clic su **Esporta.**

Esportazione come pagine web (file HTML)

Potete esportare una presentazione come una serie di pagine web che possono essere visualizzate con qualsiasi browser.

Nota	Salvando come pagine web (formato HTML) vengono perse le animazioni e le transizioni delle diapositive.

Figura 206: procedura guidata per l'esportazione in HTML – selezione di un design

1) Selezionate **File > Esporta** e scegliete **Documento HTML** come tipo di file.
2) Se necessario, create una cartella per i file, poi assegnate un nome al file HTML e fate clic su **Esporta**. Si aprirà la procedura guidata Esportazione HTML (Figura 206).

3) Selezionate un design per tutte le pagine, usandone uno esistente o creandone uno nuovo. Se non avete salvato un design in precedenza, l'opzione *Design esistente* non è disponibile.

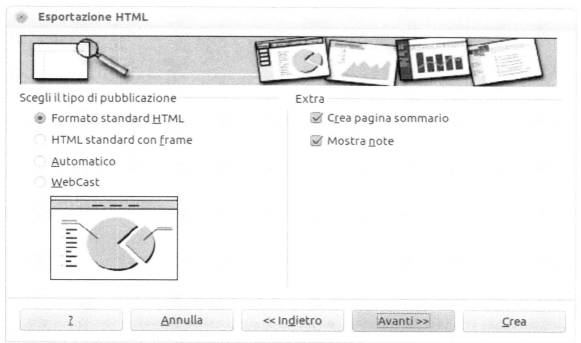

Figura 207: Esportazione HTML – selezione del tipo di pubblicazione

4) Fate clic su **Avanti** per selezionare il tipo di pagine web da creare (Figura 207). Le opzioni disponibili cambiano in funzione del tipo di pubblicazione selezionato.

1) *Standard HTML*: una pagina per ogni diapositiva, con i collegamenti di navigazione per muovervi da una diapositiva all'altra.

2) *Standard HTML con frame*: una pagina con la barra di navigazione sul lato sinistro: usa il titolo delle diapositive come collegamenti per la navigazione. Fate clic sui collegamenti per visualizzare le pagine sul lato destro.

3) *Automatico*: una pagina per ogni diapositiva, con ciascuna pagina impostata con il meta tag Refresh, in modo che il browser passi automaticamente da una pagina all'altra.

4) *WebCast*: genera un'applicazione ASP o Perl per visualizzare le diapositive. Sfortunatamente LibreOffice non offre ancora supporto diretto per PHP.

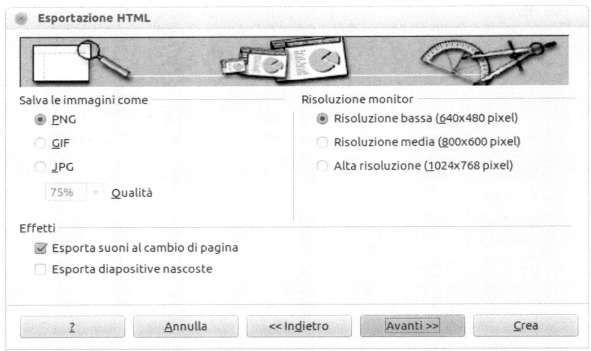

Figura 208: Esportazione HTML – selezione del tipo di immagine

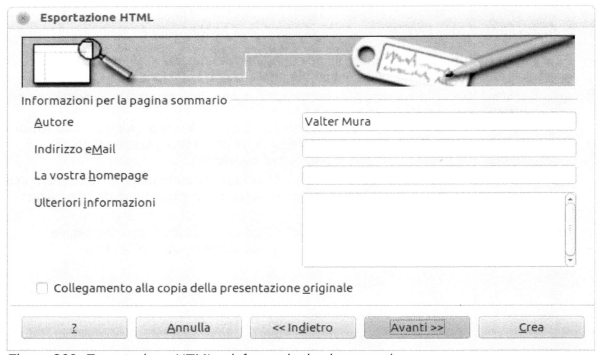

Figura 209: Esportazione HTML – informazioni sul sommario

5) Fate clic su **Avanti** per decidere come salvare le immagini (PNG, GIF o JPG) e che risoluzione usare (Figura 208). Quando scegliete una risoluzione, tenete conto della risoluzione maggiormente utilizzata da coloro che vedranno le pagine esportate. Per esempio, se impostate una risoluzione alta chi utilizza uno schermo con una risoluzione media dovrà scorrere lateralmente per vedere l'intera diapositiva.

6) Se avete selezionato l'opzione *Crea pagina sommario* al passaggio 4, fornite le informazioni necessarie nella pagina che appare dopo aver fatto clic su **Avanti** (Figura 209). Il sommario contiene il nome dell'autore, l'indirizzo e-mail e la home page, insieme a tutte le ulteriori informazioni che vorrete includere. Questa pagina della procedura guidata

non viene visualizzata se l'opzione *Crea pagina sommario* non è stata selezionata in precedenza.

7) Fate clic su **Avanti** per selezionare lo stile dei pulsanti di navigazione da utilizzare quando passate da una pagina all'altra (Figura 210). Se non scegliete uno stile di navigazione, LibreOffice creerà un navigatore testuale.

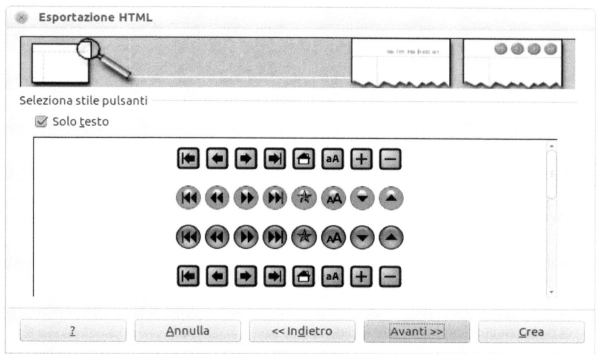

Figura 210: Esportazione HTML – selezione dello stile di navigazione

Figura 211: Esportazione HTML – selezione dello schema di colori

8) Fate clic su **Avanti** per selezionare la combinazione di colori per le pagine web (Figura 211). Tra gli schemi disponibili vi è lo schema esistente per la presentazione, uno schema basato sui colori del browser e uno schema definito dall'utente. Potete salvare un nuovo

schema in modo che questo appaia nella prima pagina della procedura guidata per l'esportazione HTML.

9) Fate clic su **Crea** per generare i file HTML. Se si tratta di un nuovo design si aprirà una piccola finestra di dialogo (Figura 212). Se volete riutilizzare questo design potete assegnargli un nome e salvarlo. Altrimenti fate clic su **Non salvare**.

Figura 212: assegnare un nome al progetto

Invio di una presentazione come e-mail

LibreOffice offre diversi metodi per inviare una presentazione in modo facile e veloce come allegato di posta elettronica in uno dei tre formati: .ODP (OpenDocument Presentation, formato predefinito di LibreOffice), .PPT (formato Microsoft PowerPoint) o come file PDF.

Per inviare la presentazione in formato .ODP:

1) Scegliete **File > Invia > Documento come e-mail** oppure **File > Invia > E-mail come presentazione OpenDocument**. LibreOffice aprirà la finestra di un nuovo messaggio di posta elettronica con il vostro programma di posta predefinito. Il documento è allegato.

2) Immettete il destinatario, l'oggetto e il testo desiderato nella finestra del nuovo messaggio di posta elettronica, poi inviate il messaggio.

Se avete selezionato **E-mail come presentazione Microsoft PowerPoint**, LibreOffice prima crea un file .PPT e poi apre la finestra di un nuovo messaggio di posta elettronica con il vostro programma di posta predefinito, con il file .PPT allegato. Il file .PPT non viene salvato sul vostro computer.

Analogamente, se selezionate **Via e-mail come PDF**, LibreOffice prima crea un file PDF utilizzando le impostazioni PDF predefinite (come se usaste l'icona **Esporta direttamente come file PDF** sulla barra degli strumenti standard) e poi apre la finestra di un nuovo messaggio di posta elettronica con il programma di posta predefinito, con il file .PDF allegato. Questo file PDF non viene salvato sul vostro computer.

Suggerimento	Se volete tenere una copia del file .PPT o .PDF, oltre a inviarlo come e-mail, prima salvate o esportate la presentazione nel formato desiderato e poi allegatela a un messaggio di posta elettronica nel modo solito.

Firma digitale dei documenti

Per firmare digitalmente un documento è necessaria una chiave personale, conosciuta anche come certificato. Una chiave personale viene salvata sul vostro computer come combinazione di una chiave privata, che deve essere mantenuta segreta, e una chiave pubblica, che aggiungerete ai vostri documenti nel momento in cui li firmate. Potete ottenere un certificato da una autorità di certificazione, che può essere una società privata oppure una istituzione pubblica.

Quando applicate una firma digitale a un documento, viene calcolata una specie di somma di controllo (checksum), utilizzando il contenuto del documento e la vostra chiave personale. Il risultato della somma di controllo e la vostra chiave pubblica vengono salvati insieme al documento.

Quando qualcuno aprirà successivamente il documento su qualsiasi computer con una versione recente di LibreOffice, il programma calcolerà di nuovo la somma di controllo e confronterà il risultato con il valore salvato nel documento. Se coincideranno, il programma segnalerà che state vedendo il documento originale non modificato. Inoltre il programma vi può mostrare le informazioni della chiave pubblica, estratte dal certificato. Potete confrontare i dati della chiave pubblica con le informazioni della chiave pubblica pubblicate sul sito web dell'autorità di certificazione.

Ogni volta che qualcuno cambia qualcosa nel documento, tale modifica invalida la firma digitale.

Nei sistemi operativi Windows, per convalidare una firma digitale vengono usate le funzionalità del sistema operativo stesso. Su sistemi Solaris e Linux, vengono utilizzati i file forniti dai software Thunderbird, Mozilla o Firefox. Per informazioni più dettagliate su come ottenere e gestire un certificato, e sulla convalida della firma digitale, consultate la sezione "Utilizzare le firme digitali" della Guida di LibreOffice.

Per firmare un documento:

1) Scegliete **File > Firme digitali**.

2) Se non avete salvato il documento dopo l'ultima modifica, apparirà un messaggio. Fate clic su **Sì** per salvare il file.

3) Dopo aver salvato il file vedrete la finestra di dialogo Firme digitali. Fate clic su **Firma documento** per aggiungere una chiave pubblica al documento.

4) Nella finestra di dialogo Seleziona certificato scegliete il vostro certificato e fate clic su **OK**.

5) Vedrete nuovamente la finestra di dialogo Firme digitali, dove, volendo, potete aggiungere altri certificati. Fate clic su **OK** per aggiungere la chiave pubblica al file salvato.

Un documento firmato digitalmente mostra l'icona nella barra di stato. Potete fare doppio clic sull'icona per vedere il certificato.

Eliminazione dei dati personali

Potreste volervi assicurare che i dati personali, le versioni, le note, le informazioni nascoste o le modifiche registrate siano eliminati dai file prima di inviarli ad altre persone o di esportarli in PDF.

In **Strumenti > Opzioni > LibreOffice > Sicurezza > Opzioni** potete impostare LibreOffice in modo che vi avvisi quando i file contengono certe informazioni e cancelli le informazioni personali automaticamente quando salva il file o quando crea il PDF.

Per rimuovere le informazioni personali o altri dati da un file, accedete al menu **File > Proprietà**. Nella scheda *Generale* deselezionate **Usa i dati utente** e poi fate clic sul pulsante **Ripristina**. In tal modo verrà rimosso qualsiasi nome presente in comandi di campo creati o modificati, verranno eliminate le date di modifica e stampa, il tempo di modifica verrà azzerato, la data di creazione verrà impostata alla data e ora corrente, e il numero di versione verrà riportato a 1. Assicuratevi di fare clic su **OK** per salvare le modifiche.

Apertura e salvataggio di un file PowerPoint

Il formato file di LibreOffice Impress è altamente compatibile con il formato usato da Microsoft PowerPoint. Potete aprire una presentazione PowerPoint con Impress, modificarla, e infine salvarla nel formato PowerPoint originale oppure nel formato OpenDocument Presentation utilizzato da Impress. Potete anche creare una presentazione nuova con Impress e salvarla come un file PowerPoint.

Attenzione	Ci sono alcune differenze tra i file OpenDocument (.odp) e PowerPoint (.ppt, .pptx) nella formattazione di testo e immagini, nelle animazioni, nelle transizioni e nei comandi di campo. Per ottenere i migliori risultati evitate di utilizzare le caratteristiche che non sono pienamente supportate in entrambi i formati.

Salvare un file Impress come un file PowerPoint

1) Selezionate **File > Salva con nome** dal menu principale.
2) Selezionate la posizione in cui salvare il file PowerPoint e digitate il nome da assegnare al file.
3) In *Tipo di file* selezionate un formato **Microsoft PowerPoint** (.ppt o .pptx) tra quelli disponibili dall'elenco a discesa.
4) Fate clic su **Salva**. Se l'opzione "Avvisa se il salvataggio non è nel formato ODF o nel formato predefinito" è selezionata in **Strumenti > Opzioni > Carica/salva > Generale**, apparirà il messaggio mostrato in Figura 213. Fate clic sul pulsante che mostra il formato Microsoft PowerPoint per confermare che volete salvare il file in tale formato. Potete deselezionare la casella di controllo *Chiedi quando non si salva in formato ODF* per evitare di mostrare nuovamente il messaggio, a meno che non la riabilitiate nelle opzioni sopra indicate.

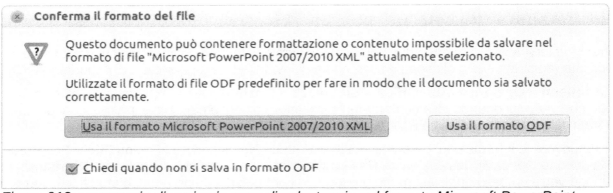

Figura 213: messaggio di avviso in caso di salvataggio nel formato Microsoft PowerPoint

Suggerimento	Salvate sempre il vostro lavoro nel formato OpenDocument di Impress (.odp) prima di salvarlo nel formato Microsoft. Mantenete il file di Impress come copia di lavoro: se dovete cambiare la presentazione, effettuate le modifiche nella versione di Impress e poi salvate di nuovo come PowerPoint. Avrete così molte meno probabilità di avere problemi rispetto ad aprire un file precedentemente salvato in formato PowerPoint, modificarlo e poi salvarlo di nuovo.

Apertura di un file PowerPoint con Impress

Se ricevete un file nel formato PowerPoint e avete bisogno di modificarlo con Impress, ecco come dovete fare:

1) In LibreOffice, scegliete **File > Apri** dalla barra dei menu.

2) In Tipo file scegliete Tutti i file (*.*) oppure Presentazioni oppure Microsoft PowerPoint dall'elenco a discesa.

3) Spostatevi fino al file PowerPoint, selezionatelo e fate clic su **Apri**.

Il file PowerPoint può ora essere modificato e salvato come un file Impress o un file PowerPoint. Per salvare il file come un file Impress scegliete **Presentazione OpenDocument (.odp)** come **Tipo file**.

Capitolo 11
Configurazione e personalizzazione di Impress

Selezione delle opzioni di LibreOffice

Questa sezione descrive alcune delle impostazioni che si applicano a tutti i componenti di LibreOffice e che potrebbero interessare gli utenti di Impress. Altre opzioni generali sono discusse nel *Capitolo 2 (Configurare LibreOffice)* della *Guida introduttiva*.

1) Fate clic su **Strumenti > Opzioni** (**LibreOffice > Preferenze** su Mac). L'elenco sul lato sinistro della finestra di dialogo **Opzioni – LibreOffice** (Figura 214) varia in base al componente di LibreOffice correntemente aperto. Le illustrazioni del capitolo mostrano l'aspetto dell'elenco quando è aperto Impress.

2) Fate clic sull'indicatore di espansione (+ o triangolo) sul lato sinistro della voce **LibreOffice**. Si aprirà un elenco a discesa di sottosezioni.

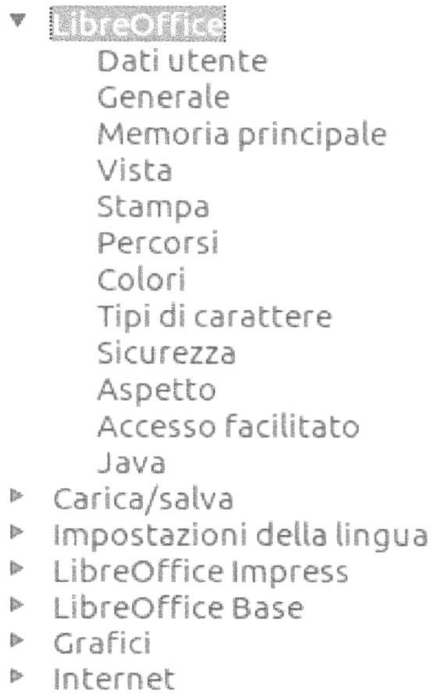

> ▼ **LibreOffice**
>   Dati utente
>   Generale
>   Memoria principale
>   Vista
>   Stampa
>   Percorsi
>   Colori
>   Tipi di carattere
>   Sicurezza
>   Aspetto
>   Accesso facilitato
>   Java
> ▷ Carica/salva
> ▷ Impostazioni della lingua
> ▷ LibreOffice Impress
> ▷ LibreOffice Base
> ▷ Grafici
> ▷ Internet

Figura 214: opzioni di LibreOffice

Nota	Il pulsante **Ripristina** (non mostrato nelle illustrazioni di questo capitolo) ha lo stesso effetto in tutte le pagine della finestra di dialogo Opzioni. Reimposta le opzioni sui valori presenti all'apertura di LibreOffice.

Dati utente

Il nome e il cognome memorizzati nella pagina Dati utente vengono utilizzati per compilare i campi *Creato da* e *Modificato da* contenuti nelle proprietà del documento, il campo opzionale *Autore* contenuto nel piè di pagina di una presentazione e quello del nome associato ai commenti. Se desiderate che il nome venga visualizzato procedete come segue:

1) Nella finestra di dialogo Opzioni fate clic su **LibreOffice > Dati utente** (Figura 215).

2) Compilate il modulo della pagina **LibreOffice – Dati utente** oppure eliminate eventuali informazioni errate già presenti.

Figura 215: Dati utente

Stampa

Nella pagina **LibreOffice – Stampa** impostate le opzioni di stampa specifiche per la vostra stampante predefinita e per il metodo di stampa solitamente utilizzato.

Potete modificare queste impostazioni in qualsiasi momento, tramite la finestra di dialogo Opzioni oppure durante il processo di stampa (facendo clic sul pulsante **Proprietà** oppure scegliendo la scheda Opzioni nella finestra di dialogo Stampa). Per ulteriori informazioni sulle opzioni disponibili consultate il *Capitolo 10 (Stampa, invio come e-mail, esportazione e salvataggio di presentazioni)*.

Colori

Nella pagina **LibreOffice – Colori** (Figura 216) potete specificare i colori da utilizzare nei documenti di LibreOffice. Potete selezionare un colore da una tavolozza, modificare un colore già presente oppure definire nuovi colori. Questi colori vengono salvati nella vostra tavolozza dei colori e sono quindi disponibili in tutti i componenti di LibreOffice.

È anche possibile definire dei colori scegliendo **Formato > Area** nella barra dei menu, oppure tramite la barra degli strumenti Stile e riempimento, ma tali colori non saranno disponibili per gli altri componenti di LibreOffice.

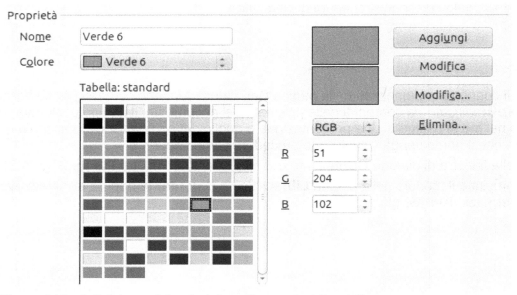

Figura 216: definizione dei colori da utilizzare in LibreOffice

Aspetto

Nella pagina **LibreOffice – Aspetto** (Figura 217) è possibile specificare gli elementi da visualizzare e i colori da utilizzare per le diverse parti dell'interfaccia utente. L'unica opzione specifica per Impress (e Draw) è quella del colore dei punti griglia. Scorrete la pagina verso il basso fino alla voce **Disegno/presentazione**.

Per modificare il colore predefinito dei punti griglia fate clic sulla freccia a discesa accanto al colore e selezionatene uno nuovo dall'elenco.

Per salvare le modifiche apportate come schema colori, fate clic su **Salva,** immettete un nome nella finestra di dialogo *Salva lo schema*, poi fate clic su **OK**.

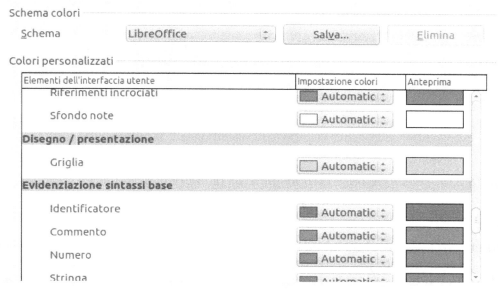

Figura 217: modifica del colore dei punti griglia in Impress e Draw

Scelta delle opzioni per Impress

Nella finestra di dialogo Opzioni, fate clic sull'indicatore di espansione posto sul lato sinistro della voce **LibreOffice Impress**. Si aprirà un elenco a discesa di sottosezioni relative a Impress (Figura 218).

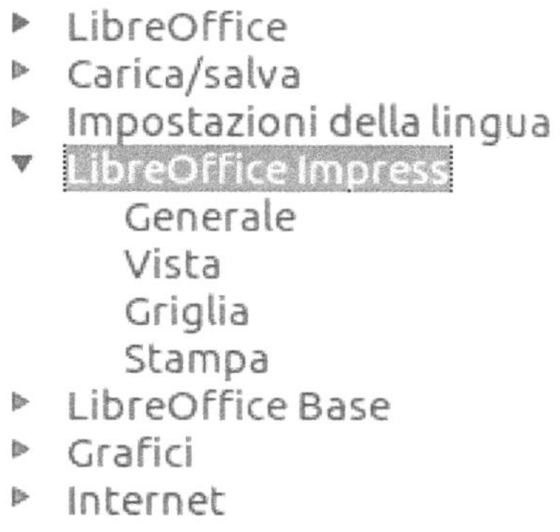

Figura 218: opzioni di Impress

Generale

Nella finestra di dialogo Opzioni fate clic su **LibreOffice Impress > Generale** (Figura 219).

Figura 219: selezione delle opzioni generali di Impress

Area Oggetti di testo

- **Permetti modifica rapida**: imposta Impress in modo che si attivi la modalità di modifica del testo non appena fate clic su un oggetto di testo. Un metodo alternativo per attivare la modalità di modifica del testo consiste nel fare clic sull'icona **Permetti modifica rapida**

  ![ABC] sulla barra degli strumenti Opzioni (Figura 220). Se la barra degli strumenti Opzioni non fosse visibile, andate su **Visualizza > Barre degli strumenti > Opzioni** nel menu principale.

Figura 220: barra degli strumenti Opzioni

- **Seleziona solo area testo**: permette di impostare Impress in modo che venga selezionata una cornice di testo quando fate clic sul testo corrispondente. Nell'area vuota della cornice di testo è possibile selezionare un oggetto sottostante. Potete attivare questa modalità

  anche tramite l'icona **Seleziona solo area testo** ![ABC] sulla barra degli strumenti Opzioni.

Area Nuovo documento

- **Inizia con procedura guidata**: se selezionata, Impress si avvierà con la Presentazione guidata quando viene creata una nuova presentazione tramite **File > Nuovo > Presentazione** oppure mediante uno degli altri metodi per creare una presentazione.

Area Impostazioni

- **Utilizza la cache per lo sfondo**: consente di impostare Impress in modo che utilizzi la cache per la visualizzazione degli oggetti nella pagina master. Questa impostazione rende più rapida la visualizzazione. Deselezionate l'opzione se volete che Impress disegni lo sfondo ogni volta che visualizzate una diapositiva.

- **Copia durante lo spostamento**: permette di creare automaticamente la copia di un oggetto se tenete premuto il tasto *Ctrl* (tasto ⌘ per Mac) durante lo spostamento, la rotazione o il ridimensionamento. L'oggetto iniziale manterrà la posizione e le dimensioni originali.
- **Oggetti sempre spostabili**: permette lo spostamento di un oggetto con lo strumento **Ruota** attivato. Se l'opzione non è selezionata lo strumento **Ruota** consente solo la rotazione dell'oggetto.
- **Unità di misura**: definisce l'unità di misura usata nelle presentazioni.
- **Posizione tabulazioni**: permette di specificare la distanza tra le tabulazioni.

Area Avvio della presentazione

- **Sempre con la pagina corrente**: permette di cominciare una presentazione con la diapositiva attiva. Deselezionate l'opzione per cominciare una presentazione sempre con la prima diapositiva.

Area Compatibilità

Le impostazioni definite in quest'area sono valide solo per il documento attivo.

- **Usa i parametri della stampante per la formattazione dei documenti**: applica i metrici della stampante per la stampa e la visualizzazione sullo schermo. Parte della formattazione è legata alla selezione della stampante o alla stampante predefinita e può cambiare se la presentazione viene spostata su un altro computer. Se l'opzione non è selezionata verrà usato un layout indipendente dalla stampante, sia per la visualizzazione sullo schermo che per la stampa.
- **Aggiungi spazi tra paragrafi e tabelle (nel documento attivo)**: imposta il calcolo della spaziatura paragrafi nello stesso modo di Microsoft PowerPoint. Il programma Microsoft PowerPoint aggiunge lo spazio inferiore di un paragrafo allo spazio superiore del paragrafo successivo per calcolare la spaziatura totale tra due paragrafi. Impress normalmente utilizza solo lo spazio maggiore tra i due.

Vista

Nella finestra di dialogo Opzioni, fate clic su **LibreOffice Impress > Vista** (Figura 221).

Figura 221: definizione delle opzioni Vista di Impress

- **Righelli visibili**: mostra i righelli sui lati superiore e sinistro dell'area di lavoro.
- **Linee di cattura durante lo spostamento**: mostra linee guida tratteggiate che prolungano i lati del riquadro contenente l'oggetto selezionato sull'intera area di lavoro, consentendovi di posizionare l'oggetto con maggiore facilità. Un metodo alternativo consiste nel fare clic

sull'icona **Linee guida durante lo spostamento** 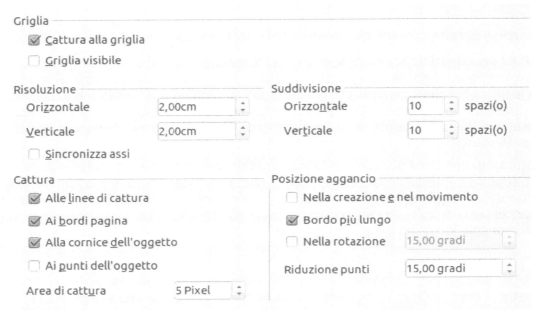 sulla barra degli strumenti Opzioni (Figura 220 a pagina 263).

- **Tutti i punti di controllo nell'editor Bézier**: visualizza i punti di controllo di tutti i punti Bézier quando viene selezionata una curva di Bézier. Se l'opzione non è selezionata saranno visibili solo i punti di controllo dei punti Bézier selezionati.

- **Profilo di ogni singolo oggetto**: mostra la linea di contorno di ogni singolo oggetto quando lo spostate. L'opzione consente di verificare se gli oggetti nella posizione di destinazione siano in conflitto tra loro. Se questa opzione non è selezionata, Impress mostrerà soltanto un contorno quadrato che racchiude tutti gli oggetti selezionati.

Griglia

La pagina Griglia permette di definire le impostazioni della griglia di Impress. L'uso della griglia vi aiuta a determinare la posizione esatta degli oggetti. Potete inoltre impostare questa griglia in modo che sia allineata alla griglia di cattura.

Nella finestra di dialogo Opzioni, fate clic su **LibreOffice Impress > Griglia** (Figura 222).

Figura 222: definizione delle opzioni Griglia di Impress

Area Griglia

- **Cattura alla griglia**: attiva la funzione di cattura. Se l'opzione è selezionata ma desiderate spostare o creare singoli oggetti senza catturarli alla griglia, tenete premuto il tasto *Ctrl* per disattivare temporaneamente la funzione di **Cattura alla griglia** durante lo spostamento dell'oggetto. Potete alternativamente fare clic sull'icona **Cattura alla griglia** sulla barra degli strumenti Opzioni.

- **Griglia visibile**: mostra i punti griglia sullo schermo. Essi non compariranno sullo schermo, né sulla stampa, durante la presentazione.

Aree Risoluzione e Suddivisione

Queste aree consentono di impostare la distanza tra i punti orizzontali e verticali della griglia, nonché il numero di spazi intermedi tra i punti stessi.

- **Sincronizza assi**: se l'opzione è selezionata ogni variazione apportata alle impostazioni di Risoluzione o Suddivisione verrà applicata a entrambi gli assi.

Area Cattura

- **Alle linee di cattura**: quando rilasciate il pulsante del mouse, dopo lo spostamento di un oggetto, permette di agganciare il suo bordo alla linea di cattura più vicina. È anche possibile usare l'icona **Cattura alle linee** ⊹ sulla barra degli strumenti Opzioni.

- **Ai bordi pagina**: permette di allineare il contorno dell'oggetto grafico al margine di pagina più vicino. Perché questa funzione venga attivata è necessario che il cursore o una linea di contorno dell'oggetto si trovino nell'area di cattura. Un metodo alternativo consiste nell'utilizzare l'icona **Cattura ai bordi pagina** 🔲 sulla barra degli strumenti Opzioni.

- **Alla cornice dell'oggetto**: permette di allineare il contorno dell'oggetto grafico al bordo dell'oggetto più vicino. Perché questa funzione venga attivata è necessario che il cursore o una linea di contorno dell'oggetto si trovino nell'area di cattura. Potete anche fare clic sull'icona **Cattura alla cornice oggetto** 🔲 sulla barra degli strumenti Opzioni.

- **Ai punti dell'oggetto**: permette di allineare il contorno dell'oggetto grafico ai punti dell'oggetto più vicino. Perché questa funzione venga attivata è necessario che il cursore o una linea di contorno dell'oggetto si trovino nell'area di cattura. Un metodo alternativo consiste nell'utilizzare l'icona **Cattura ai punti oggetto** 🔲 sulla barra degli strumenti Opzioni.

- **Area di cattura**: definisce la distanza di cattura tra il puntatore del mouse e il contorno dell'oggetto. I punti di cattura hanno effetto se il puntatore del mouse si trova a una distanza inferiore a quella specificata nella casella di selezione **Area di cattura**.

Area Posizione aggancio

- **Nella creazione e nel movimento**: produce una limitazione verticale, orizzontale o diagonale (di 45°) degli oggetti grafici durante le operazioni di creazione o di spostamento. Potete temporaneamente disattivare questa impostazione premendo il tasto *Maiusc*.

- **Bordo più lungo**: controlla la modalità di creazione di cerchi o quadrati mediante lo strumento di disegno. Se l'opzione è selezionata, premendo il tasto *Maiusc* prima del pulsante del mouse, viene ad esempio creato un quadrato basato sul lato più lungo del rettangolo tracciato (nel caso in cui lo strumento di disegno selezionato sia il rettangolo). La stessa funzione si applica allo strumento ellisse: premendo il tasto *Maiusc* prima del pulsante del mouse, viene disegnato un cerchio basato sul diametro più lungo dell'ellisse. Se l'opzione **Bordo più lungo** non è selezionata, verranno creati un quadrato o un cerchio basati sul lato o sul diametro più corto.

- **Nella rotazione**: restringe l'angolo di rotazione degli oggetti grafici al valore specificato nella casella di selezione. Per ruotare un oggetto al di fuori dell'angolo specificato, premete il tasto *Ctrl* (Tasto *Maiusc* su Mac) durante la rotazione. Rilasciate il tasto quando avete raggiunto l'angolo di rotazione desiderato.

- **Riduzione punti**: definisce l'angolo per la riduzione dei punti. Operando sui poligoni, può essere utile ridurne i punti di modifica.

Stampa

Nella finestra di dialogo Opzioni, fate clic su **LibreOffice Impress > Stampa** (Figura 223). Per ulteriori informazioni sulle opzioni disponibili consultate il *Capitolo 10 (Stampa, invio come e-mail, esportazione e salvataggio di presentazioni)*.

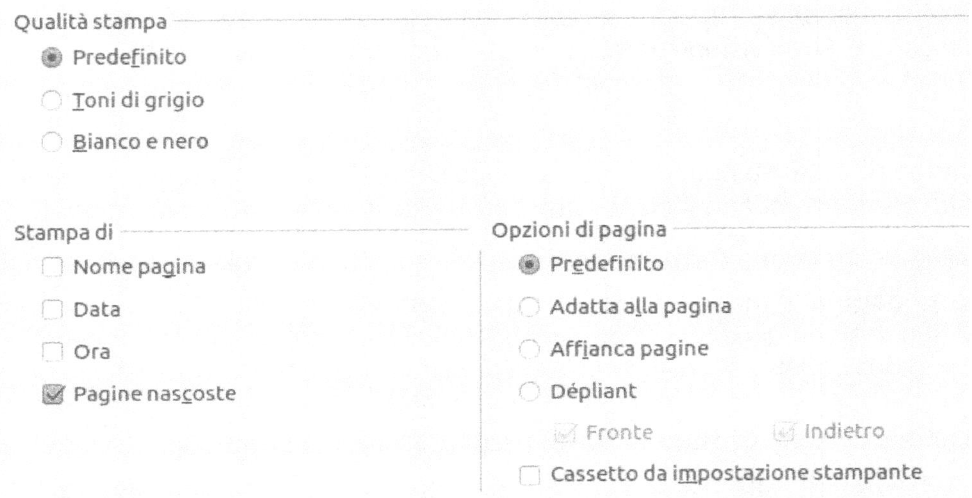

Qualità stampa
- ● Predefinito
- ○ Toni di grigio
- ○ Bianco e nero

Stampa di
- ☐ Nome pagina
- ☐ Data
- ☐ Ora
- ☑ Pagine nascoste

Opzioni di pagina
- ● Predefinito
- ○ Adatta alla pagina
- ○ Affianca pagine
- ○ Dépliant
  - ☑ Fronte   ☑ Indietro
- ☐ Cassetto da impostazione stampante

Figura 223: definire le opzioni Stampa di Impress

Personalizzazione dell'interfaccia utente

Personalizzare i caratteri dei menu

Per sostituire i caratteri dei menu forniti da LibreOffice con i caratteri di sistema del vostro sistema operativo, procedete nel modo seguente:

1) Scegliete **Strumenti > Opzioni > LibreOffice > Vista**.
2) Spuntate l'opzione **Usa i caratteri di sistema per l'interfaccia utente** e fate clic su **OK**.

Personalizzare il contenuto dei menu

I menu di Impress si possono personalizzare aggiungendo e riorganizzando le voci nella barra dei menu, aggiungendo voci ai menu e apportando altre modifiche.

1) Scegliete **Strumenti > Personalizza** per aprire la finestra di dialogo Personalizza (Figura 224).

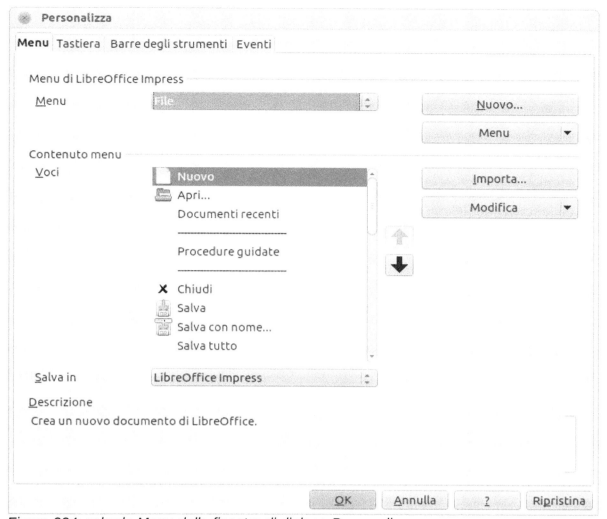

Figura 224: scheda Menu della finestra di dialogo Personalizza

2) Assicuratevi che la scheda **Menu** sia aperta.

3) Dall'elenco a discesa **Salva in**, scegliete se salvare il menu personalizzato per LibreOffice Impress oppure per una presentazione.

4) Nella sezione **Menu di LibreOffice Impress** selezionate il menu da personalizzare dall'elenco a discesa **Menu**.

5) Per personalizzare il menu selezionato fate clic sui pulsanti **Menu** o **Modifica**. Potete anche aggiungere dei comandi a un menu facendo clic sul pulsante **Importa**. Queste operazioni vengono illustrate più dettagliatamente nelle sezioni seguenti. Utilizzate i pulsanti con la freccia verso l'alto o verso il basso accanto all'elenco **Voci** per spostare l'elemento del menu selezionato in una posizione diversa.

6) Al termine delle modifiche fate clic su **OK** per salvarle.

Creare un nuovo menu

Per creare un nuovo menu:

1) Nella scheda Menu della finestra di dialogo Personalizza, fate clic sul pulsante **Nuovo** per aprire la finestra di dialogo Nuovo menu (Figura 225).

2) Digitate un nome per il nuovo menu nel campo **Nome del menu**.

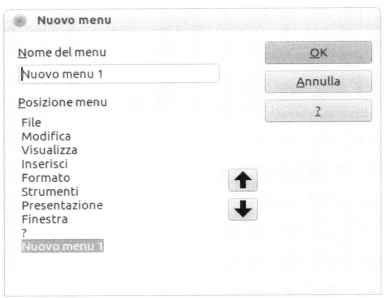

Figura 225: aggiungere un nuovo menu

3) Fate clic sui pulsanti con la freccia verso l'alto o verso il basso per spostare il nuovo menu nella posizione desiderata sulla barra dei menu.

4) Fate clic su **OK** per salvare. Il nuovo menu comparirà nell'elenco dei menu della finestra di dialogo Personalizza. Comparirà sulla barra dei menu dopo aver salvato la personalizzazione.

Dopo aver creato un nuovo menu, è necessario aggiungervi dei comandi, come descritto nella sezione "Aggiungere un comando a un menu" a pagina 270.

Modificare i menu esistenti

Per modificare un menu esistente:

1) Selezionatelo nell'elenco dei Menu e fate clic sul pulsante **Menu** per aprire un elenco di azioni di modifica: **Sposta**, **Rinomina**, **Elimina**. L'unica voce disponibile nell'elenco è **Sposta**. Le voci **Rinomina** ed **Elimina** non sono disponibili per i menu predefiniti di LibreOffice.

2) Per spostare un menu (come *File*) selezionate **Menu > Sposta** per aprire la finestra di dialogo (Figura 226). Usate i pulsanti con la freccia verso l'alto o verso il basso per spostare il menu nella posizione desiderata.

3) Per spostare i sottomenu (come *File | Invia*) selezionate il menu principale (File) dall'elenco Menu e poi, nell'area Contenuto menu della finestra di dialogo Personalizza (Figura 224), selezionate il sottomenu *Invia* dall'elenco **Voci**, quindi usate i pulsanti con le frecce per spostarlo verso l'alto o verso il basso nella sequenza.

Figura 226: spostare un menu

Oltre a rinominare un menu, è possibile specificare una scorciatoia da tastiera che vi permetta di selezionare un comando di un menu premendo il tasto *Alt* insieme alla lettera sottolineata nel nome del comando.

1) Selezionate un menu o una voce del menu.

2) Fate clic sul pulsante **Modifica** nella finestra di dialogo Personalizza (Figura 224) e selezionate **Rinomina**.

3) Aggiungete una tilde (~) davanti alla lettera che volete usare come acceleratore. Ad esempio, per selezionare il comando Salva tutto premendo la combinazione *Alt+V* inserite **Sal~va tutto**.

<table>
<tr><td>
Attenzione</td><td>Prestate particolare attenzione alla creazione delle scorciatoie da tastiera. Nell'esempio precedente, se il menu File non fosse aperto, premendo la combinazione di tasti *Alt+V* si aprirebbe il menu Visualizza. Se fosse aperto un altro menu, la combinazione *Alt+V* potrebbe attivare un diverso comando.</td></tr>
</table>

Aggiungere un comando a un menu

Potete aggiungere comandi ai menu forniti da LibreOffice e ai menu da voi creati.

1) Nella finestra di dialogo Personalizza (Figura 224) selezionate il menu dall'elenco Menu e fate clic sul pulsante **Importa**.

2) Nella finestra di dialogo Aggiungi comandi (Figura 227) selezionate la categoria e il comando, quindi fate clic su **Aggiungi**. La finestra di dialogo rimarrà aperta per consentire la scelta di ulteriori comandi.

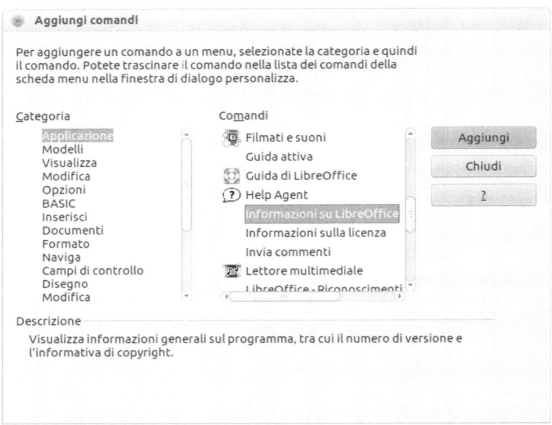

Figura 227: aggiungere comandi a un menu

3) Al termine fate clic su **Chiudi**.

4) Nella finestra di dialogo Personalizza, fate clic sui pulsanti con la freccia verso l'alto o verso il basso per disporre i comandi nella sequenza preferita.

Modificare le voci di menu

Oltre a modificare la sequenza delle voci di un menu o di un sottomenu, è possibile aggiungere sottomenu, rinominare o eliminare voci e aggiungere separatori di gruppo.

1) Selezionate il menu o il sottomenu dall'elenco **Menu** nella parte superiore della finestra di dialogo Personalizza (Figura 224 a pagina 268).

2) Selezionate la voce da modificare dall'elenco **Voci** nell'area Contenuto menu.

3) Fate clic sul pulsante **Modifica** e scegliete l'azione desiderata tra quelle dell'elenco a discesa. La maggior parte delle azioni è di immediata comprensione. L'opzione **Inizia un gruppo** inserisce una linea di separazione sotto la voce evidenziata.

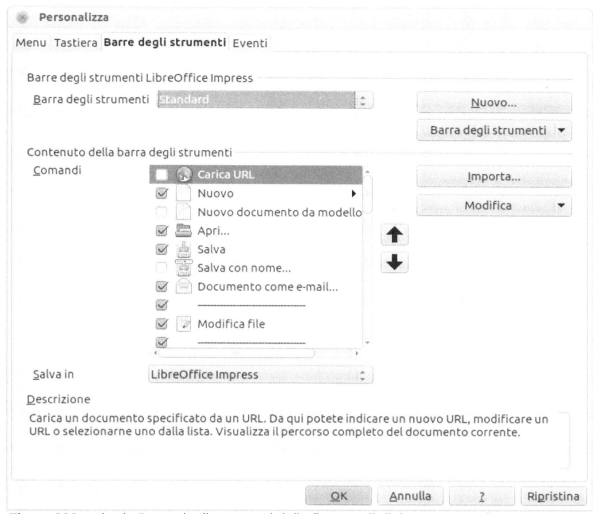

Figura 228: scheda Barre degli strumenti della finestra di dialogo Personalizza

Personalizzare le barre degli strumenti

Le barre degli strumenti si possono personalizzare in diversi modi, che includono la scelta delle icone da visualizzare e il blocco della posizione di una barra strumenti agganciata, come descritto nel *Capitolo 1 (Introduzione a LibreOffice)* della *Guida introduttiva*. Questa sezione spiega come creare nuove barre degli strumenti e aggiungere ulteriori icone (comandi) all'elenco di quelle già disponibili sulla barra degli strumenti.

Per aprire la finestra di dialogo di personalizzazione (Figura 228) seguite una delle procedure sotto descritte:

- Fate clic sulla freccia alla fine della barra degli strumenti e scegliete **Personalizza barra degli strumenti**.
- Scegliete **Visualizza > Barre degli strumenti > Personalizza** dalla barra dei menu.
- Scegliete **Strumenti > Personalizza > Barre degli strumenti** dalla barra dei menu.

Per personalizzare le barre degli strumenti:

1) Assicuratevi che la scheda Barre degli strumenti sia aperta.
2) Dall'elenco a discesa **Salva in** scegliete se salvare la barra degli strumenti personalizzata per LibreOffice Impress oppure per una presentazione.
3) Nell'**area Barre degli strumenti LibreOffice Impress** selezionate, dall'elenco a discesa **Barra degli strumenti**, la barra da personalizzare.

4) Fate clic sul pulsante **Barra degli strumenti** sulla destra per visualizzare un elenco a discesa di opzioni per personalizzare la barra.

5) Per rendere visibili o nascondere i comandi, selezionate o deselezionate le caselle di controllo accanto alle voci **Comandi - nell'area Contenuto della barra degli strumenti**.

6) Per modificare la posizione dei comandi su una barra degli strumenti, selezionate un comando e fate poi clic sui pulsanti con le frecce verso l'alto o verso il basso sulla destra dell'elenco.

7) Quando avete finito di personalizzare la barra fate clic su **OK** per salvare le modifiche.

Creare una nuova barra degli strumenti

Per creare una nuova barra degli strumenti:

1) Scegliete **Strumenti > Personalizza > Barre degli strumenti** dal menu principale per aprire la finestra di dialogo Personalizza (Figura 228).

2) Assicuratevi che la scheda **Barre degli strumenti** sia aperta.

3) Fate clic su **Nuovo** per aprire la finestra di dialogo Nome (Figura 229).

4) Digitate un nome per la nuova barra degli strumenti e scegliete dall'elenco a discesa **Salva in** se salvare il nuovo menu per LibreOffice Impress oppure per un documento a scelta.

Figura 229: finestra di dialogo Nuova barra degli strumenti

La nuova barra degli strumenti comparirà nell'elenco delle barre all'interno della finestra di dialogo Personalizza. Dopo aver creato una nuova barra degli strumenti è necessario aggiungervi dei comandi, come descritto di seguito.

Aggiungere comandi a una barra degli strumenti

Per aggiungere comandi a una nuova barra degli strumenti, o personalizzarne una esistente, procedete nel modo seguente:

1) Nella scheda **Barre degli strumenti** della finestra di dialogo Personalizza (Figura 228), selezionate la barra dall'elenco a discesa **Barra degli strumenti** e fate clic sul pulsante **Importa**. Si aprirà la finestra di dialogo Aggiungi comandi (Figura 227 a pagina 271), che è la stessa finestra utilizzata per aggiungere comandi ai menu.

2) Selezionate una **Categoria** e poi il **Comando** dal relativo elenco.

3) Fate clic su **Aggiungi**. La finestra di dialogo rimarrà aperta per consentire la scelta di ulteriori comandi.

4) Al termine fate clic su **Chiudi**. Se inserite una voce priva di icona associata, sulla barra degli strumenti sarà visibile il nome completo della voce; la sezione seguente illustra come assegnare un'icona a un comando di una barra degli strumenti.

5) Nella finestra di dialogo Personalizza, fate clic sui pulsanti con la freccia verso l'alto o verso il basso per disporre i comandi nella sequenza desiderata.

6) Al termine delle modifiche fate clic su **OK** per salvarle.

Sui pulsanti delle barre degli strumenti sono solitamente presenti icone, invece di parole; tuttavia non tutti i comandi sono associati a icone.

Per scegliere una icona da associare a un comando:

1) Selezionate il comando e fate clic su **Modifica > Cambia icona** per aprire la finestra di dialogo Cambia icona (Figura 230).
2) Scorrete le icone disponibili e scegliete quella da utilizzare.
3) Fate clic su **OK** per assegnarla al comando.

Figura 230: finestra di dialogo Cambia icona

Per utilizzare un'icona personalizzata, createla in un programma di grafica e importatela in LibreOffice facendo clic sul pulsante **Importa** nella finestra di dialogo Cambia icona. Le icone personalizzate devono avere le dimensioni di 16 x 16 o di 26 x 26 pixel e non possono contenere più di 256 colori.

Personalizzare i tasti di scelta rapida

L'*Appendice* di questa guida elenca i tasti di scelta rapida predefiniti di Impress. È possibile modificare le impostazioni predefinite o aggiungere nuovi tasti di scelta rapida. Potete assegnare tasti di scelta rapida alle funzioni standard di Impress oppure alle vostre macro personalizzate e salvarli per un utilizzo esclusivo con Impress o con l'intero pacchetto LibreOffice.

 **Attenzione**	Prestate particolare attenzione nel riassegnare tasti di scelta rapida predefiniti usati dal sistema operativo o da LibreOffice. Molte assegnazioni di tasti sono scorciatoie universalmente riconosciute, come *F1* per l'Aiuto, e ci si attende che producano sempre determinati risultati. Sebbene non sia difficile ripristinare le assegnazioni dei tasti di scelta rapida ai valori predefiniti di LibreOffice, la modifica di alcune scorciatoie da tastiera comuni può generare confusione, frustrazione e una possibile perdita di dati, specialmente se condividete il vostro computer con altri utenti.

Per esempio, supponete di volere assegnare una combinazione di tasti per inserire rapidamente una diapositiva duplicata in una presentazione. Potreste assegnare al tasto *Ins* la funzione di scorciatoia per tale scopo, facendo come descritto di seguito.

1) Scegliete **Strumenti > Personalizza**.

2) Nella finestra di dialogo Personalizza aprite la scheda Tastiera (Figura 231).

3) Poiché l'assegnazione del tasto di scelta rapida attiene esclusivamente a Impress e non all'intero pacchetto LibreOffice, selezionate la voce **Impress** visibile nell'angolo superiore destro della scheda **Tastiera**.

4) Selezionate la voce **Inserisci** dall'elenco **Categoria dell'area Funzioni** e la voce **Duplica pagina** dall'elenco **Funzione**.

5) Selezionate il tasto di scelta rapida **Ins** dall'elenco **Tasti di scelta rapida** e fate clic sul pulsante **Cambia** in alto a destra.

6) Fate clic su **OK** per accettare la modifica. Da questo momento il tasto *Ins* inserirà una copia della diapositiva collocandola dopo quella selezionata.

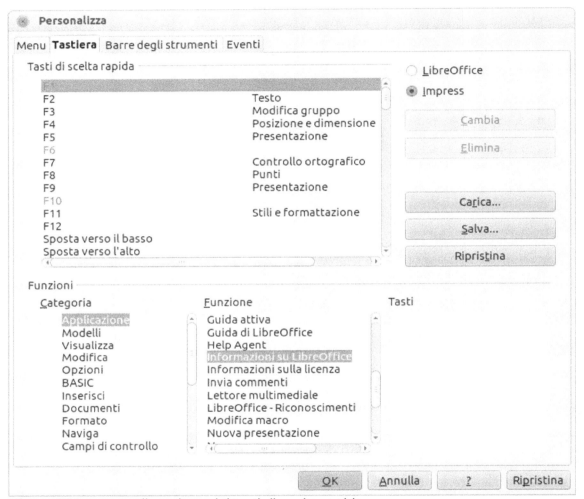

Figura 231: personalizzazione dei tasti di scelta rapida

Nota	Tutti i tasti di scelta rapida esistenti per la *Funzione* selezionata sono elencati nel riquadro di selezione *Tasti*. Se non sono state assegnate combinazioni di tasti per la funzione **Inserisci > Duplica pagina**, il riquadro di selezione *Tasti* si presenterà vuoto. Se così non fosse, e se desiderate riassegnare una combinazione di tasti di scelta rapida già in uso, dovrete prima eliminare, mediante il pulsante **Elimina**, la combinazione di tasti esistente all'interno del riquadro *Tasti*.
	Le combinazioni di tasti visualizzate in grigio nell'elenco della finestra di dialogo Personalizza, come *F1* e *F10*, non possono essere riassegnate.

Salvare le modifiche in un file

Le modifiche alle assegnazioni delle combinazioni di tasti (e altre configurazioni) si possono salvare in un file di configurazione tasti per un uso successivo. Ciò consente di creare e applicare differenti configurazioni a seconda delle necessità.

Per salvare le combinazioni di tasti in un file:

1) Dopo aver assegnato le combinazioni di tasti, fate clic sul pulsante **Salva** nella finestra di dialogo Personalizza.
2) Nella finestra di dialogo Salva configurazione della tastiera, selezionate *Tutti i file* dall'elenco **Tipo file**.
3) Inserite un nome per il file di configurazione tasti nel riquadro **Nome file**, oppure selezionate un file esistente dall'elenco. Se necessario, cercate un file in un'altra posizione.
4) Fate clic su **Salva**. Se state per sovrascrivere un file esistente comparirà una richiesta di conferma; altrimenti il file verrà salvato senza ulteriori richieste.

Caricare una configurazione tasti salvata

Per caricare un file di configurazione tasti salvato precedentemente e sostituire la configurazione esistente, fate clic sul pulsante **Carica** nella finestra di dialogo Personalizza, poi selezionate il file di configurazione dalla finestra di dialogo Carica configurazione della tastiera.

Ripristinare i tasti di scelta rapida

Per ripristinare tutti i valori predefiniti delle combinazioni di tasti, fate clic sul pulsante **Ripristina**, nella finestra di dialogo Personalizza. Prestate attenzione all'uso di questa funzionalità, poiché non verranno visualizzati messaggi di conferma e i valori predefiniti verranno impostati senza ulteriori notifiche o richieste di azione da parte dell'utente.

Esecuzione di macro tramite combinazioni di tasti

Esiste anche la possibilità di associare una combinazione di tasti di scelta rapida all'esecuzione di una macro. Queste combinazioni sono esclusivamente definite dall'utente, nessuna è integrata nel programma. Per ulteriori informazioni sull'uso delle macro consultate il *Capitolo 13 (Primi passi con le macro)* della *Guida introduttiva*.

Aggiunta di funzionalità mediante le estensioni

Un'estensione è un pacchetto software che può essere installato all'interno di LibreOffice per ampliarne le funzionalità.

Sebbene alcune estensioni si possano reperire in vari siti web, l'archivio ufficiale delle estensioni di LibreOffice si trova all'indirizzo http://extensions.libreoffice.org/. Alcune estensioni sono gratuite; altre sono soggette al pagamento di un contributo. Consultate le descrizioni per verificare quali licenze e compensi si applicano a quelle che vi interessano.

Installare le estensioni

Per installare un'estensione attenetevi alla seguente procedura:

1) Scaricate l'estensione e salvatela sul computer.
2) In LibreOffice, selezionate **Strumenti > Gestione estensioni** dalla barra dei menu.
3) Nella finestra di dialogo Gestione estensioni (Figura 232) fate clic su **Aggiungi**.

4) Si aprirà una finestra di esplorazione file. Trovate e selezionate l'estensione da installare, quindi fate clic su **Apri**. Si avvierà l'installazione dell'estensione. È possibile che vi venga richiesto di accettare un contratto di licenza.

5) Al termine dell'installazione l'estensione sarà visibile nell'elenco della finestra di dialogo Gestione estensioni.

Suggerimento	Per scaricare le estensioni presenti nell'archivio potete aprire il Gestore estensioni e fare clic sul collegamento **Ulteriori estensioni in linea**.

Nota	Per installare un'*estensione* condivisa è necessario avere accesso in scrittura alla cartella d'installazione di LibreOffice.

Figura 232: finestra di dialogo Gestione estensioni

Utilizzare le estensioni

Questa sezione descrive alcune delle estensioni più importanti e apprezzate di LibreOffice Impress. Il primo passo deve essere comunque quello di installare l'estensione secondo le indicazioni contenute nella sezione precedente.

Presenter Console

È integrata nella maggior parte delle installazioni di LibreOffice e fornisce un controllo più esteso sulla gestione delle presentazioni. Per esempio, consente una diversa osservazione delle diapositive a seconda del punto di vista: mentre la proiezione riservata al pubblico sarà limitata alla visione della diapositiva attiva, il presentatore sarà in grado di controllare sul proprio schermo anche la diapositiva successiva, le note e un timer della presentazione. La Console presenta gli elementi in tre visualizzazioni facilmente modificabili:

- La prima consiste nella diapositiva attiva, con i relativi effetti, e in quella successiva.

- La seconda visualizzazione mostra le note per il relatore, in caratteri chiari, ampi e ridimensionabili, oltre alla diapositiva attiva e a quella successiva.

- La terza è simile alla vista ordine diapositive, con relative miniature.

La Presenter Console funziona esclusivamente con un secondo schermo collegato al computer. Consultate il *Capitolo 9 (Presentazioni)* per ulteriori dettagli sull'uso della Presenter Console.

Nota	La Presenter Console funziona soltanto su sistemi operativi che supportano più schermi, e solo quando due schermi sono collegati (uno potrebbe essere quello del portatile).

Professional Template Pack II

Rende disponibili più di 120 modelli di documento per LibreOffice Writer, Calc e Impress, tradotti in varie lingue. Al termine dell'installazione dell'estensione, i modelli saranno disponibili nel menu **File > Nuovo > Modelli e documenti**.

Presentation Minimizer

Riduce la dimensione del file della presentazione corrente. Le immagini vengono compresse e i dati non più utilizzati vengono eliminati. Inoltre è in grado di ottimizzare i valori relativi alla qualità dell'immagine. Le presentazioni utilizzate per lo schermo o per il proiettore non richiedono la qualità elevata di quelle destinate alla stampa.

Template Changer

Aggiunge altre due voci al menu **File > Modelli**, che consentono di assegnare un nuovo modello a una cartella di presentazioni. Tutti gli stili e la formattazione verranno caricati da tale modello, che verrà considerato da Impress come il modello da cui è stato creato il documento.

Appendice A
Scorciatoie da tastiera

Introduzione

È possibile utilizzare LibreOffice senza un dispositivo di puntamento, come un mouse o un trackball, utilizzando i tasti di scelta rapida integrati. Svariate operazioni, anche complesse, come agganciare o sganciare le barre degli strumenti, oppure modificare le dimensioni o la posizione di un oggetto, possono essere tutte svolte solamente con la tastiera. Sebbene LibreOffice abbia un suo insieme standard di scorciatoie da tastiera, ogni componente ha ulteriori scorciatoie, specifiche per il componente stesso.

Per informazioni sui tasti di scelta rapida di LibreOffice o sull'utilizzo di LibreOffice solamente con la tastiera, effettuate una ricerca nella guida in linea, utilizzando parole chiave come "scorciatoia" oppure "accessibilità".

In aggiunta ai tasti di scelta rapida integrati (elencati in questa Appendice), potete anche definire le vostre scorciatoie personalizzate. Potete assegnare combinazioni di tasti alle funzioni standard di Impress o alle vostre macro, e salvarle per un utilizzo esclusivo con Impress, oppure con l'intero pacchetto LibreOffice.

Per adattare le combinazioni di tasti alle vostre esigenze, usate la finestra di dialogo Personalizza, come descritto in questa sezione e nella sezione "Personalizzare i tasti di scelta rapida" nel *Capitolo 11 (Configurazione e personalizzazione di Impress)*.

Suggerimento per gli utenti Macintosh

Alcuni tasti su Mac sono diversi da quelli utilizzati in ambiente Windows e Linux. La seguente tabella fornisce alcune sostituzioni comuni per le istruzioni presenti in questa guida. Per un elenco più dettagliato consultate la Guida in linea dell'applicazione.

Windows o Linux	Equivalente su Mac	Effetto
Strumenti > Opzioni selezione del menu	**LibreOffice > Preferenze**	Accesso alle opzioni di configurazione
Pulsante destro del mouse	*Ctrl+clic*	Apre il menu contestuale
Ctrl (Control)	⌘ *(Comando)*	Usato con altri tasti
F5	*Maiusc+⌘+F5*	Apre il Navigatore
F11	⌘*+T*	Apre la finestra Stili e formattazione

Tasti di scelta rapida	Effetto
F2	Strumento selezione testo
F3	Modifica gruppo
Ctrl+F3	Abbandona gruppo
Maiusc+F3	Duplica oggetto grafico
F4	Apre la finestra di dialogo Posizione e dimensione
F5	Mostra la presentazione
Ctrl+Maiusc+F5	Apre il Navigatore
F7	Avvia il correttore ortografico
Ctrl+F7	Apre il dizionario dei sinonimi e contrari
F8	Modifica i punti
Ctrl+Maiusc+F8	Adatta il testo alla cornice
F11	Apre la finestra Stili e formattazione

Altri tasti di scelta rapida per Impress

Tasti di scelta rapida	Effetto
Tasto freccia	Sposta l'oggetto selezionato o la vista pagina nella direzione della freccia.
Ctrl+Tasto freccia	Sposta la diapositiva nella vista normale.
Maiusc+trascinamento	Limita il movimento dell'oggetto selezionato orizzontalmente o verticalmente.
Ctrl+trascinamento (con Copia quando è attiva l'opzione sposta)	Tenere premuto Ctrl e trascinare un oggetto per crearne una copia.
Tasto Alt	Tenere premuto Alt per disegnare o ridimensionare oggetti, trascinando dal centro dell'oggetto verso l'esterno.
Alt+clic	Seleziona l'oggetto dietro a quello correntemente selezionato.
Alt+Maiusc+clic	Seleziona l'oggetto davanti a quello correntemente selezionato.
Maiusc+clic	Seleziona elementi adiacenti o un passaggio di un testo. Fare clic all'inizio della selezione, spostarsi alla fine della selezione, quindi fare clic mentre si tiene premuto il tasto Maiusc.
Maiusc+trascinamento (durante il ridimensionamento)	Tenere premuto il tasto Maiusc, mentre si trascina un oggetto, per ridimensionarlo mantenendone le proporzioni.
Tab	Seleziona gli oggetti nell'ordine in cui sono stati creati.
Maiusc+Tab	Seleziona gli oggetti nell'ordine inverso in cui sono stati creati.
Esc	Esce dalla modalità attiva.
Invio	Attiva un oggetto segnaposto in una nuova presentazione (solo se la cornice è selezionata).
Ctrl+Invio	Sposta il fuoco al successivo oggetto di testo nella diapositiva. Se non ci sono oggetti di testo nella diapositiva, o se si raggiunge l'ultimo oggetto di testo, viene inserita una nuova diapositiva dopo quella corrente. La nuova diapositiva usa lo stesso layout di quella corrente.

Navigazione in Ordine diapositive

Tasti di scelta rapida	Effetto
Esc	Sposta il fuoco alla prima diapositiva.
Tasto freccia	Sposta il fuoco alla diapositiva successiva.
Barra spaziatrice	Rende la diapositiva con il fuoco la diapositiva corrente.

Tasti di scelta rapida	Effetto
Tasto Più(+)	Ingrandisce (zoom in).
Tasto Meno(-)	Riduce (zoom out).
Tasto Per(×) (tastierino numerico)	Adatta la pagina alla finestra.
Tasto Diviso(÷) (tastierino numerico)	Ingrandisce la selezione attuale (zoom in).
Maiusc+Ctrl+G	Raggruppa gli oggetti selezionati.
Maiusc+Ctrl+Alt+A	Scioglie il gruppo selezionato.
Ctrl+clic	Consente di entrare in un gruppo, in modo da poter modificare i singoli oggetti appartenenti al gruppo. Clic all'esterno del gruppo per ritornare alla vista normale.
Maiusc+Ctrl+K	Combina gli oggetti selezionati.
Maiusc+Ctrl+K	Separa gli oggetti selezionati. Questa combinazione di tasti funziona solo su un oggetto creato combinando due o più oggetti.
Ctrl+Tasto +	Porta in primo piano.
Maiusc+Ctrl+Tasto +	Porta in avanti.
Ctrl+Tasto -	Porta indietro.
Maiusc+Ctrl+Tasto -	Porta in fondo.

Tasti di scelta rapida	Effetto
Esc	Termina presentazione.
Barra spaziatrice o Freccia a destra o Freccia in basso o Pagina verso il basso o Invio o Invio (tastierino numerico) o N	Avvia l'effetto successivo (se ve ne sono, altrimenti avanza alla diapositiva successiva).
Alt+Pagina giù	Passa alla diapositiva successiva senza riprodurre alcun effetto.
[numero] + Invio	Consente di digitare un numero di diapositiva e premere Invio per andare direttamente a quella diapositiva.
Freccia a sinistra o Freccia in alto o Pagina verso l'alto o Backspace o P	Riproduce nuovamente l'effetto precedente. Se non esiste alcun effetto precedente sulla diapositiva, mostra la diapositiva precedente.
Alt+Pagina su	Va alla diapositiva precedente senza riprodurre alcun effetto.
Home	Salta alla prima diapositiva della presentazione.
Fine	Salta all'ultima diapositiva nella presentazione.
Ctrl+Pagina su	Va alla diapositiva precedente.
Ctrl+Pagina giù	Va alla diapositiva successiva.
B o .	Oscura lo schermo fino a quando non viene premuto un tasto o viene spostata la rotella del mouse.
W o ,	Mostra uno schermo bianco fino a quando non viene premuto un tasto o viene spostata la rotella del mouse.

Indice analitico

www.ingramcontent.com/pod-product-compliance
Lightning Source LLC
Chambersburg PA
CBHW081227050326
40690CB00013B/2690